U0903748

加快建设灾后美好新家园　加快建设西部经济发展高地

加快建设灾后美好新家园
加快建设西部经济发展高地 系列建设实录丛书

顾　　问　李春城　魏　宏

总 编 辑　侯雄飞

分册总编辑　王铭晖　于　伟　黄　河　蒲　波　邹吉祥　朱丹枫
屈晓华　杨新元　唐利民　王海林　涂文涛　杨洪波
高　烽　冷　刚　谢开华　沈　骥　刘晓华　何大清
慕新海　余长久　李后强　武　勇　王晓州　包　惠
杨恩林　张学民　王华蓉　姜小林　周智泉

执行编辑　李　江　聂　颖　王忠臣　税维加　刘周远　王媛媛
罗　力　张　雄　李　博

编撰单位　中共四川省委宣传部　四川省统计局
四川省社会科学院　四川日报报业集团

《人类御灾 伟大奇迹——灾后美好新家园广元建设纪实》
编委会名单

顾　　问　罗　强　马　华

主　　编　王华蓉

副 主 编　李开明　孙连升

编　　委　（以姓氏笔画为序）
马　军　马放之　王国培　王　镇　田中文　田刚富
田　诚　冯治勤　李中书　李芝文　刘　芳　向志纯
孙洪方　匡顺华　任崇清　孙潮泉　安小宁　何开金
余飞宇　杜中富　吴有龙　张寿于　岳武山　杨松林
苟英明　宋明强　吴桂华　赵天禄　赵　宏　赵自学
罗凌云　赵　潜　唐小平　龚治名　韩跃明　谭少东

责任编辑　王武生　杨明广　李正权　杨　萍　蒋　岚　蒲　斌
赵卫东　张凯铌　黄　强　宋小岩

SICHUAN

JIAKUAI JIANSHE ZAIHOU MEIHAO XINJIAYUAN
JIAKUAI JIANSHE XIBU JINGJI FAZHAN GAODI

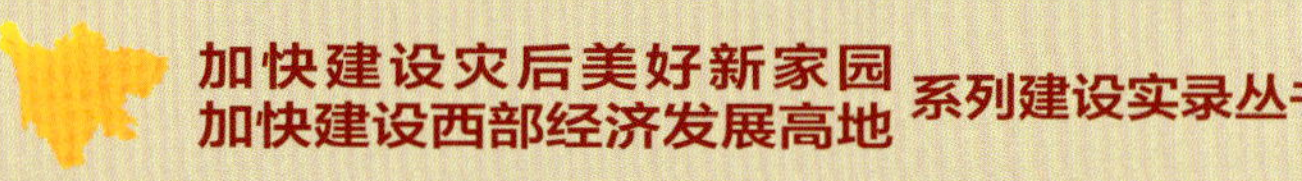

人类御灾　伟大奇迹

灾后美好新家园广元建设纪实

四川出版集团　四川人民出版社

“两个加快”的坚韧历程 起立起跳的四川答卷

中共四川省委书记
四川省人大常委会主任 刘奇葆

近几年，四川走过了极为特殊、极其艰难的不平凡历程。省第九次党代会以来，特别是省委九届四次全会以来，省委站在新的起点科学谋划全省跨越发展战略，明确提出了在科学发展观指导下加快发展、又好又快发展的工作总体取向，确立了建设“辐射西部、面向全国、融入世界的西部经济发展高地”的战略定位和“一主、三化、三加强”的基本思路。针对“5·12”汶川特大地震后的特殊形势，省委作出了“加快建设西部经济发展高地，加快建设灾后美好新家园”的战略部署，团结带领全省各族人民主动作为、砥砺奋斗，实现了原地起立、发展起跳的再生跨越，创造了抗震救灾的奇迹、灾后重建的奇迹和加快发展的奇迹，谱写了从悲壮走向豪迈的精彩篇章。历经劫难的天府四川，经济发展方式加快转变，发展势能加速聚集释放，现代化国际化程度极大提升，正由西部经济大省向全国经济强省迈进。

一、灾后恢复重建规划任务胜利完成，地震灾区发生了脱胎换骨的巨大变化

过去几年，灾后恢复重建是全省的中心工作。在党中央的坚强领导和全国党政军民的大力支持下，我们万众一心、攻坚克难，加快推进灾区恢复重建和发展振兴，奋力夺取了灾后恢复重建的全面胜利。到2011年9月，纳入国家规划的39个重灾县重建任务胜利完成，纳入本省规划的103个一般受灾县重建任务基本完成，实现了“家家有房住、户户有就

业、人人有保障、设施有提高、经济有发展、生态有改善”的重建规划目标，实现了“再还人间一个锦绣巴蜀”的庄严承诺，四川人民从悲壮走向豪迈。

我们重整满目疮痍的河山，建起了脱胎换骨、更加美好的新家园。灾后恢复重建是百年大计。我们坚持把统筹谋划、科学规划作为首要前提，加强对重建工作的全面领导、系统指导和全程督查，确保重建不是简单复制，而是更高水平的建设和发展。如今的灾区，城乡整体布局全面优化，坚持全域全程、开门开放搞规划，集中了全国乃至世界的智慧，通过重建弥补了过去建设中的一些缺陷和遗憾。如今的灾区，民生事业显著提升，540多万户、1200多万人的城乡住房优先建成，高标准、高质量重建和修复了各类学校8283所、医疗卫生机构2292个，新建了一批布局合理、功能完善的社会福利院、社区服务中心、文化中心，人民群众生产生活方式发生历史性变迁。如今的灾区，新村落别具一格，充分体现了“三打破、三提高”的规划建设理念，融入山水田园风光，突出地域民族特色，生动展现了社会主义新农村的新景象。如今的灾区，新城镇拔地而起，遭受重创的38个城镇重建一新，北川新县城在胡锦涛总书记亲自命名的永昌镇异地重建，汶川县水磨镇被联合国誉为“全球灾后重建最佳范例”，一个个安居乐业、生态文明、安全和谐的新家园呈现在世人面前。

我们重振遭受重创的经济，展开了起立起跳、发展振兴的新希望。灾后恢复重建不是简单的重复、简单的再生，而是一个质的飞跃。我们把恢复重建与推进工业化、城镇化和社会主义新农村结合起来，与产业结构优化升级结合起来。在重建中，规划建成了一批关系长远的交通、水利、能源、通信等重大项目，基础设施得到明显改善。产业发展实现重大突破，恢复和新建了一批产业园区、产业集中发展区，引进了一批重大产业项目和优势企业，建成了一批特色农产品生产基地，旅游业成为灾区发展的新亮点。生态修复和环境保护力度加大，重大地质灾害治理取得成功经验。重建后的灾区，主要经济指标全面超过震前水平，可持续发展能力显著增强，基础设施条件实现了根本性跨越，产业发展实现了再生性跨越，经济建设和民生事业实现了整体性跨越。

我们重塑悲伤破碎的心灵，开启了面向未来、感恩奋进的新生活。我们不仅重建了一个山河壮美的物质家园，也重建了一个意义深远的精神家园。劫后重生的灾区人民，不等不靠，互帮互助，感恩奋进，重新燃起了生活的希望。废墟上重建的美好家园，成为开展爱国主义教育的基地、建设社会主义核心价值体系的基地、开展民族团结进步宣传教育的基地和展示中国发展模式、发展道路勃勃生机的窗口。这场艰苦卓绝的斗争，深刻改变了四川人的形象，四川人不仅会生活，而且还会战斗；深刻改变了四川人的理念，四川人不仅能吃苦，而且还能创新；深刻改变了四川人的期望，四川不仅要在西部领先，而且要在全国力争上游。灾后恢复重建催生人们精神上的这种变化，影响更为深远、意义更为重大。

我们重构抗灾救灾的模式，走出了以人为本、科学御灾的新路子。在市场经济条件下进行这样大规模、高难度的重建，世界上没有先例，也没有现成的方案可以借鉴。我们积极创新重建理念，科学确立重建目标，统筹推进各项重建任务，确保重建工作又好又快地持续推进。四川省的灾后恢复重建，是一种民生优先与整体推进相协调的和谐型重建，是一种功能恢复与跨越提升相统一的发展型重建，是一种质量安全与廉洁高效相兼顾的阳光型重建，是一种自力更生与对口支援相衔接的合力型重建，是一种政府主导与市场运作相促进的开放型重建，是一种精神家园与物质家园相同步的人文型重建。在重建过程中，我们积极创新工作方式，破解了一个又一个的重建难题。特别是整个重建投入1.7万亿元，国家重建基金、对口支援、港澳援助、社会捐赠、特殊党费等落实资金3400多亿元，我们通过招商引资、银行贷款、整合财政资金、群众和企业自筹等方式解决了1.3万多亿元的资金缺口。这种科学御灾的模式，就是在党的领导和政府的主导下，自力更生、多方援助与市场机制相结合的御灾模式，充分发挥了社会主义制度的优越性、受灾群众的主体性和社会各界的积极性，汇聚了推进灾后恢复重建的强大合力。

二、西部经济发展高地建设加快推进，四川经济出现了转折性、跃升性的变化

近年来，面对特大地震灾害和国际金融危机的严重影响，四川省委、省政府鲜明提出“两个加快”的基本任务，毫不动摇地推进经济发展，不失时机地推进省委九届四次全会确定的重大工作部署落实。遭受世所罕见的巨大灾难，四川省经济发展没有耽误、重大工作没有耽误、民生事业没有耽误。四川省经济发展呈现出新的态势和趋势，不但有“量”的扩张，而且更有“质”的提升，出现了一些带有转折性、跃升性的变化。

我们坚持把加快发展作为工作取向，实现了规模与速度双高的跨越发展。改革开放以来，四川经济社会发展取得了巨大成就，2007年GDP突破1万亿元。但我们清醒地认识到，发展不足、发展水平不高仍然是四川最大的问题，提出在科学发展观指导下加快发展、又好又快发展，加快领跑西部、追赶全国的发展步伐。2008年以来，我们化危为机、主动作为，每年都针对宏观经济形势的新变化，确立相应的工作基调和着力重点，把握经济工作主动权，在经济总量扩大后仍然保持快速增长，实现了规模和速度双双高位攀升，

在困境中划出了一条“止滑提速—巩固回升—高位求进”的坚强曲线。2008年至2011年，全省经济总量4年翻一番，突破2万亿元；地方公共财政3年翻一番，突破2000亿元；固定资产投资3年翻一番，突破1.5万亿元；经济增速由长期徘徊在全国中游水平跃升到全国前列，标志着四川省经济已迈上了新的更高台阶。

我们坚持主要在扩增量中调结构，实现了总量与质量共增的优化发展。坚持调存量与扩增量并举、主要在扩增量中调结构，大力引进和培育高端、现代产业，充分发挥后发优势，实现了局部的跨越和赶超，从整体上调整优化了产业结构。传统农业正向现代农业跨越，建成了一批农业现代产业基地、现代畜牧业强县，农业产业化经营水平不断提高。四川省工业规模已达到全国第8位，连续几年工业增速保持在全国前列，传统产业比重偏高的经济结构正在改变，特色优势产业和战略性新兴产业加快发展。一批万亿产业带和千亿产业园区正加速培育，大企业、大集团培育取得进展。地方公共财政收入占GDP的比重持续上升，超过与四川省经济规模相当的中部省份和部分东部省份，长期的“吃饭财政”正在实现向“发展财政”的历史性转变。

我们坚持打基础利长远增后劲，实现了当前与未来兼顾的蓄势发展。抓住机遇加大投资力度，开工建设了一大批基础设施和产业发展的重大项目，推动重大生产能力的形成和布局取得突破。西部综合交通枢纽正在形成主体骨架，高速公路和铁路的通车、在建里程已双双突破6000公里，居全国前列，“蜀道难”状况正在加快改变。“再造一个都江堰灌区”工程加快实施，开工建设亭子口、武引二期、向家坝、小井沟、升钟等一批重大水利工程。点亮四川省藏区的电网工程已全面启动。深入实施充分开放合作战略，承接重大产业转移领先西部，招商引资取得突破。一大批重点园区、重点产业和产业集群正在崛起，发展活力持续迸发。把加快新型工业化新型城镇化作为重大战略任务，促进“两化”互动发展，城乡统筹综合配套改革取得突破性进展，天府新区正式开工建设，各地都科学规划了城市新区，开辟了城市和产业发展的新空间。生态建设和环境保护扎实推进，长江上游生态屏障建设和防灾减灾能力得到加强，实现了经济增长与环境保护相协调。这些工作有力奠基了四川长远发展，也在很大程度上重塑了“四川经济版图”。

我们坚持在优化布局中培育多点支撑，实现了“一极”与“多点”并进的协调发展。坚持“一主、三化、三加强”的基本思路，实施以工业强省为核心的发展战略，推动一批区域性中心城市和“四大城市群”加快发展，大力发展各具特色的区域经济，促进“五大经济区”协调发展，调动和激发了各地加快发展的积极性，打开了广阔的发展空间。成都经济区“一极”的率先发展势头继续强化，带动四川省、辐射西部的能力显著增强。除成都市之外，其他地区的发展也明显加快，2012年将有10个左右的市（州）GDP达到或接近1000亿元，全省经济增长将呈现多点支撑的发展新格局。这些地区迅速崛起，主要得益于交通物流条件大力改善，开放合作打开局面，主导产业各具特色，“通道经济”效应正在显现。川南地区发展重化工，打造“中国白酒金三角”，承接产业转移成果丰硕，加快拓展南向开放通道。攀西地区围绕钒钛、稀土、水电等战略资源，相继开工建设了一批重大产业项目，安宁河谷流域加快开发。川东北天然气开发力度加大，革命老区加快脱贫致富。在川西北藏区规划建设饲草基地和高标准优质牧场，特色效益农业和现代畜牧业发展加快，大力实施藏区旅游带动发展战略，打造稻城亚丁等精品景区。目前，随着新一轮西部大开发的深入实施，特别是成渝经济区启动建设，为区域经济发展注入了新的强大动能，四川省各具特色、优势互补、分工协作、良性互动的区域协调发展格局正在形成。

我们坚持把改善民生贯穿始终，实现了富民与强省同步的和谐发展。坚持把改善民生作为发展经济的动力和目的，将改善民生与扩大内需结合起来，处理好强省与富民的关系，努力让人民群众从发展中得到更多的实惠。全省城乡居民收入水平与全国的差距5年缩小5.2个百分点；农民人均纯收入与全国的差距5年缩小7.2个百分点。在遭受特大地震灾害的情况下民生投入不减，坚持不懈实施“十项民生工程”，一大批涉及群众就业、子女入学、看病就医、百姓安居、道路畅通、环境治理、社会保障等民生难题得到妥善解决和明显改善。在藏区实施“三大民生工程”，在彝区完成“三房”改造的基础上启动实施“彝家新寨工程”。大力推进高原藏区、秦巴山区、乌蒙山区和大小凉山彝区等“四大片区”连片扶贫开发，新农村建设成片推进取得阶段性成效，人民群众生产生活条件持续改善，为四川省同步实现全面小康目标打下了坚实基础。加强社会管理创新和新形势下群众工作，在全国率先探索构建“大调解”工作体系，积极化解各类矛盾纠纷，加强社会治安综合治理，保持了四川省社会和谐稳定。

三、乘势而上，高位求进，推动西部经济发展高地建设取得新的更大发展

在长期发展的基础上，经过近几年的努力，四川发展已经站在一个新的更高起点上，正加快由西部经济大省向全国经济强省迈进。回顾艰辛奋斗历程，我们更加深刻地认识到，推动四川发展，必须把中央的精神和四川的实际结合起来，把科学发展的要求具体化，努力增强工作的预见性和主动性。立足省情抓发展，始终牢记“三个最大”的基本省情，在遭遇百年不遇的特大地震灾害的情况下，都毫不放松地扭住发展第一要务，夺取了

抗震救灾和加快发展的双胜利。跳起摸高抓发展，拓宽视野和眼界，跳出盆地看四川，打破“西部宿命”束缚，革除“恐高”、“怕快”心理，敢于树立更高的目标，不甘落后，紧跟全国，直追东部，不断缩小发展差距。不失时机抓发展，辩证分析和把握形势，善于从不利中发现有利因素，危中求机、化危为机，变被动为主动，抓住时机增创发展新优势。爬坡破难抓发展，鲜明崇尚实干，倡导“四个特别”，爬坡过坎、攻坚克难，通过破解发展中的一道道难题，打开发展新局面。着眼民生抓发展，一切为了群众，一切依靠群众，无论是救灾、重建还是发展都坚持民生优先，创造了安定有序的社会环境，凝聚起了推进四川各项事业发展的强大合力。

四川建设西部经济发展高地正处于高位求进、加快发展的新阶段。我们要抢抓机遇而不贻误良机，击鼓奋进而不踌躇不前，坚持把促进科学发展作为履行职能的第一要务，紧扣科学发展主题和加快转变经济发展方式主线，认真贯彻党中央、国务院的重大决策部署，牢牢把握“稳定增势、高位求进、加快发展”的工作基调，着力扩大内需，稳定工业经济发展势头，切实加强“三农”工作，大力推进新型城镇化进程，深化统筹城乡综合配套改革，进一步扩大开放合作，努力保障和改善民生，加强社会建设和管理创新，维护安定和谐的社会局面，不断增创新优势、取得新突破、创造新业绩，推动四川经济社会发展实现更大跨越。

目录 CONTENTS

下　篇　乘势发力促跨越 / 142

前 言

广元，这片神奇的土地。摩天岭雪峰千仞，龙门山逶迤万状；翠云廊千年古柏三百里，明月峡秦汉栈道连古今。“剑门关蜀道，武则天故里”是她拥有灿烂文明的响亮名片。

广元，这片红色的土地。这里是川陕革命根据地的重要组成部分，红四方面军长征出发地。广元苏区先后有47000多儿女参加红军。红军石刻标语、红军城、红军渡、红军战斗的故事和遗迹遍布全境，展示着这片土地的神圣和光荣。

广元，这片火热的土地。在“5·12”汶川特大地震后的废墟中，广元人民挺起不屈的脊梁，攻坚克难，顽强拼搏，在党中央、国务院，四川省委、省政府的坚强领导下，全面完成灾后重建各项任务，一个更加美好的青春广元正在祖国怀抱中成长起来。

中国共产党四川省第九次代表大会，特别是中共四川省委九届四次全会以来，中共广元市委高举中国特色社会主义伟大旗帜，以邓小平理论和“三个代表”重要思想为指导，深入贯彻科学发展观，全面落实省委重要决策部署、重大工作思路、具体发展规划，团结带领全市人民，积极应对严重冰冻灾害、“5·12”汶川特大地震、国际金融危机和特大洪灾及泥石流灾害等多种困难和挑战，在“加快建设灾后美好新家园、加快建设西部经济发展高地”的奋斗历程中，谱写了广元发展史上的辉煌篇章。

无论历史进程如何演绎，“5·12”汶川特大地震抗震救灾和灾后重建，在历史的记录中，都有着浓墨重彩的篇章。这段历程对广元自然形态、社会发展、人文精神、经济跨越乃至各方面都有着沉甸甸的内容。在党中央、国务院和省委、省政府坚强领导下，广元市委、市政府带领全市312万人民抗震救灾和灾后重建的非凡历程，生动诠释了伟大的抗震救灾精神，深刻揭示了灾后重建创造奇迹的科学机制和力量源泉，使之成为进行社会主义核心价值体系建设、践行科学发展观的鲜活教材。

为迎接省第十次党代会胜利召开，全面展示广元“两个加快”的发展成就，按照省委宣传部的工作部署，中共广元市委组织各方面力量，完成了《人类御灾 伟大奇迹——灾后美好新家园广元建设纪实》一书的编撰工作。相对于攻坚克难的浴火重生之路，这部图书只是广元发展轨迹的印证。实现灾区的发展振兴，实现全面建设小康社会目标，广元还有许多重要和长久的后续工程。让我们记住历史，记住创造历史的人民，记住给历史留下深刻印迹的精神和文化。在见证中前行，我们要以2012年这一重大历史节点为起点，在新的更加波澜壮阔的进程中，为广元明天的辉煌书写更精彩的篇章。

《人类御灾 伟大奇迹——灾后美好新家园广元建设纪实》编委会

2012年4月15日

上　篇

震不垮的广元人

| 第一章 |

地动山摇　山河破碎

2008年5月12日14时28分，四川省汶川县发生8.0级特大地震。地震发生突然、持续时间长、辐射范围广，最大烈度达11度。地震破裂沿龙门山断裂带自西南向东北方向扩展，由江油市入广元市境内，沿断裂带东北方向进入陕西、甘肃境内，破裂在广元境内虽未显现地表，却给广元地区造成严重破坏。全市境内基础设施、城乡居民房屋、医院、学校、机关遭到大面积毁损，交通中断，工农业生产遭受严重破坏，学校全部停课，部分工厂停工，机关一度不能正常办公，绝大多数居民只能疏散转移到室外避灾，经济社会发展和人民群众正常生产生活受到严重影响。地震造成全市100多万人无家可归，因灾死亡4850人，伤28342人，重伤2665人，直接经济损失1200亿元以上。

受灾范围广泛，经济损失巨大。全市四县三区均有持续、强烈震感，极重灾区青川县最大烈度为9度，其余县区为7—8度。全市四县三区245个乡镇307.4万人受灾，受灾面积为100%，是国务院确定的市级重灾区之一。其中极重灾区县1个（青川县），重灾区县6个（剑阁县、朝天区、利州区、旺苍县、元坝区和苍溪县），重灾乡镇193个，重灾村1340个。全市直接经济损失1200亿元以上，其中青川县损失544.90亿元，朝天区84.95亿元，利州区93.23亿元，剑阁县134.40亿元，旺苍县67.10亿元，苍溪县89.45亿元，元坝区85.70亿元，市本级109亿元。

基础设施破坏严重。全市城市和农村居民房屋倒塌4194.9万平方米164.48万间，涉及22.29万户76.3万人；严重受损3632.2万平方米127.22万间，涉及22.23万户74.87万人；一般受损148.3万间，涉及38.9万户135万人。全市因灾损毁干线公路392.8千米，农村公路9913千米，损毁机耕道5094千米，损毁桥梁848座31794米，损毁隧道6座5819米，损毁县级以上客运站9个，农村客运站68个，码头89个，损毁市政道路389.7千米，损毁城市桥梁85座。受损通信基站451座，损毁光缆1748皮长千米，电缆2963皮长千米，损毁交换机接入设备687台，损毁传输设备363台。受损水库430座（其中中型6座），损毁堤防工程203.4千米，供水管道3196千米，灌溉渠道2882千米，受损蓄水池4907口，坡面水系502.5千米，损毁提灌站997座41185千瓦，损毁城市供排水管道948千米，损毁城市燃气管道102.3千米。广元市城区供水、供电、供气部分中断，通信一度全部中断；青川县供水、供电、供气、供油、通信和进出道路全面瘫痪，全县与外界失去联系17个小时；剑阁县水、电、气、通信大部分中断，其余县区均有严重损失。

人员伤亡惨重。地震造成全市100多万人无家可归，需要临时安置127.27万人。因灾形成孤儿157人，孤老738人，孤残215人。青川县36个乡镇全部遭受极重灾害，全县25万人失去家园。全市因灾死亡4850人，伤28342人，重伤2665人，其中青川县死亡4695人，受伤15453人，重伤1522人。青川县木鱼镇初级中学学生宿舍垮塌，393名学生被废墟掩埋，死亡289人，青川县红光乡因巨大山体滑坡导致两个村5个村民小组300余户780人全部被埋。

地质灾害严重。全市发生地质灾害2398处，发生山体崩塌644处，形成泥石流13处，排查出地质灾害隐患点3282处（其中滑坡隐患点1459处）。山体崩塌、滑坡、泥石流堵塞河流形成堰塞湖，极重灾区青川县境内就有36处，其中3处属高危堰塞湖，威胁下游15余万灾民的生命财产安全。

震后余震频繁。“5·12”特大地震后余震频繁，震中位于广元市境内的余震多，特别是几次大的余震，不仅增加了灾害的程度，也给抢险救灾造成了极大困难。截至2008年12月31日24时，广元市发生2.0级以上地震4008次，其中4.0—4.9级70次（青川63次），5.0—5.9级7次（青川境内），6.0—6.9级3次（青川境内），最大余震为5月25日16时21分发生在青川县的6.4级地震，再次造成全市7个县区遭受不同程度损失，死亡1人，受伤700余人，倒塌房屋7.13万间，青川县9个乡镇通信再次中断，新增地质灾害10多处，青川竹园、乔庄两处断道，朝天区3处断道。8月5日发生在青川县姚渡镇的6.1级余震，造成全市死亡1人，重伤5人，轻伤18人，国道212线沙州至姚渡之间的螺旋沟大桥（甘肃境内）垮塌，国道212线中断，青川救援力量只能靠步行进入，从广元方向去的救援力量和救灾物资只能绕道从陕西省宁强县青木川镇进入姚渡镇。

红光乡东河口山体崩塌，2000多万方土石掩埋村庄、阻断河流、公路，山川剧变。

第二章

人民生命财产高于一切

"5·12"特大地震发生后，在党中央、国务院和省委、省政府的坚强领导下，广元市委、市人民政府紧急动员、科学决策、靠前指挥，坚持把救人作为第一要务，人民生命财产高于一切，组织协调市内外一切可以调动的力量，在最短时间内实现了救援力量全覆盖。

党中央、国务院高度关注广元灾情。地震发生后，党中央、国务院高度关注灾区的灾情，在抢险救援的关键时期，党中央、国务院、国家相关部委、省市领导深入灾区慰问受灾群众，鼓舞了灾区人民战胜灾难的信心。中共中央总书记胡锦涛三次给中共四川省委书记刘奇葆打电话询问青川县余震灾情，亲自在中央办公厅秘书局编发的《信息综合专报》上作出重要批示，指示解决青川县回族群众的急难。国务院总理温家宝亲赴青川县视察灾情，指导灾后重建工作；全国政协主席贾庆林，国务院副总理李克强及回良玉、张德江，徐才厚、韩启德、马凯、孟建柱、杜青林、梁光烈、陈炳德、李继耐等党和国家、军队领导人先后到广元灾区视察灾情，鼓舞受灾群众，指挥抗震救灾。党中央、国务院的关心支持，极大地鼓舞了灾区人民抗震救灾的信心和决心。在广元抢险救灾工作中，还有中央军委和武警部队，民主党派，群团组织领导到广元灾区调研、指导，看望、慰问部队官兵和受灾群众。

省委、省政府领导亲临灾区指挥抢险救灾。四川省委、省人民政府等领导亲临灾区，果断决策，指挥救援，慰问群众，为广元市的抗震救灾工作提供了强有力的支持。

2008年5月13日上午，受省委书记、省人大常委会主任、省"5·12"抗震救灾指挥部指挥长刘奇葆，省委副书记、省长、省"5·12"抗震救灾指挥部副指挥长蒋巨峰的委托，省委副书记李崇禧、副省长黄小祥打电话询问广元市灾情，提出明确要求，并派武警部队赶赴广元和组织空投物资支援广元抗灾。15日上午，省委书记刘奇葆陪同温家宝总理一行乘船从水路到达受灾最严重的青川县木鱼镇指导抢险救灾，慰问受灾群众；5月14日—16日，受省委书记、省人大常委会主任刘奇葆，省长蒋巨峰的委托，省政协主席陶武先深入青川县指导抗震救灾工作，看望受灾群众。四川省"5·12"抗震救灾指挥部驻广元工作组由省政协主席陶武先任组长，省政协副主席晏永和任副组长，省委政研室副主任李后强，省政协农委副主任左小刚，省人大常委、法制委委员王启庭，省委督察室副主任张卓，省委组织部研究室副主任林斌为成员。5月25日16时21分，青川县发生6.4级强烈余震，刘奇葆书记立即打电话给广元市委书记罗强，了解余震灾情，并指示：一是全力抢救受伤人员；二是尽快恢复交通；三是全力做好地震余震防范工作。26日—28日，陶武先带领省抗震救灾督导调研组赶赴剑阁县、朝天区、元坝区检查督导抗震救灾，调研农房重建工作，看望省外来广元市帮助抗震救灾的公安特警、建筑、医疗等救援队伍。

市委、市政府果断决策，全力以赴。震后，市委、市政府迅速启动应急预案，成立抗震救灾指挥部，各县区也相继成立抗震救灾指挥部，市内各部门、各单位迅速建立应急机构，制定工作职责，实行24小时值班制度，及时了解工作进程，研判救灾形式，形成了全市坚强的指挥和救援体系， 有力、有序、有效地推进全市抗震救灾工作。在通信、道路中断，青川县没有任何消息传回指挥部的情况下，市抗震救灾指挥部当天下午至第二天凌晨陆续派出党、政、军三路工作组赴青川县查看灾情。在得知青川县灾情严重后，市委书记罗强在中共广元市委常委会上提出举全市之力，帮助、支持青川抢险救灾。部分市领导长驻青川县，成立青川抗震救灾前线指挥部，靠前指挥开展救援工作。市抗震救灾指挥部成员分工协作，指挥、协调赴青川县的救援队伍进入青川县所有乡镇和全市重灾县区展开救援，全市各级各部门组织干部分片包干抢险救灾，抢救伤员，安置受灾群众，恢复公共设施，排除隐患，预防余震，全力做好抢险救灾保障，全市实现群众安置、防疫、群众工作三个全覆盖，抢险救灾各项工作有力、有序、有效进行，稳定了民心，维护了灾区社会稳定。

2008年5月12日下午3时，广元市委、市政府在市地震局召开紧急会议，成立了由中共广元市委书记罗强，市委副书记、市长马华为正副指挥长的广元市抗震救灾指挥部，紧急部署抗震救灾工作。

| 第三章 |

生死大营救

震后，一支支救援队伍挺进灾区，千万双援手从祖国四面八方伸过来，从航空、水路、陆路，汇成一股股巨大的爱的暖流涌向广元，涌向每一个重灾区，特别是极重灾区青川县，上演了一个个生命大接力，展开了一场场生死大营救。

震后当晚，广元市委鲜明提出“一个支部就是一个堡垒，一个党员就是一面旗帜”，要求充分发挥各级党组织的战斗堡垒作用和党员的先锋模范作用，全面投入抗震救灾。广元市各级党委、政府始终把拯救每一个生命作为抗震救灾工作的首要任务、重中之重，迅即组织和调动一切力量救援抢险，带领群众渡过难关。灾区人民群众自发抢险救援，党员、干部始终站在救援抢险第一线，用鲜血与汗水展示党员风采，树立干部形象；医疗、交通、电力、供水、通信、金融、保险等部门自觉行动，服务于抢险救灾，彰显企事业公民高度的社会责任心。自救、互救成为群众的自觉行动，全市人民自觉开展小灾帮大灾、轻灾帮重灾，发扬有钱出钱、没钱捐物的团结互助精神，万众一心投入抗灾自救中。或组成“互助组”，或参加自愿者队

2008年5月14日，武警官兵奋力营救青川县木鱼镇被埋群众。

2008年5月19日，解放军猛虎师成功救出在矿山中埋了七天的矿工王春帮，创造了生命的奇迹。

伍，搭建帐篷，抢救人员，搬运物资，轻灾区的群众主动放弃领取救灾物资，帮助重灾区群众。教师们首先考虑学生的安危，有的甚至为抢救学生献出自己的生命。医务人员全力投入抢救伤员和防疫工作中，接受安置灾区移民的县区群众像关心亲人一样关心移民。部分医院、饮食店、商店和个人免费为避难群众送药、送饭、送水或减价提供搭建临时住所的物资。灾区社会稳定，秩序良好，为夺取抗震救灾的重大胜利奠定了基础。

自救互救筑起血肉长城。全市干部群众自发地开展自救互救，用手刨、肩扛、棒撬等方式抢救被埋人员，把受伤人员及时送到有医疗条件的地方抢救，最大限度地挽救了受灾群众生命，妥善处置遇难人员遗体，互帮互助，在开阔安全地带搭建窝棚、帐篷，建造避灾避难临时住所，最大限度地降低了灾害损失。

各地党委、政府不等不靠带领群众抢险救灾。全市7个县区和广元经济开发区、245个乡镇（办）快速反应，成立以党委、政府主要领导为正副指挥长的抗震救灾指挥部，想方设法与上级党委、政府取得联系；建立了各类应急机构和党员、干部突击队；镇村干部始终奔走在抢险的最前沿，紧急疏散转移受灾群众，千方百计抓安置，竭尽全力保民生，不等不靠带领群众抢险救灾。

国内外救援队伍全力驰援灾区。从2008年5月13日凌晨起，由全国各地奔赴广元救援的军队、武警、公安、医疗队、干部等组成34支2万余人的救援队伍，陆续抵达极重灾区青川县，到5月22日，解放军救援力量覆盖了青川县全境3000多平方千米地域的36个乡镇、286个村和全市全部重灾县区，妥善安排日本、韩国、马来西亚、法国等国家的医疗救助队参与搜救工作，香港、澳门特别行政区也都派出医疗救助队到青川参与搜救工作，实现了救援工作的全覆盖。同时，加强专业医护人员的协调组织和药品、医疗器械的调运、投放，在最短时间实现了医护力量全覆盖。全市共3万多人的救援队伍从废墟和困境中解救出3274人，其中在地震发生后的164至167小时期间仍成功解救了3名被埋幸存者，创造了生命奇迹。

第四章

迅速大安置

“5·12”地震中，广元受灾面积之广，受灾群众之多，给党委、政府安置群众带来了巨大挑战与压力。市委、市政府及时把工作重心从人员搜救转到群众安置上来，第一时间向35.5万户“三无”人员和112.6万户“三孤”人员提供基本生活保障，及时兑现中央钱粮补助政策。坚持把安居作为安置群众的第一任务，坚持就近就地分散安置的方针，全力加快过渡安置，全市148.3万人43.76万无房户，2008年8月10日前住进过渡房。

广元市抗震救灾指挥部在应急期和过渡安置期中，采用集中安置、分散安置、本地安置、异地安置等措施，妥善解决受灾群众的住房安置、就业安置等困难。在避灾安置中，市抗震救灾指挥部及时向35.5万户112.6万受灾人员提供基本生活保障，及时兑现中央钱粮补助政策，无论是城市还是农村，政府都全力提供帐篷、彩条布、帆布，发放赈灾粮食，补助建房资金。在城乡相对开阔的地方建起成片的集中安置小区，小区内设置有卫生所、商品零售店、治安室等服务设施，全力保障水通、电通、广播电视通、通信通，确保受灾群众有饭吃、有衣穿、有水喝、有房住、有医疗。在农村采取就地就近分散安置，政府控制物价，保障物资供给，满足受灾群众搭建临时过渡房和户外避震棚的需要。对居住在有地质灾害隐患地方的农户、房屋受损需要重建的农户，政府采取“政府补助一点，农户自筹一点，亲友借一点，社会捐助一点，贷款支持一点，保险理赔一点”等办法筹集资金，帮助受灾农户重建新居。青川县红光、石坝、马公三乡因山体大面积滑坡，3000多人赖以生存的房屋、田地全部被毁，无法继续生存，政府组织他们异地搬迁到本市剑阁县、元坝区安新家，其中有500多人迁至成都市邛崃市定居。

百万人应急期转移安置。地震发生后，全市有100多万人需要转移安置。2008年5月12日，市政府发出紧急通告，要求“受灾群众不要惊慌，坚决服从抗震救灾指挥部的统一指挥，务必撤离到安全地带，市级相关部门全力组织抢险救灾，公安、政法部门加大巡逻力度，加强治安防范，确保生活稳定；宣传部门加强避震知识宣传，引导群众抗灾自救；建设部门加强建筑物隐患排查”。广大受灾群众在灾后立即开展自救互救。房屋无法居住，他们利用竹竿、树枝、塑料布、茅草在开阔地带搭建简易窝棚避灾。有的地方垮塌、滑坡严重，村干部则组织受灾群众选择安全地带统一搭建临时避难窝棚，形成集体避灾点。各级政府在避难群众较为集中的地方设立临时救助点，为受灾群众提供饮用水、方便面和帐篷等生活物资。截至2008年5月29日，全市共设立临时救助点1225个，累计转移救助受灾群众132.8万人。

全面完成过渡期转移安置。5月下旬，国家住房城乡建设部给全市活动板房的援助指标为6万套，后增加到9万套。根据全市地形地貌的特点，活动板房建设主要用于市城区、县城区和乡镇相对集中的受灾群众安置点，每个集中安置点活动板房在50套以上。活动板房建设工作按照“三好”（选好址、配好套、管好用）、“三快”（快接收、快分配、快使用）的总体要求进行，建设过程中实行政府统筹安排，建设规划部门负责规划、设计和“三通一平”配套工作，国土部门负责供地和青苗赔偿，民政部门负责落实安置对象并张榜公示。建设部门拿出板房建设规划后，国土部门在24小时内落实供地。市委、市政府高度重视，落实了安全责任，签订了目标责任书。防火工作由消防部门负责，防雷工作由气象部门负责，防水、防潮工作由建设部门负责。市抗震救灾指挥部成立“5·12”地震灾民过渡安置住房建设领导小组，5月27

可居住一万余人的青川乔庄板房区

日，市抗震救灾指挥部下发《关于我市过渡期安置灾民的工作方案》，要求认真贯彻落实省市领导的指示精神，全力做好灾区过渡安置和恢复重建工作，保证每一个灾民有住处、有饭吃、有水喝、有衣穿、有医疗，坚持集中安置与分散安置建设相结合的原则，尽最大努力安置好受灾群众。对搭建的过渡房要求层高2米以上，具备防风、防雨、防潮、防震、防火功能，交通、水电、厨房、厕所等基本设施使用期在1年以上，每户补助2000元。

截至2008年7月25日，全市共设立安置点914个，安置41.03万户，安置率达92%，其中投亲靠友8.81万户，自建过渡房23.43万户，入住活动板房2.3万户，其他安置6.5万户。接收帐篷29.02万顶，调拨20.83万顶，帐篷临时安置受灾群众19.75万户，建成活动板房5.03万套。7月31日，为贯彻省指挥部关于8月12日前全面完成地震灾区受灾群众过渡安置工作的有关要求，市指挥部下发《关于按期完成受灾群众过渡安置的令》，要求 8月10日前完成活动板房的建设任务，在8月12日前，除采取投亲靠友、自谋出路解决的群众外，全部入住；对前期紧急避险，返回原籍的受灾群众要帮助自建过渡房，8月12日前全部入住。原在竹园、马鹿、关庄设立的临时安置点帐篷必须拆除。8月14日，督察部门进行督察。至 8月10日，活动板房的建设任务全面完成，全市累计建设活动板房61606套（其中市城区11215套），8月12日所有登记的受灾群众全面入住。

广元市委、市政府还实行了结对帮扶、就业援助计划，下发了《关于开展“5·12”特大地震灾后专项就业援助行动的通知》，对凡有就业愿望者，一律实行免费培训，将不愿、不便外出的困难劳动者安排到公益岗位，享受岗位津贴，政府承担其养老失业保险费用，对受灾企业愿意吸收灾区劳动者的，享受税费减免政策，同时开展以“助你就业，我们在一起”为主题的就业援助活动。在农村，及时启动因灾损毁土地复垦。2008年复垦耕地99911.4亩，采取林地换耕地5729亩，有组织调整土地8371亩，群众互助互帮调剂耕地3918亩，保证了失地农民有地可种、有宅基地建房。采取异地安置措施，在青川县组织受灾群众市内县外异地移民安置3155人，分三批次将青川县红光、马公、石坝等三乡地质损毁严重的受灾群众，移至剑阁县533户2080人，移至元坝区285户1075人。

第五章

紧急大抢修

地震造成广元境内5条国省干线，剑（阁）青（川）公路等64条县道，青川县红光乡东河口至马公乡等138条乡道严重损坏，全市154个乡镇1300多个行政村交通中断。从广元方向进入青川县的两条重要交通线全部中断，剑青公路多处塌方、滑坡，阻断了广元市城区经金子山至青川县城的道路；国道212线多处塌方，青川县白水大桥（沙州大桥）等桥梁严重受损，沙州镇转省道105线至青川县城的井田坝大桥垮塌，阻断了广元市城区经利州区三堆镇至青川县城的道路，从广元市城区经朝天区绕行陕西省宁强县青木川镇至青川县姚渡镇的道路也多处塌方断道。青川县36个乡镇中的13个乡镇199个行政村中的146个村交通中断，全县受困人口达到25万人。在市抗震救灾指挥部的直接指挥下，广元市交通部门组织精锐力量抓关键，抢重点，攻难关，排险情，架桥梁，清路障，疏水路，确保交通畅通；广大志愿者不怕险，不怕难，不惜一切代价攻坚克难，创造了一个又一个交通抢险奇迹；全市交通系统员工讲大局，作奉献，舍得出力流汗，为确保抗震救灾交通畅通恪尽职守。全市紧急抢修受损基础设施，震后7小时恢复中心城区供电，抢通全市大部分地区通信；4天内恢复各县城、重点企业和多数乡镇供电；7月7日实现所有乡镇公路通车。在青川县，震后17小时利用中国电信抢险队送达的海事卫星电话打出了全县遭灾受损的第一个联系电话；22小时抢通金子山至县城公路交通“生命线”，两天恢复县城供电和通信，3天恢复供水（广元电信分公司于5月13日21时50分恢复青川县城部分电话和宽带通信，广元移动分公司于14日19时15分恢复青川县城移动通信，市供排水公司于14日恢复青川县城主管网供水，28日恢复青川县36个乡镇应急供水）。全市投入道路抢险人员3.3万余人、机械设备4900余台、车辆7400多辆，抢通保通国省县干线公路3082千米、通乡通村公路5958千米，抢修受损供水设施5776处，新建应急集中供水点239处。全市组织37支专业队伍、160名地质专家拉网式排查，及时整治消除地质灾害和病险工程安全隐患两万多处，安全转移群众22万余人次。

奋力打通生命线。5月12日18时，在广元通往青川县的剑青公路和省道105线井田坝大桥垮塌、短时间难以打通的情况下，全市交通抢险按照先干线后支线和水陆齐头并进的原则，从东南西北打通进入青川重灾区的水陆运输通道。市抗震救灾指挥部交通工作组紧急启动白龙湖抢险水上应急运输预案，打通利州区三堆镇经白龙湖进入青川县木鱼镇重灾区的水上运输通道，确保安全运送抢险人员、救灾物资、设备和返乡民工。

民兵抢修道路

5月12日22时，市交通部门派出抗震抢险突击队14人，携带7台装载机、2台发电机，市公安局抢险小分队、民爆公司爆破人员携带炸药，连夜赶赴剑青公路竹园至乔庄段抢险。抢险突击队员们手持电筒或打开车灯，一边对阻断交通的岩石和危岩进行爆破，一边用大型工程机械清除公路上的土石方，市交通系统参战的装载机从马鹿向乔庄方向快速推进，青川县交通系统组织3台大型装载机从乔庄向马鹿方向奋战。13日10时，经过12小时连夜奋战，市、县抢险突击队在剑青公路竹园至乔庄段的七岔口处会师，从陆路进出青川的南线道路生命线——金子山经竹园至乔庄公路全线抢通，成为四川地震极重灾区第一条抢通的生命线，来自全国各地支援灾区抢险救灾的车辆从平常日均车流量200多辆增加到1万多辆。5月13日，市交通抗震救灾指挥部组织社会客运车辆13辆，运送武警官兵、民兵预备役340多人和救护人员70人前往青川救灾。5月13日下午，市交通抗震救灾指挥部指挥长李秀洪到剑青公路竹园至乔庄段察看灾情和抢险情况，于23时30分召开会议，调整市交通抗震救灾指挥部，以保障交通运输安全及救灾物资运输、受灾群众的疏散等工作顺利实施。会议决定，统一规划、调配应急经费和应急运输运力资源，组织全市水、陆抗震救灾物资运输工作。市交通局、市公安局启动剑青公路保畅通方案，抽调30多名技术人员和公安民警昼夜坚守一线，调集足够的挖掘机、装载机、推土机、翻斗车等抢修机械设备，随时排危清障，安排路政执法人员在危险路段把守，昼夜24小时指挥管理交通，力保剑青公路畅通。

5月14日晚上，宝成铁路109隧道塌方断道，6000多名从西安、宝鸡、兰州返回四川的旅客和得知家乡遭受地震灾害赶回四川的民工需要疏运，市交通抗震救灾指挥部仅用1个小时就调集200多辆汽车，将滞留在广元的旅客安全运抵成都、绵阳、江油、巴中、南充等地。5月15日凌晨3时，市交通抗震救灾指挥部组织广运集团公司调集大型客车37辆，到绵阳接送武警官兵1000多人赶赴青川抢险救灾。

截至5月21日，来自陕西、河南、巴中、广安、成都、重庆、湖南、安徽、浙江等地的中国一拖公司、广巴高速公路建设指挥部、四川长城公司、中铁十一局、重庆城建集团、广陕高速公路工程建设指挥部等援助单位的120多名工程技术人员、24台工程机械设备，参与了青川极重灾区道路抢险工作。

7月2日18时，经过济南军区工兵团和市县交通部门全力抢修，每天出动工程抢险、施工人员100多人和工程机械28台，抢通青川县最后一条石坝乡至马公乡乡道公路，全市因地震中断交通的138条乡道公路全部被抢通。

保障水、电、邮政、通信、电视畅通。中国电信及时调整网络及路由，在震后两分钟内恢复市城区正常通信，抢险人员携带应急通信设备从青川县竹园镇徒步5小时于13日7时55分到达青川县城，通过海事卫星电话发出了青川灾情，是青川县震后17小时后与外界取得的首次联系。全市邮政部门组织明信片发往极重灾区青川县，让受灾群众免费寄递。中国移动在震后3.5小时内陆续恢复市城区正常通信，中国联通在5月15日抢通基站达到149个，抢通极重灾区青川县基站3个。电信、移动、联通开展欠费免停机、免费送话费活动，有力地支援了全市抢险救灾工作。

电力抢险　恢复供电

地震后，广元市抗震救灾宣传工作领导小组即时安排部署广元电视台新闻中心、社教中心、广播电台、《广元广播电视报》记者紧急分赴学校、社区、医院、火车站、电力、供水等重点区域进行采访报道。5月13日，市广播电视部门组织工程、技术、维护等相关部门工作人员，连续奋战100多个小时，对城区及全市乡镇所有网络传输干线、工作站点进行巡查和调试，对因地震造成的倒杆，光缆、电缆线路破坏情况进行登记，组织工程抢险人员抢修恢复受灾较为严重的市城区石马坝社区、东山公园等地方的有线电视网络，确保网络传输线路的畅通和网络传输设备的正常工作。开通因发展数字电视而关闭的50个光接点的模拟电视信号，开通欠费用户信号。在利州广场、上西火车站广场、川港汽车城、南河体育场等片区的29个受灾群众安置点、救助站和受灾群众集中居住点临时拉接电源，安装有线电视线路，配备电视机。按照市抗震救灾指挥部的要求，对所有板房安装有线电视入户，共安装9000余户，对受灾群众安置点广播、电视设施建设实行统一规划、统一建设、统一管理，免交入网费和收视费，确保受灾群众及时收听收看广播电视节目。

广元市抗震救灾指挥部供电工作组全面展开应急抢险恢复供电工作，地震后7小时恢复广元城区供电，17小时恢复青川以外的各县区供电，39小时恢复青川县城供电，7天全部恢复青川国网供区24个乡镇供电，19天全部恢复青川国网供区164个行政村供电。石油公司与市应急办协商，在银行没正常营业、结算体系不畅时，由市应急办统一制定付油凭证，加油站见证加油，全力保障抗震救灾车辆用油，及时向重灾区青川县调运救灾油。

市抗震救灾指挥部供水工作组启动供水应急预案，制定抗震救灾应急措施。震后30分钟，市水利农机部门赶赴八一综合供水站，查看地下水井、抽水泵房、清水池、氧化曝气制水系统、加药控制系统、调节池以及供水管网受损情况。5月12日20时，下发《关于做好饮水安全工作的紧急通知》。13日6时组成3个督导组赶赴剑阁、苍溪、元坝、利州、朝天等县区了解灾情，指导抗震救灾。

第六章

大灾显大爱

“一方有难，八方支援”，全国各地、社会各界和海内外同胞筹集了大量资金和物资，国家、省政府相关部门拨出应急资金，支援广元抗震救灾，市内各机关也把公用经费支出压缩10%用于抗震救灾。接收和调拨方便食品5228吨、粮食55391吨、食用油1678吨、肉类973吨、帐篷29万余顶；组织车辆4.47万辆次、船舶6503艘次，及时把救灾物资发放给受灾群众；收到各类抗震救灾资金151.96亿元，安排146.68亿元；全市发放受灾群众生活补助金122026万元，救助困难群众460510人；帮助16.7万名因灾失业群众就业。市内企事业单位在抗灾自救的同

唐山市捐赠的救灾物资运抵广元

时，纷纷派出抢险救助队奔赴重灾区抢险救灾，大量的捐款捐物源源不断地送往灾区，自觉服务于抗震救灾，体现了“服务人民，奉献社会”的企事业公民责任。

爱心捐赠温暖灾区。震后，社会各界人民心向灾区，情系受灾群众，踊跃捐款捐物，奉献爱心，给灾区人民送来了大爱和温暖。在国际国内对青川捐赠的物资中，大到机械设备、救护车、彩电空调发电机，小到米面油肉饮用水、锅碗瓢盆手电筒，凡是灾民需要的，捐赠者们都想到了做到了。不管是专门的慈善机构、救援组织、社会团体，还是社会各界人士，都尽心竭力关爱着灾区的人民。尽管有人捐了十万、百万甚至更多，有人捐了几百、几十甚至几角几分，都彰显了人间真情和大爱。捐赠的是共产党员的“特殊党费”、军人的津贴费、职工的工资、商人的利润甚至本钱、学生们的生活费零花钱，甚至有人贷款斥资救援，有人奉献了热血和生命……这些都体现了人性的光辉。

2008年5月14日至12月31日，市财政共收到全国各地、社会各界、港澳台同胞、侨胞、国际社会捐赠资金1.54亿元，市红十字会共接收社会各界捐赠救灾资金2.4亿元，合计3.94亿元。市指挥部物资接收组共收到全国各地、社会各界、港澳台同胞、侨胞、国际社会各类捐赠物资265.02万吨（件）。广元市抗震救灾指挥部在广元市内组织开展捐赠活动，受灾群众自发踊跃献爱心，小灾帮大灾，大灾帮重灾，通过捐款捐物、交纳特殊党费等形式向重灾区人民奉献真情。

志愿者危难时刻显身手。震后，全国大批志愿者自发或有组织地来到广元重灾区，投入抢险救灾和灾后重建。32年前，唐山大地震的三名幸存者39岁的柳长根、46岁的刘国中、40岁的吴宝江，于15日9时赶到广元市抗震救灾指挥中心，自愿报名加入市抗震救灾青年志愿者队伍，共青团广元市委的工作人员给他们发放印有“青年志愿者”的小红帽。46岁的刘国中感慨

来自陕西省渭南的爱

地说：“32年前唐山大地震，全国人民都支援唐山，现在四川汶川发生大地震，是唐山人民回报社会的时候，能加入广元青年志愿者队伍，我感到骄傲。”19日，吉林省吉林市的15名青年志愿者驾驶6辆出租车，行驶4000多千米，历经3天3夜为广元送来价值2万多元的抗灾救援药品及1.01万元现金，投入广元城区救援物资运送、接送青年志愿者等服务工作中。5月20日，浙江团省委组织招募医疗卫生青年志愿者共25名抵达广元，奔赴青川重灾区开展医疗救治、卫生防疫等志愿服务工作。5月23日，唐山王爱玲自己出钱，用自己的车，邀亲戚朋友一行7人，满载两大车方便面、矿泉水、棉被、药品、50部联想手机等价值200多万元的救灾物资昼夜兼程，亲自送到青川县物资接收处。6月23日10时，“唐山志愿者王爱玲抗震救灾爱心车队”返回唐山修好车后再次抵达青川，将大米、菜油、方便面等价值3万余元的食物，按1户1桶油、1箱方便面、一袋10公斤优质大米，分赠给周围近300户受灾群众，然后投入清运废墟、平整场地的抗震救灾战斗中。王爱玲车队17人在青川县救灾3个月，耗资近百万元，无偿帮助青川抢险救灾和灾后重建，被青川灾民称为“爱心妈妈”。

其中来到青川县的社会救援力量和志愿者还有：世界宣明会、美国爱心基金会、宝鸡活泉志愿者救助团队、重庆大足县防疫队、陕西省疾病预防控制中心、四川省红十字会救援队、江西省长治博爱女子医院、广州中山医疗队、四川省计生医疗队、华西附二院医疗队、四川省红十字会医疗队、四川团省委组织的志愿者队伍、广元团市委组织的志愿者队伍、四川省红十字会组织的志愿者人员、广元市红十字会组织的志愿者人员、自愿到青川县参与抗震救灾医疗救援服务工作的志愿者人员。5月18日，381名志愿者进入青川部分场镇的村组。7月15日，由团中央组织的首批抗震救灾大学生志愿者一行7人被分配到剑阁县卫生部门，给医疗卫生抗震救灾工作以支持。68名大学生志愿者奔赴剑阁展开灾后重建支援工作，其中有来自黑龙江省对口支援的志愿者50名。

他们在青川县抗震救灾、医疗救援、医疗救治、灾后卫生防疫和灾民安置工作中，不计报酬，努力工作，护理伤员，运送物资，在众多工作岗位上补充救援人员的不足，在危难、危险时刻大显身手，起到重要的作用，为抗震救灾夺取胜利作出了重要贡献。

第七章

解除堰塞湖隐患

科学指挥，悬湖之患化险为夷。地震导致青川县关庄镇至曲河乡清江河及支流形成大小堰塞湖36处，其中3处大型堰塞湖位于青川县红光乡境内嘉陵江支流清江河，堆积体方量732万立方米，总蓄水量1500万立方米。石板沟堰塞湖为高危等级，堆积体高75—80米，方量356万立方米，总蓄水量1100万立方米；红石河堰塞湖堆积体高48米，方量240万立方米，总蓄水量100万立方米；东河口堰塞湖堆积体高18米，方量136万立方米，总蓄水量300万立方米。这些堰塞湖威胁着安置在下游关庄镇等7个乡镇的1.46万受灾群众和剑阁县新县城近5万居民的生命财产安全。在堰塞湖排险过程中，四川省委书记刘奇葆，省长蒋巨峰，省政协主席陶武先，水利部副部长矫勇，成都军区副政委、第五责任区指挥长段禄定中将，济南军区71352部队胡武帅师长等各级领导和部队首长亲临石板沟堰塞湖武警水电部队现场指挥，科学制定挖掘与爆破相结合的疏导排解方案。

5月14日，市委副书记、市长马华在青川县抗震救灾指挥部召开会议，部署抗震救灾工作，经电话报告市委书记罗强，决定设立关庄片区分指挥部，由广元军分区司令员王太平任指挥长，要求立即请专家对红光乡堰塞湖作进一步研判，制订泄洪方案。广元市、青川县组织相关技术人员到现场勘察堰塞湖的基本情况。15日，市委书记罗强、市长马华通过海事卫星电话与济南军区首长联系，请求帮助解决红光乡的堰塞湖处置问题，同时国务院抗震救灾水利组专家一行13人进驻堰塞湖现场。随后，市抗震救灾指挥部发出通知，要求迅速组织青竹江关庄镇以下河道两岸群众，向高处撤离，并及时报告执行情况。水利部抗震救灾前线指挥部部长陈雷、副部长矫勇、省抗震救灾指挥部水利组组长郭永祥、省水利厅厅长冷刚、市委书记罗强、市长马华每天听取有关堰塞湖最新情况的汇报，及时进行研究和部署。

5月16日，省水利厅、成都市水利规划设计院、中科院成都所、国务院抗震救灾水利工作组相继深入实地勘察监测，会商处置意见。17日，三处堰塞湖开始溢流，东河口为28—35立方米/秒，红石河为8—10立方米/秒，石板沟为20—25立方米/秒的流量自然下泄。省水利厅工程师巡查时发现青川县东河口、石板沟、红石河3个堰塞湖水位在不断上涨，“一天就涨了两三米”，情况十分危急。指挥部立即命令进行人员转移。18日，国务院抗震救灾水利组前方第五组（广元）组长史光前现场查看和评估后认为，由于三处堰塞湖泄槽断面基本稳定，堰体下部为滑坡崩落的堆石体，宽度超过百米，粒径从数十厘米到数米不等，对上游土质部分形成了很好的支撑作用，即使坝顶溢流，堰体瞬时溃坝的可能性不大，即使造成骨架塌落，致使堰顶或坡面塌陷，也能重新形成较稳定构架，导致堰体瞬时溃决的可能性不大。20日，石板沟堰塞湖水位急剧上涨，坝宽160米、滑坡高度200米、成库长度7000米、蓄水高达60米。25日，根据10天的观测和勘察结果，水利部前线抗震救灾指挥部和省水利抗震救灾指挥部下达青川县红光乡堰塞湖险情整治任务，由成都市水利规划设计院负责制订实施方案，具体施工由武警水电三总队负责。在清江河沿河乡镇青溪、前进乡、红光乡东河口、关庄镇、凉水、七佛、马鹿等7处设置监测点，分别由部队、乡镇和县水利局、省水文专业技术人员驻守，观察堰塞湖水位水情变化，完成了石板沟、东河口、红石河远程监测系统方案编制工作，并报省水利抗震救灾指挥部。26日，武警水电部队进驻东河口，用机械疏通断道公路。根据水利部水文局对25—27日20时累计降雨将达到71毫米，到31日入湖水量约3000万立方米的预测，市抗震救灾指挥部要求各级责任人到岗到位，做好监测和信息传递及启动预案的各项准备，在东河口下游约1千米处设立警戒线，转移撤离安置2006年“8・28”洪水线以下所有受灾群众和抢险团队。各集中安置点、水雨情监测点之间及其与指挥部的通信和信息基本畅通。27日，济南军区某集团军高炮团、装甲团、武警水电三总队及广元市旺苍县、利州区民兵应急分队，联合爆破堰塞湖堤坝，开挖泄洪槽，拓宽缺口，扩大自然泄洪量。26—28日，救援部队某部团长带领士兵60人，分5组轮番作业，在水利专家指挥下，由上游到下游，由左岸到右岸，经两天半的紧急打捞，共清理湖水中的木料等杂物26立方米，打捞遇难者尸体3具，各种家畜尸体9个，有效地净化了堰塞湖水质，经大量泄洪后，在下流多处检测，堰塞湖水对下流水质没有形成污染。

根据市抗震救灾指挥部批准的《广元市青川县堰塞湖应急总体预案》，结合成都市水利勘测设计院制订的排险方案，市堰塞湖排险和群众转移指挥部办公室对堰塞湖工程排险群众转移制订了《广元市青川县堰塞湖出险群众转移应急预案》，考虑到各种因素，实行四级响应，实行2.8万、4.1万、6.4万和8万人的不同转移（根据堰塞湖排险预案，全市先后累计转移群众2.8万余人）。各相关县区根据市抗震救灾指挥部批准的两个《预案》制订详细的实施方案，建立了转移人员花名册，落实到村、社区和个人，并明确转移线路、地点和责任人。沿江下游各县区、乡镇加强水情监测和信息传递，并安装监控设备对堰塞湖进行监测。同时，沿江河道内所有作业的机械设备上岸防洪，确保安全。沿江下游各县区、各乡镇制订《沿江群众安全撤离应急预案》，明确撤离线路，落实转移地点，做好相关生活保障和物资供应。按照先处理东河口堰体，待水位下降后再处理红石河堰体，最后处理石板沟堰体，即从下游往上游的顺序进行处置。石板沟堰体溢流道采取爆破和人工开挖加深，东河口及红石河堰体溢流道采取机械开挖、爆破和人工开挖扩宽加深泄水。30日，6台挖掘机、2台装载机驶进东河口堰塞湖、红石河堰塞湖开挖泄洪口。

6月4日，广元军分区司令员王太平、参谋长刘璞带领240多名解放军、武警部队官兵和民兵应急分队人员将3吨乳胶炸药运进关庄镇石板沟堰塞湖堤坝，18时24分，在爆破专家的指导下，成功实施广元“5·12”地震灾区泄洪排险第一次爆破，拓宽堰塞湖自然泄洪口15米，深1.5米，使自然泄洪量增至每秒20立方米，水位开始逐渐降低。8日、9日又进行了第二次、第三次爆破，使石板沟堰塞湖泄洪量每秒扩大到150立方米，红石河堰塞湖泄洪量每秒达到30立方米，险情有所缓解。11日，对石板沟堰塞湖排危工程进行最大一次爆破，共用炸药208吨，雷管2200根。29日，水利部副部长矫勇再次到石板沟堰塞湖施工现场进行实地勘察和指导，研究堰塞湖工程排险的具体方案和问题。7月3日，省委书记刘奇葆专程到石板沟堰塞湖察看工程排险情况及群众避险工作，要求尽快排除堰塞湖险情，确保人民群众安全。7月5日，对石板沟堰塞湖实施第13次爆破，7月8日再次用炸药30吨实施两次爆破，堰塞湖基本形成河道，减小了对上下游群众的威胁。济南军区71352部队、武警水电三总队、广元军分区和市、县水利部门共投入兵力3600人次，动用机械160台次，消耗乳化炸药223吨，先后对红石河、东河口、石板沟堰塞湖实施17次爆破，成功排除堰塞湖险情。

四川第二大堰塞湖石板沟堰塞湖成功爆破

| 第八章 |

大灾无大疫

广元市科学整合省内外、军队的37支687人的防疫队伍，分赴各县区开展巡回医疗和灾后防疫工作。青川县组建36支758名专业卫生人员的防疫队，组建2600余人的村社防疫消杀队伍和1860人的卫生保洁队伍，对全县开展食品卫生、饮用水卫生、环境消杀、尸体处置、疫情监测、卫生防病知识宣传等灾后防疫工作，实现卫生防疫全覆盖。截至2008年7月底，全市共出动疾控和消杀人员84.6万人次，发放杀虫药和消杀药2.5万余包装箱（件），环境消杀4.99多亿平方米，甲肝、乙脑应急免疫接种57348人，无害化处理动物尸体770余万头（只），生猪紧急免疫198万头，处理遇难者遗体4579具，全市无重大公共卫生事件和重大传染病疫情。

全市加强灾后心理危机干预工作，通过心理危机干预进病房、进灾区、进学校、进社区、进单位和未成年人心理援助工作，截至2008年7月底，直接进行医学心理干预2337人次，心理卫生巡诊109105人次，筛查应激障碍（又称应激反应综合征）5000余人次，发放心理卫生宣传资料10万余份，使地震伤员和灾民的焦虑、紧张、恐惧、抑郁等心理得到有效疏导和安抚。全市积极恢复医疗卫生服务秩序，共建成过渡房医院1.5万余间30余万平方米，恢复病床8486张，其中青川县人民医院、中医院恢复放射、CT、彩超等医学检查和医保网，县人民医院和8个镇中心卫生院建立远程会诊系统，为灾后医疗卫生工作打下了基础。

增强救援力量。震后，广元市卫生系统及时组织医疗人员，迅速投入地震伤员抢救中。全市所有医务力量投入抗震救灾之中，截至2008年7月底，共调派和接收医务人员13496人，调拨药品36870件，医疗器材39433件，到重灾区争分夺秒抢救被困受伤人员，收治伤病员25万人次。5月12日23时，首支由20人组成的综合医疗卫生防疫队赴极重灾区青川县，市外首支医疗队泸州医学院医疗队同时赶赴青川，开展紧急医疗救援。13日后，全市卫生系统全力组织，调动一切力量，投入抗震救灾医疗卫生救援工作。市外、省外、国外医疗防疫救援队先后赶赴广元，开展医疗救援救治。截至2008年7月15日，市直属医疗卫生单位派出医疗救援队 20余批次100余人次。全市接收省外救援队1567人，其中医疗 662人，防疫713人，卫生监督 192人，分别来自天津、江西、上海、安徽、宁夏、陕西、郑州、哈尔滨、浙江、河北、湖南、山西。省内内江、达州、泸州、巴中、眉山等地和四川省军区、沈阳军区、第四军医大、卫生部、国家疾控中心、华西附二院、省疾控中心、省卫生执法监督总队、省红十字会等单位，韩国、日本、法国医疗卫生防疫队50余人也奔赴广元参加救援工作。

广元市抗震救灾医疗卫生救援指挥部将外来医疗队和救护车及时协调到极重灾区青川县紧急救治伤员，组织调派全市医疗卫生力量和国家、省级医疗队密切配合，形成强大的、有实力的医疗救护队伍。市内各医疗卫生机构在抗震救灾医疗救助中充分发挥骨干中坚作用，广大医卫人员不顾个人生命财产安全，及时疏散病人，抢救震灾伤员，派出精锐力量20余批100多人次到重灾区青川抢险救人，防疫防病。利州区的不少民营医院、个体诊所也纷纷赴青川县参加医疗救治工作。省级医疗机构和泸州、达州、内江、眉山、巴中、南充等兄弟市州纷纷派出医疗救援力量，到青川县开展卫生急救和防疫消杀工作。在抗震救灾紧急关头，国家抗震救灾指挥部组织国家卫生部直属医疗机构、各省市医疗防疫机构派出大批医疗卫生防疫队奔赴极重灾区青川县和广元市内其他县区抢救受伤人员，开展卫生防疫、心理干预等工作，确保了抗震救

浙江省卫生防疫队伍在地震重灾区的青川县木鱼镇、沙州镇、凉水镇等地区全面开展水源卫生侦察、生活饮用水监测、污染水源及时消毒等卫生防疫工作。

灾工作有力、有序开展。中央军委、成都军区、四川省军区及广元军分区紧急部署抗震救灾工作，人民解放军和武警官兵、地方武装力量派出多支医疗救援力量投入伤员救治和卫生防疫工作。日本、法国、韩国等国际医疗救援力量深入广元重灾区，参与医疗救助和防疫消杀工作。

加强卫生防疫。5月中下旬，广元市抗震救灾指挥部在抗震救灾、救人抢险、医疗救治取得阶段性成果基础上，将工作重心转向灾后卫生防疫。在广元市抗震救灾医疗卫生前沿指挥部具体组织指挥和协调下，紧密依靠中国疾病预防控制中心、四川省疾病预防控制中心、济南军区猛虎师防疫队、第四军医大学防疫队、国内省内30余个医疗防疫队的技术支持，全市统筹军地医疗卫生防疫力量，广泛发动群众，建立由机关单位、城乡基层干部和医疗卫生人员组成的卫生防疫队，分片包乡、包村、包社区，使消毒灭害工作覆盖到所有村、社区、家庭，覆盖到所有安置点、医疗点和救灾人员住地，以灾区不发生疫情为底线的目标，加大防疫工作力度，实现卫生防疫全覆盖。加强食品卫生监督，以受灾群众集中安置场所、灾区留置群众和救灾人员集中生活点、救灾物资集中分发场所为重点，对餐饮单位和集中用餐配送单位开展巡回监督检查，全面加强灾区食品卫生动态监测。加强饮水卫生监督检查，加大对受灾群众集中安置场所供水、储水设施的监测频率，指导开展饮用水消毒，防范饮用水卫生安全事故。加强场镇、学校、医院、居民小区及人口聚集区的垃圾清运、处理和环境卫生整治，全市普遍开展畜禽圈舍和周边环境的消毒灭病源工作，加强灭蝇灭鼠、捕杀流浪犬等工作，妥善处理遇难者遗体和禽畜尸体。重点加强对极重灾区青川县的防治监测力度，青川县灾后防疫工作整合组派省内外、部队和市内防疫监督队伍，分赴青川县城和36个乡镇，全方位开展食品卫生、饮用水卫生、环境消毒杀菌灭害、尸体处置、疫情监测、卫生防病知识宣传等灾后防疫工作，在金子山、东桥等交通要道设置消毒站，对过往车辆实施消毒。截至2008年11月30日，全市共出动消杀灭人员30.46万人次，车辆2.8万多台次，对重点地区、重点场所进行反复消毒杀菌灭害，发放卫生防病知识宣传资料200余万份，培训防疫人员2万人次，实现全市无鼠疫传染病、重大疫情及突发公共卫生事件发生。

第九章

灾区党旗红

青川县委、县政府在与外界失去近17个小时联系的紧急情况下，即时成立了全县抗震救灾指挥部，紧急调动县内的武警、消防、公安、交通、电力、卫生等部门，紧急发动机关党员、干部疏散群众、抢救群众，紧急抢修通道、恢复电力，紧急排除险情、稳定群众，紧急畅通联系、争取外援，各项工作紧张有序开展。青川县乐安寺乡党委在办公楼变成一片废墟之后，立即搭起临时办公用房，挂起了乡党委政府的牌子，插上了鲜艳的党旗。青川县木鱼村党支部组成6支党员突击队投入抢险救灾，全力安置受灾群众，不仅安置全村2000名受灾群众，还妥善安置邻村3000余名涌到木鱼的受灾群众。广元电业局党委组织系统20多个基层党组织700多名党员一线抢修，全力保证各地陆续恢复供电。市公安局党委组织500多名党员干警全力疏散群众，疏导交通，维护秩序，处置紧急险情。5月13日，市法院党组书记、代院长李勤向指挥部请愿，带领51名党员和干警，冒着山体滑坡、余震不断的危险，乘车、坐船、步行，赶到青川重灾区沙州镇展开救援行动，缺乏工具，他们就用手抠，用肩扛，争分夺秒抢救被埋群众。交通、城建、通信、卫生等部门党组织组织党员服务队，奔赴一线，奋力抢险。

市委从市级机关和苍溪、旺苍等县区选派33名科级干部到重灾区青川县乡镇任党委副书记、副乡镇长，先后共向重灾区选派1000余名党员、干部和专业技术人员。组织全市抗震救灾先进事迹报告团，在全市开展巡回报告20多场次，听众达2.2万多人。深入开展“自力更生、重建家园”宣传教育活动，集中组织开展“对群众深怀感情、对工作永葆激情、对未来充满豪情”大讨论、灾后重建知识及有关政策大宣传、“感恩共产党，共建新家园”大教育三大宣教活动。深入开展群众思想工作，在对宣传教育骨干进行集中培训的基础上，乡镇（街道）、村（社区）党员干部、市级部门帮乡工作队员和青年志愿者近5000人共同组成灾后重建知识及有关政策宣讲队深入农村、社区、受灾群众集中安置点，集中宣讲。组织民政、安监、规划、建设、国土、卫生和移民等单位，结合灾后重建的需要，精选有关内容，统一编印宣传资料两万余份，共开展宣讲活动5100场次，接受教育的群众达5万余人。以乡镇党委为责任主体，以村

人民日報

RENMIN RIBAO

人民网 网址：http://www.people.com.cn 手机：http://wap.people.com.cn

2008年5月 22 星期四

四川青川县乐安寺乡在地震中房子垮了，但组织不垮——

震不垮的乡党委

灾区党旗红

《爱的奉献》抗震救灾大型募捐活动引起强烈反响

胡锦涛给予热情鼓励并发出号召

我们心连心，同呼吸，共命运，就没有克服不了的困难。胜利一定属于英雄的中国人民

温家宝主持召开国务院常务会议强调

一手毫不松懈抓抗震救灾 一手坚定不移抓经济发展

温家宝在国家汶川地震专家委员会成立会议上强调

要为抗震救灾提供科学支持

《人民日报》报道乐安寺乡党委政府灾后插上党旗国旗

（社区）党支部为单位，通过群众会、坝坝会、帐篷会等多种形式，共开展感恩教育活动3100场次，及时把受灾群众的注意力引导到生产自救、恢复重建上来，进一步强化受灾群众抗震救灾的主体意识，激发参与灾后重建的积极性和主动性。集中组织开展灾后恢复重建班两期，共培训全市重灾乡镇党委书记、乡镇长及县区分管领导、市级有关部门共500余人。各县区也分层开展了乡镇、村干部专题培训，提升基层干部推动科学重建的能力。

市委组织部门主动适应抗震救灾需要，及时把工作重心转移到围绕抗震救灾加强组织建设，促进党组织、党员、干部充分发挥作用上来，突出抓了基层组织健全完善和基层班子配备充实，对破坏受损的基层党组织及时进行恢复健全。青川县红光乡东河口村党支部在支部书记、主任、文书3名支委遇难的紧急情况下，12日下午就恢复完善了临时党支部。全市31个严重受损和123个部分受损的基层党组织，及时采取村村联建、村企联建、村社联建、军地共建等方式，于5月29日全部健全完善。截至2008年7月10日，共在板房区建立党组织79个，管委会48个，在受灾群众集中安置点建立了304个临时党支部，在党员服务队建立了518个临时党支部，在援助工作组建立了36个临时党支部，及时搭建了基层党组织临时办公场所，迅速开展工作，实现了党的组织、工作和影响力三覆盖。同时，注重在抗震救灾和灾后重建一线发现、培养入党积极分子和发展党员，1765名突击队员在抗震一线递交了入党申请书，1460人成为入党积极分子，491人“火线入党”。统筹干部资源，采取从上级机关选派、从后备干部中选拔、从抗震救灾和灾后重建一线表现突出的干部中挑选等方式，配齐配强基层缺额班子，保证了抗震救灾一线工作力量。坚持在抗震救灾和灾后重建一线检验、考察、识别、使用干部，及时把表现优秀的年轻干部作为后备干部重点培养，把表现特别突出的及时提拔重用。坚持把弘扬先进贯穿抗震救灾和灾后重建的全过程，树立了一大批震撼人心、鼓舞斗志的先进典型，在“七一”纪念建党87周年之际隆重表彰了在“5·12”抗震救灾中表现突出的182个基层党组织和321名优秀共产党员。同时，5个基层党组织、11名党员和两名党员领导干部受到省委表彰，1个基层党组织和5名党员受到中组部表彰。深入开展群众思想工作，及时把受灾群众的注意力引导到生产自救、恢复重建上来。广泛组织开展走访慰问和结对帮扶活动，尽力帮助困难群众、党员、干部坚定信心，共渡难关。全市各级党组织在灾后重建中坚持一手抓组织建设，一手抓作用发挥，组织和动员广大党员、干部、群众积极投入安置群众、卫生防疫、维护稳定、恢复生产和基础设施重建等各项工作中去，灾区呈现出了不等不靠、奋力自救的良好局面。

中 篇

敢叫山河换新颜

在经历了惊天动地、生死驰援的抢险救灾之后，灾区人民开始了“从悲壮走向豪迈”的灾后重建历程。在党中央、国务院，四川省委、省政府的坚强领导和亲切关怀下，在全国人民的大力支持下，在浙江省、黑龙江省、香港特区、澳门特区和省内泸州、攀枝花、自贡、宜宾等市的倾情援建下，广元市广大干部群众万众一心、崛起危难、砥砺前行，夺取了灾后恢复重建的伟大胜利，向历史交出了一份合格的答卷。灾后重建规划任务按照国家、省的时间节点要求胜利完成，纳入国家重点总体规划的项目完工6222个，完成投资1220.56亿元，如期实现了“家家有房住、户户有就业、人人有保障、设施有提高、经济有发展、生态有改善”的目标。一场加快建设灾后美好新家园、加快建设川陕甘结合部经济文化生态强市的壮阔实践，以巨变为烙印、以奇迹为标签，记录着灾区的涅槃新生、“脱胎换骨”。

大地的伤口渐渐愈合，新生的力量以无数的细节让人心动。“枣树村精神”、“千佛崖速度”、“马口样本”、“海螺现象”……广元以这样的速度、这样的精神奋力前行，创造奇迹。科学救灾、科学重建的伟大实践使广元人民深刻认识到：党的坚强领导和社会主义制度的优越性是夺取重建胜利的根本保证，以人为本、民生优先是夺取重建胜利的核心理念，科学规划、统筹兼顾是夺取重建胜利的基本原则，遵循规律、科学重建是夺取重建胜利的重要办法，依靠群众、多方参与是夺取重建胜利的决定力量，依法推进、加强监管是夺取重建胜利的有力保障，感恩奋进、亮剑拼搏是夺取重建胜利的强大动力。

巨大的灾难，必然以历史的进步为补偿。震后，广元把灾后重建机遇转化为科学发展的动力，把伟大的抗震救灾精神转化为灾后重建的坚强意志，从废墟中挺立，在危难中崛起，于困境中奋进。全市经济进入加速发展时期，2011年全市生产总值在震前2007年的基础上翻了一番，全社会固定资产投资是2007年的4倍，地方公共财政收入是2007年的3.4倍，重建后的广元不仅实现“原地起立”，而且实现“发展起跳”。

| 第一章 |

科学规划　引领重建

推进灾后重建，不是简单地恢复原貌，而是一次“发展起跳”。要实现这一目标，科学规划是前提。广元市按照党中央、国务院和省委、省政府的要求，始终把规划作为科学重建的基础和龙头、作为重中之重的工作进行安排部署，通过科学规划，为又好又快地推进灾后恢复重建夯实基础。

一、指导思想统筹全局

要编制好的规划必须首先确定正确的指导思想。广元市在灾后重建规划编制过程中，深入贯彻科学发展观，体现以人为本、尊重自然、着眼长远、科学重建、低碳发展的要求。

坚持以人为本。以人为本的指导思想是规划编制工作要把握好的首要原则。规划编制从灾区群众的生活生产需要出发，把切实保证人民群众的生命财产安全作为前提，兼顾生活质量和生产发展，兼顾现实需要和长治久安，把灾区群众的根本利益放在首位。充分听取灾区群众意见，发挥灾区群众的主体作用，保护灾区群众的合法权益，优先解决与灾区群众生活密切相关的基本问题。

坚持科学重建，尊重自然和经济规律。“5・12”汶川特大地震对人类如何正确处理与自然的关系再一次敲响了警钟。灾后恢复重建规划建立在尊重自然、善待自然、尊重规律、运用规律的基础上，以高度负责的科学态度做好灾害评估和地质地理条件、资源环境承载能力分析等基础工作。全面调研，科学评估，组织专家对重大问题进行深入论证，广泛借鉴国内外灾后重建的有益经验，走低碳发展之路，促进人口资源环境协调、可持续发展。

坚持因地制宜，分类指导，一切从实际出发。灾后恢复重建规划从实际出发，与经济社会发展水平相适应，尊重民意，注重实效，科学界定适宜重建和不适宜重建的区域，调整优化城乡布局、人口分布、产业结构、基础设施和生产力布局。充分尊重和调动灾区干部群众的积极性、主动性和创造性，统筹安排，突出重点，有计划、分步骤地开展恢复重建工作。

二、部署工作迅速到位

市委、市政府成立灾后恢复重建委员会后，首先着手的就是灾后恢复重建的规划编制工作，成立了灾后重建规划组，全市有20多个部门作为规划组成员单位。市委、市政府要求规划组认真学习贯彻国务院《汶川地震灾后恢复重建总体规划》，始终坚持以人为本、从灾区群众的实际需要出发，充分听取灾区干部群众意见，充分依靠当地人民政府，注重调动和发挥政府各部门、专家和社会各界的力量，有力有序地推进各项工作。

建立工作机制。灾后重建规划组相继召开了若干次全体会议和专题工作会议，对规划编制工作方案、专项评估报告、规划范围、总体规划大纲以及规划衔接协调等问题进行了研究，统一了思想，明确了分工，保障了规划编制的顺利进行。

打好规划基础。国务院抗震救灾总指挥部审议通过的《汶川地震灾害范围评估报告》，明确将青川县列入极重灾区，将苍溪、旺苍、剑阁县以及利州、元坝、朝天区列入重灾区，纳入国家灾后恢复重建规划范围。《广元地震灾害损失汇总与评估报告》综合评估了广元的灾害损失，《资源环境承载能力评价报告》提出了灾区适宜重建、适度重建和不宜重建区域的范围，为规划最终确定不同区域的产业导向、城镇布局和人口合理容量提供了重要参考依据。

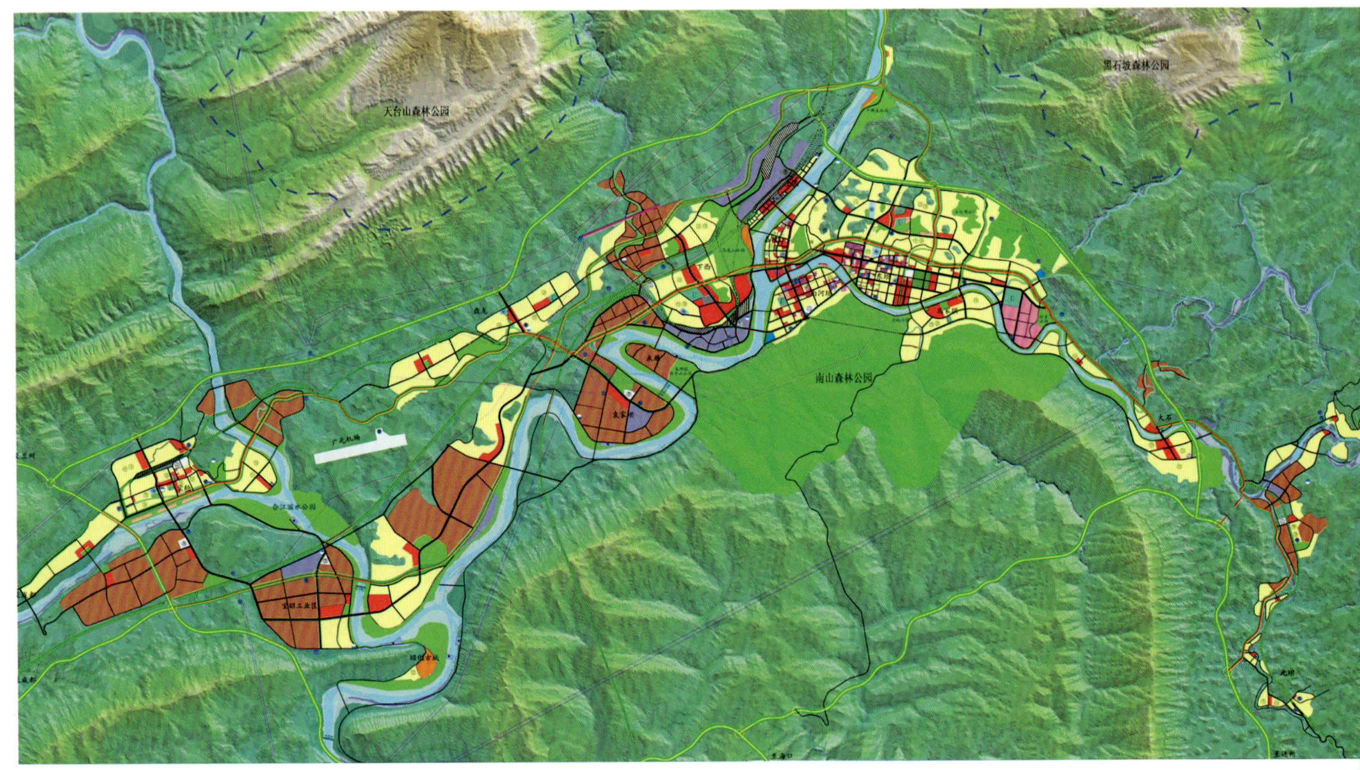

广元市城市总体规划

加强政策研究。政策措施是规划实施的重要保障。这项工作由规划组成员单位分头提出建议，在此基础上进一步汇总平衡，提出了财政、税费、金融、土地、就业等方面的政策建议，估算了恢复重建所需的资金规模，以及政府投入、对口支援、社会募集、市场运作等不同渠道可能投入的资金规模。

起草规划文本。按照工作分工，规划组各成员单位以高度的责任感和强烈的使命感积极主动地投入总体规划和专项规划的编制工作中，克服规划时间紧、任务重，基础工作和衔接工作量大等困难，保证了规划文本起草工作进度。在广泛征求部门、地方和社会各界的意见基础上，进一步修改完善。

广开建言渠道。为在规划编制过程中体现民主公开的原则，使规划更好地集中民智，反映民意，规划组召开了多次新闻发布会，向新闻媒体和社会公众介绍灾后恢复重建思路和进度，及时公布有关文件，加强舆论引导。编辑了《灾后重建规划组简报》，介绍规划进展情况，报道成员单位工作动态，刊登相关研究报告。

三、工作推进有力有序

制定完整的重建规划体系。重建规划量大、面广，时间紧、任务重。为确保重建需要，广元市广泛动员和组织省内外30多家规划编制设计机构的400多名规划设计人员，开展了多次规划设计大会战。市规划和建设局在时间紧、任务重、人员短缺的情况下，积极寻求外部援助力量的支持，三上西安，十下成都，得到四川省城乡规划设计研究院、西安市规划局、西安市市政规划院、西安市建筑科技大学的援助，援建专家与市规划和建设局工作人员组成7个规划工作组，分赴7个县区踏勘现场，了解灾情，掌握第一手资料，在此基础上认真分析广元经济社会发展现状，科学确定农村产业、基础设施和公共服务设施布局，拟定灾后农村恢复重建项目，测算恢复重建投资规模，及时完成了7个县区的《农村建设规划》，其中青川、剑阁两县达到了城乡规划全覆盖。针对规划设计单位大都缺乏农村规划设计经验的问题，广元及时制定了《广元市“5·12”地震灾后重建农房通用图集》和《农村居住建筑抗震构造图集》，以安全第一、有利生产、方便生活、节省耕地、保护环境为宗旨，按照与城镇化、新型工业化和新农村建设相结合的要求，坚持宜聚则聚、宜散则散、散聚结合的原则进行了规划。组织规划设计人员和镇、乡、村干部学习培训，进行典型案例剖析交流，确保了高质量规划。根据《汶川地震灾后恢复重建条例》和四川省汶川地震灾后重建规划编制工作组的统一部署，广元结合实际，围绕构建现代化城市和现代农村和谐相融、历史文化与现代文明交相辉映的新型城乡形态的目标，统筹协调住房重建、基础设施重建、公共服务设施重建、产业发展和生态修复等11个灾后重建专项规划，形成了由灾区城镇体系规划、市城区重建规划、农村重建规划和风景旅游区重建规划构成的全市灾后重建规划体系。同时，陆续出台了一系列政策措施，如：关于加快

青川县城规划

产业恢复发展的意见、实施工业“三项工程”的意见、支持医药产业加快发展的意见、扶持和发展中小企业的意见、加快工业集中区建设的指导意见等。

高起点编制灾后重建规划。瞄准在2020年把市主城区建成大城市的目标，加快进行主城区总规修编和重建规划；紧扣统筹城乡规划和国家重大项目规划，各县区紧紧抓住灾后恢复重建援建机制这一契机，积极争取浙江、黑龙江省援建资金和技术力量支持，加大乡镇总体规划和村庄规划的编制力度，全市累计编制了89个乡镇总体规划和560余个村庄规划。浙江省迅速组织380多名测绘技术人员用1个月时间完成测绘任务，组织浙江城乡规划设计研究院及10个对口市县规划院开展了青川县城镇体系以及33个乡镇的规划；黑龙江省积极做好剑阁县14个镇、31个乡的《总体规划》及《集镇建设规划》；自贡市编制了《苍溪县三川镇城镇发展总体规划》《苍溪县三川镇旅游发展规划》《阳观村农民集中居住点修建性详规》；宜宾市编制了羊木镇基础设施、园林等规划。突出重大基础设施建设项目和生命线工程，编制了市域交通、物流市场等专业规划和110余项城镇基础设施项目规划；围绕工业强市战略，完成了川浙产业合作园、川黑产业合作园、军民结合产业园以及天然气综合开发利用园区等重点园区规划。广元市还编制了《广元市森林城市建设规划》《广元市“5·12”地震灾后恢复重建生产力布局和产业发展规划》《广元市旅游总体规划（修编）》《青竹江流域规划》等专项规划。

尊重民意、集中民智制定规划。由于地震灾害涉及面广，受灾群众多，不同区县、乡镇受

灾情况又各有不同，情况复杂。因此，在灾后重建规划的制定中，广元坚持从灾区实际出发的原则，充分尊重群众意愿，民主规划，科学选址。结合地方实际，广元把规避地质灾害隐患点作为灾后恢复重建选址的重要内容，规划方案详实具体，落实到户。规划中注意三个结合：即灾后重建与新农村建设相结合、与农村产业发展相结合、与当地民族习惯和整体风貌相结合。规划设计完成后，及时在村组进行公示，广泛征求广大村民意见。为了充分激发和调动广大群众灾后重建的主体意识和主人翁意识，采取多形式、多渠道广泛宣传党和国家关于灾后重建的方针、政策和原则，积极引导和组织群众自强、自立和自救，不等不靠，自力更生，艰苦奋斗，用自己的双手重建美好家园。基层政府和党组织通过召开“三会”，即党员会、受灾户家长会、灾民院坝会，进行广泛宣传动员，充分听取群众的意见和建议，认真调整完善重建方案，得到了广大受灾户的支持与配合。由于方案透明度高，全市农村永久性住房建设规划选址基本做到了尊重群众意愿、科学规划选址，达到了生产生活环境有改善，防灾抗灾能力有提高，让群众满意的目的。在灾后重建政策、措施确定后，市委、市政府组织工作组深入灾区，走村入户，向群众宣传讲解，让群众了解政策规定，自主选择重建模式，并反复征求受灾群众意见，修改完善规划方案，通过及时公告、公示，获得群众的认可赞同，从而为重建规划的实施奠定了坚实的群众基础。

第二章

住房重建　确保安居

灾后重建工作启动以来，广元市围绕“三年重建任务两年基本完成”的目标，突出“提速加快、又好又快”的主基调，按照民生优先、着眼长远发展的原则，及时编制了灾后住房重建规划，全力以赴推进恢复重建工作，实现了三年重建任务两年基本完成的目标，保证了受灾群众安居安定。

一、拼搏创新　农房重建加快推进

尽早启动，把灾后农房重建放在首位。“5・12”汶川特大地震后，广元19.96万户需重建农房，48.7万户农房需维修加固。广元市委、市政府始终把解决受灾群众“安居”作为最大的民生，把推进农房重建作为灾后重建的“一号工程”，把实现“家家有房住”作为首要目标和压倒一切的重要任务。按照“政府与群众两方联动、过渡和永久两步合一”的思路，早谋划，早安排，早启动，率先强力推进。地震发生后的第二日晚，市委常委会就明确提出要一手抓抗震抢险，一手抓恢复重建，研究农房重建问题，随后分别于2008年5月20日、25日下发了灾后农房重建的指导意见，要求各县区和市级有关部门在确保安全的前提下，广泛发动和组织群众不等不靠，自力更生，着手建设永久性住房，确保受灾群众安定、安全、安居、安心。按照市委、市政府的安排部署，各县区均建设了一批示范点，加强典型示范，抓好辐射带动，及时总结推广好的经验和做法，强力推动了农村建房工作。各受灾乡镇认真组织发动广大群众自力更生，重建家园。到6月中旬，全市大部分县区已开始建设永久性住房。2008年7月24日，全省地震灾区农房重建工作现场会议在广元召开，对先期启动的永久性住房建设工作进行了小结，对下一步工作进行了全面部署，打响了大规模灾后农房重建战役。

规划先行，科学引领灾后农房重建。规划是重建的龙头。灾后农房重建不是简单原样的恢复与复制，而是一次改善农村面貌、提升人居环境、发展起跳的重大机遇。市委、市政府坚持以科学规划为引领，针对广元贫困山区实际，着眼生态小康新村建设，按照“三打破、三提高”、“四注重、四提升”的要求，将农房重建与优化城镇体系空间布局和产业布局、提升产业化水平等统筹起来，通盘考虑。把“安全、经济、实用、节地、特色”作为基本要求，把“控面积、降成本、调结构、保质量、抢进度”的理念贯穿规划始终，尊重群众意愿，坚持有利于生产发展、社会管理、提高群众生产生活水平的“三个有利于”前提下，注重当前与长远、建房与致富、分散与集中、统建与自建 “四个结合”。本着安全第一的原则，避开地震断裂带、地质灾害点、洪水威胁区，提高抗震设防标准，整体规划，合理布局，统筹建设。不仅兼顾就地、就近、分散安置和建设，而且按照工业化、城镇化和农业产业化“三化”联动、协调发展的原则，在群众自愿的基础上，适度向灾后重建规划的重点集镇和村庄集中，确保规划一盘棋、重建与发展齐步走。全市集中时间、集中力量开展规划大会战，很快就按要求完成了重建规划编制或修编工作，并分乡镇、村规划设计到户。根据满足使用功能和体现川北山区民居风格的要求，印发了《广元市“5·12”地震灾后重建农房通用图集》和《农村居住建筑抗震构造图集》，提供了30多种农房设计方案供重建农户选择，严格按照抗震救灾设防要求和工程建设强制性标准设计施工。

广元市青川县受灾群众建新房

广元市元坝区柳桥乡柳桥新村

政策导向，充分发挥受灾群众的建设主体作用。广元市委、市政府在认真调查研究、摸清掌握情况、科学评估的基础上，提出了“政府主导、群众主体、社会协同”“三位一体”的农房重建政策方针，探索出台了“联户联建、统规统建”、“一事一议、群众互助”等政策机制。做到政策先行，政策配套，政策统一，充分利用政策指导支持灾后农房重建。一是严格兑现政策。克服一切困难，严格执行国家、省对灾后农房建设的补助政策，按照“两类三档”补助标准，即一般农户：1—3人家庭16000元、4—5人家庭19000元、6人及以上家庭22000元；建卡绝对贫困户和低保户：1—3人家庭20000元、4—5人家庭23000元、6人及以上家庭26000元执行兑现，不擅自扩大范围和提高或降低标准。组织若干个灾后农房重建核查小组对全市农房毁损情况逐一核查，按照受灾户申请、群众评议、村组公示、乡镇审核、县区民政审批五个程序确定重建扶持对象和范围；严格控制建房规模，灾后农房重建用地由各县区依据本地的资源环境承载力确定，不得超过震前农房建设审批面积，人均建设面积原则上控制在30平方米以内，户均120平方米以内，层数控制在两层以内。二是积极创新政策。根据广元实际，打破政策界限和摆脱寻常审批程序的制约，为农房重建开辟绿色通道。凡涉及灾后农房重建的收费，一律实行“零收费”；凡涉及灾后农房重建的行政性审批事项，一律从简，减少审批环节，简化报批材料；凡符合灾后农房重建政策的，在确定建房选址后即可先行建设（不涉及农用地转用的，及时依法办理用地手续，涉及农用地转用的，可以边建设边报批）；凡涉及灾后农房重建的物资运输，开通“绿色通道”，凭各级民政部门出具的证明，运输途中市内各收费站免收过路过桥费用；建设部门组织专业技术人员进村入户，开展指导，培训农村建筑工匠，为农房重建提供了可靠的技术保障。各县区还具体制定了林地和耕地占用、砂石采挖和砖瓦烧制、建房信贷、基础设施重建、闲置资产利用、投亲靠友或购房居住等方面的具体扶持政策措施，确保灾后农房重建顺利进行。由于政策措施得力，群众建设主体作用发挥充分，全市农房重建工作取得显著成效，得到省委、省政府的高度肯定，全省地震灾区农房重建工作现场会议2008年7月24日在广元召开，推广介绍广元灾后农房重建经验。

立足实际，统筹组织安置重建。广元地处大山区，山地占70%以上，且地质情况复杂，地震后形成大量地质隐患，农房重建宅基地矛盾十分突出。市委、市政府加大灾后地质隐患排查和除险工作力度，组织7个专家组共排查评估出地震次生地质灾害及隐患点3085处，为农房重建提供安全保障。对受灾农户，无论是选择原址还是新址重建、异地搬迁重建等方式进行房屋重建，采取“自主置换、工程整理、异地重建、统规统征”方式，有效解决受灾群众农房重建宅基地问题。按照适宜重建、适度重建、生态重建三大类区功能定位，结合新农村建设，坚持“就地就近分散安置重建为主，异地安置重建为辅”，对因灾失房失地、生活生产条件难以恢复，以及处在地震地质灾害隐患严重地区的受灾农户，按村内跨组、乡镇内跨村、县内跨乡镇、市内跨县区、省内跨市的顺序统筹安置重建；对自愿通过投亲靠友、自主转移等方式异地搬迁、重建或购房安置落户的，出台具体政策加以支持。科学、合理、有序地统筹组织、引导受灾农户安置与灾后农房重建。全市就地、就近重建17.23万户，县内异地重建2.12万户，自主异地重建安置近1400户，政府主导从地震极重灾区青川县分两批次向市内剑阁县、元坝区异地安置重建576户1872人，省内跨市异地安置重建到邛崃180余户，有效避免了次生地质灾害，实现了确保无一人因次生灾害伤亡的目标。

分类指导，大力调整农房结构。随着灾后重建大规模展开，农房建设面临建材短缺、劳动力不足且价格上涨的压力。各地不等不靠，主动出击，积极应对，坚持因时因地制宜，在调结构上求突破，降成本上动脑筋，打破农村单一的传统砖混结构建房模式，大力引进新材料、新工艺、新技术，有效化解矛盾与压力。通过现场会、抓点示范，在全市大规模推广抗震强度高、工厂化生产、流水线作业、成套化安装、规模化建设，具有经济、适用、美观，“四防”（防水、防火、防潮、防噪），“一快”（建设进度快）特点的预制木结构、轻钢结构、钢木结构、全木结构及穿斗木结构住房，共计6万余户，占重建农户30%以上，与全部建砖混结构相比，可由3年建设期缩至16个月，且节约投资24亿元，节约用砖10亿多块，户均节约2.5万块，共节省原煤折合标煤约39万吨，减少二氧化碳排放约97万吨，户均降低成本共计3万多元。既彰显“小青瓦、白粉墙、人字顶、木门窗”的川北民居特色，又大大缩短了建房工期，全面提速农房重建，同时还最大限度地降低了造价，有效推动了贫困山区灾后农房重建、低碳重建。

青川县竹园镇三郎村

突出抓好建材特供保障，维护建房农户利益。全市灾后农房重建共需水泥300万吨、机砖62亿块，而当年全市产能为水泥140万吨、机砖14亿块左右。水泥、机砖等建材供需矛盾特别突出。市委、市政府提出了“政府主导，分级负责，保量、保价、保质”的总体要求，先后出台了《广元市灾区农房重建建材特供实施方案》和《关于做好灾区农房重建水泥特供工作的通知》，市委办、市府办印发了《关于进一步加强灾区农房重建建材保障工作的通知》。各级成立了建材特供机构，把水泥、钢材、机砖、沙石均纳入特供范围，采取限价、点对点、直销到户、双向控制的方式，严格限定出厂价格（含装车费）与零售价，实施“上量、适度、分段”的办法解决建材供应难题。迅速成立了市灾区农房重建建材特供协调领导小组及办公室，建立了市、县（区）、乡（镇）、村四级特供机制，形成了4000余人的特供工作队伍，认真做好供需调查，摸清底数，建立稳定的建材供应来源，尽最大努力扩大供应量。同时加强建材运输协调，降低成本，保障供应。加强市场监管，维护建材市场供应和价格水平总体稳定。加强引导，教育群众树立成本意识。

强力实施现场指导和监管，确保建设质量和施工安全。按照“不留隐患、不留遗憾，数质并举、又好又快”的要求，构建“政府指导、群防自治”的灾后农房重建质量安全体系，确保农房建设质量和施工安全。市委、市政府向全市公开发出《致全市受灾农民朋友的一封信》，就如何确保建设质量和施工安全提出了希望和要求。在确保灾后农房重建宅基地选址安全、严格按要求提高抗震救灾设防标准和按工程建设强制性标准设计的基础上，市、县（区）、乡（镇）、村四级组建了质量安全专业指导和监管队伍，对无论是组织专业施工队伍施工，还是农户自己组织施工的，都现场指导，切实监管到位。特别是对建筑抗震设防要求和构造，尤其是砖混建筑的圈梁、构造柱等工程构造、工程建设、现场管理、操作规程等均按强制性标准，进行指导监管。对集中安置重建点（片）的建设施工，严格实行工程监理制度，按照工程建设流程，实行严格监理。各地还大力引导自己组织施工的农户，增强安全事故防范意识，并采取政府适当补助、农户主动参与的方式，组织发动灾后农房重建户积极参加意外工伤保险，为有效避免天灾之后发生新的意外事故而“雪上加霜”加上了一道“保险杠”，做到了在灾后农房重建期间无一例重大伤亡事故发生。

拓宽多元投入渠道，有效破解灾后农房重建资金难题。按照“群众自筹一点、政府补助一点、政策优惠一点、对口支援一点、信贷支持一点、社会援助一点”的“六个一点”办法破解资金瓶颈，出台了《广元市人民政府关于进一步做好灾后农村住户永久性住房重建信贷支持的意见》。全市各县区共建立农房恢复重建担保基金1.6亿元，放大灾后农房重建担保贷款16亿元，协调信用社向重建户贷款38亿多元，有效解决了建房资金矛盾。采取及时兑现落实政府资金补助、减收或免收农房重建相关费用，争取浙江、黑龙江、攀枝花、宜宾、自贡、泸州等对口支援省市支持补助农房重建，广泛发动社会各界捐资捐物献爱心等多种措施，确保受灾农户有钱建房、建得起房、建好房。坚持项目统一调配、打捆使用，整合项目资源，配套建设路、水、沼气等基础设施。从2009年开始，开展“助农增收、致富还贷”行动，住进新房农民讲诚信，增收后积极还贷。

与军队和援建单位无缝对接，全力助推灾后农房重建。一是积极协调配合，圆满完成军车抢运红砖任务。在2008年12月22日至2009年1月23日，根据党中央、中央军委和省委省政府、成都军区的统一安排，成都军区川藏兵站部派出240辆军车到我市帮助灾区农户抢运红砖。市、县区有关部门和部队积极配合，做好协调服务、后勤保障工作，圆满完成了军车抢运任务。全市共计出动军车4449台次，抢运红砖1506.1万块，运输量达到17244621吨千米，安全行驶461.93万车千米，并且在道路崎岖、地形复杂等重重困难下，无一次交通事故发生。二是组织实施“规划设计师支援灾区行动”。针对在短时期内完成大规模建筑规划设计任务重、全市技术队伍力量不足的实际，与援建单位积极合作，争取外援，组织开展“规划设计师支援灾区行动”。双方技术人员取长补短，通力合作，既立足当地环境、传统、本土文化特色，又引进吸收了发达地区先进的规划设计理念，确保了灾后农房重建高起点、高水平。三是积极争取援建单位资金、物资支持。通过多方努力，争取到了“侨爱家园”重建项目，共计投资466万元，惠及425户灾后农房重建户。浙江省援建青川县每户灾后农房重建户生产、生活基础设施建设补助资金4000元，共投入全县项目资金2.6亿元，加快了灾后农房重建进度。各援建单位还

剑阁县灾后重建的姚家乡天字村安置点

对乡、镇集中安置重建点、村落的道路、水电基础设施和公益设施及绿化、美化、亮化投入了大量资金，整体打造，全面提升农房建设和人居水平。

组织实施三大战役，强化领导抓落实。广元市委、市政府通过组织实施“春风行动”、“夏季攻坚”、“秋季决战”三大战役和“百日会战”，分阶段落实农房重建目标任务。在每一阶段结束转为下一阶段时，召开各级负责人、相关部门领导、72个极重灾乡镇领导参加的全市性专题会议，总结前段工作，安排部署下一阶段战役行动。并在每一阶段实施过程中，采取现场会方式进行推动。在组织实施的整个三大战役和“百日会战”期间，全市共召开了6次现场会，有力地推动了各个阶段工作达到预期目标。强化领导，落实责任，整合资源，聚合力量，整体联动，全力推进。一是实行各级各有关部门主要领导是灾后农房重建第一责任人的“一把手”负责制，乡镇党委、政府是农房重建责任主体、工作主体和实施主体的属地负责制，纳入各级各部门工作目标考核管理。二是实行市级领导和部门包乡、县级干部包村、乡镇干部包户制度。36名市级领导、114个市级部门联系72个重灾乡镇，驻乡工作队员超过3000人，打桩定位，纵向到底，横向到边，协同配合，一级抓一级，层层抓落实。三是加强督促检查，严格考核。根据三大战役和“百日会战”不同时段的工作目标和要求，倒排工期，确定到户，竣工建成销号。对工程进度、建房质量、政策落实和建房资金分配管理等情况全程督察督办，实行周查月结制度和不定期通报制度，发现问题限期整改，效能问责。以乡镇为单位完成目标任务申报验收，市县区组织人员检查。

二、攻坚克难　城镇住房恢复重建全面完成

在“5·12”汶川特大地震中，广元市城镇45408户房屋倒塌，196988户严重受损。面对这场特大灾难，广大干部群众同心同德，不等不靠，自力更生，顽强拼搏，紧紧围绕“两个加快”，迅速掀起了城乡灾后重建热潮。截至2009年底，全部完成了196988户城镇住房维修。2010年底，除青川县因规划调整，经省政府批准的2343套城镇住房重建延迟外，完成43065户城镇住房重建。2011年9月，青川2343套城镇住房重建竣工，标志着广元市城镇住房重建全面完成。

精心组织，扎实做细基础工作。在六个地震重灾市州中，广元市主城区受到的破坏最为严重。在城镇住房恢复重建中存在着产权确定难、加固维修达成共识难、发放资金手续和要求难、历史遗留问题解决难等诸多问题，情况异常复杂，严重制约了城镇住房恢复重建进程。为实事求是妥善解决这些问题，广元市在搞好调查摸底的基础上，扎实做好各环节的基础工作，确保公开、公平、公正。对复杂问题坚持走群众路线的原则，充分发挥群众能动性，实行民主评议、民主决策，以民主促重建，以民主促民生。

落实责任，实行“能靠则靠”的部门责任制。由于灾后重建和维修加固的各住户难以取得一致意见，广元市采取“政府（部门）组织、整楼联动、住户参与”的原则，市中心城区实行

青川县城东山小区

“能靠则靠”的部门责任制，市级各部门、各行业负责本部门、本行业的灾后城镇住房重建和维稳工作。市中心城区所在区政府也按照这个原则，将市级部门单位责任不能涵盖的重建户纳入区级部门单位。市、区部门都不能涵盖的零散重建户，由区政府组建专门的工作班子负责推进。市级部门和区政府密切配合，按照各自职责既分工又合作，资金由区政府切块安排到市级相关部门。

立足实际，按照“五种模式”分类推进恢复重建。“群众自主建”：鼓励居民自建，按照边施工边申领资金的方式，引导其率先启动，快速推进加固和重建。“业主联合建”：同一幢楼房或同一小区内的业主自行协商，达成一致后，由业主委员会组织实施重建。“统筹还房建”：结合棚户区、城乡结合部改造，引入房地产开发企业拆除受损房屋，按照《拆迁管理条例》进行安置补偿，同时享受灾后重建相关政策。“单位组织建”：部分中央、省级机关、企事业单位，由单位先行垫付资金实施重建，确保职工尽早入住。“政府组织建”：政府统一规划、组织实施廉租房、安居房等保障性住房建设，做到中低收入家庭应保尽保。在恢复重建过程中统一政策标准，统一资金拨付，统一统计渠道，确保公开、公平、公正。

协调推进，切实做到“四个结合”。在灾后城镇住房恢复重建工作中，广元市注重与廉租房、安居房等保障性住房建设相结合，与城市棚户区改造和城乡结合部整治相结合，与新城区开发建设相结合，与促进房地产市场平稳健康发展相结合，以灾后重建为契机，加快城镇基础

美丽的旺苍县鼓城乡

广元市朝天区曾家镇

设施和居民住房条件改善，为广大市民营造良好的生活环境。

加强管理，实行“两卡一限”的资金发放办法。为切实加强对灾后重建资金的管理，将有限的资金真正用在加固和重建上，以楼院为单位发放维修加固资金银行卡，设定密码，先发后用；以户为单位发放重建补助资金银行卡，凭身份证、开工建房或购房合同领取。对补助资金使用设置必要的前置条件，保障资金安全。

精心实施，全力推进灾后城镇基础设施恢复重建。以灾后重建为契机，立足市情，科学定位，按照“拉大城市骨架，拓展城市空间，完善城市功能，改善人居环境，提升城市形象”的总体要求，结合灾后重建，按照注重质的提升、量的扩张，注重产业发展、城乡统筹，注重生态恢复和综合利用，切实加快城市基础设施建设，进一步完善城市功能。市城区围绕改善交通组织，启动了西滨道、电子路北延线、则天路延伸段、海口路延伸段等道路建设，拓宽改造了利州东路、环城南路、蜀门北路等城市主干道，新建和改造道路达555.8千米，新建澳援嘉陵江大桥、南河四号桥、天成大桥等城市桥梁，完成了红星公园、西湾水厂等市政工程项目建设，大力实施城区风貌塑造工程，加大城市供水、供气及垃圾、污水处理等配套设施建设，城市用水普及率达99.45%，污水集中处理率达80.75%，生活垃圾无害化处理率达90.91%。随着这些项目的实施，城市功能进一步完善，城市形象进一步提升。

广元市利州区河西街道办事处皇泽社区全景

三、民生为先 住房重建树起“德政工程”丰碑

农房村貌大改观、环境风貌大改造。按照“三打破、三提高”和“四注重、四提升”的要求，坚持节地、适用、低碳、群众可承受的原则，着力优化村庄院落和农房规划布局。全市共相对集中新建200多个集中安置点，每年新启动实施200个生态小康新村建设。既体现出了不同地区、不同经济条件下农房风格的多样性，又体现出村庄村落农房布局与周边环境协调统一；既体现出了现代文明成果，又体现出当地民风民俗。一大批青山绿水、房在景中、路在林中、人在画中、优美和谐、特色鲜明的农房村貌展现在人们面前，极大地提升了农村民居、村庄院落建设水平，有力地促进了乡（镇）村建设体系优化布局，加速推进了全市农房建设跨越式发展。全市提前5年完成了生态小康新村农房建设和乡村建设规划的“十二五”目标任务，为又好又快推进全市社会主义新农村建设创造了有利条件。通过统一规划，有效地整合了国家扶持、项目投入、对口援建等力量，加快水、电、路、井、沼气、通信、教育、医疗卫生、文化体育等基础设施建设，并与灾后农房重建有机结合，配套推进。农户普遍实现“六通”，即通水、通电、通路、通气（沼气）、通电话、通有线电视。灾区群众生活条件得到极大提升，普遍超过震前水平。

抓住灾后重建机遇，加快城市发展。一是用规划引导城市发展。震后，广元市及时编制了市域城镇体系规划、城乡住房建设规划、农村建设规划，修编城市总体规划；围绕城市风貌打造编制完成《城市风貌总体规划》《历史文化名城保护规划》等专业规划；紧扣统筹城乡规划

和国家重大项目规划，编制了青川等县城及重点乡镇城镇总体规划和一批灾后重建重点村庄规划及安置点规划；突出重大基础设施建设项目和生命线工程，编制了市域交通、物流市场等专业规划。在规划编制过程中，四川省城乡规划设计研究院、浙江省城乡规划院、西安市规划局对广元市灾后重建有关规划编制工作给予了大力支持。二是确立了大城市发展目标。结合2015年广元城区将形成有4条干线铁路、5条高速公路、可通航千吨级轮船的广元港、市城区7条干线公路和广元机场五维一体的立体交通综合枢纽，根据高山、中山和生态脆弱区向河谷地带转移的原则，把中心城市作为灾后重大安置区域。因此，在新一轮城市总体规划修编中，确立了把广元建设成为人口达60万、面积达61.2平方千米的大城市。三是结合灾后重建完善城市功能。完成了川浙产业合作园、川黑产业合作园、军民结合产业园以及天然气综合开发利用园区等重点园区规划，结合园区建设和灾后安置，规划建设京昆高速公路（城区段）二线，新建广陕—广巴城北连接线，加快形成“两环、三沿、三横、六纵”的交通干道网络。四是加快新区开发。结合灾后重建，加快万源新区建设，按照一核、两带、三轴、三层、一界面的片区整体空间结构形态，将万源片区建设成为可容纳5万居住人口的特色生态居住区，以居住为主，同时兼行政办公、商业、金融、文化及各项配套设施的特色生态居住区。按照产城一体、两化互动、三化联动的要求，及时启动规划面积357平方千米、建设用地79平方千米的三江新区建设。五是搞好安置点建设。坚持统一还房建设的原则，在雪峰片区安排了澳源体育公园、职业信息学院、072职工医院、821技工学校、广师职高运动场、广元监狱、雪峰小学等7个灾后重建项目，拆迁安置人口1800余人，将该片区建设成为广元城市发展、教育体育文化产业的重点区域。

全力保障民生，促进社会和谐。一是高标准落实重建方案。震后不是简单的重建，而是充分结合城市中长远规划和社会发展需要，按照高起点规划、高标准建设和适度超前理念进行建设。根据不同区域、类型制定重建规划，在规划中对原址重建、统建还房、异址重建、历史遗留问题处理、旅游线路住房特色、棚户区改造原则、乡镇居民住房重建提出了具体实施方案。二是完善相关制度，规范运作程序。及时制定出台了《广元市廉租住房管理暂行办法》《广元市经济适用住房管理办法》《广元市安居房管理暂行办法》《城镇廉租住房工作规范化管理实施办法》《广元市开发住宅楼盘配建经济适用住房暂行办法》《关于促进房地产市场平稳健康发展的实施意见》等20余个规范性文件。同时，规范运作程序。在加固重建中，都能按照方案设计—设计图纸审查—工程造价预算—签订施工合同—组织重建施工—实施全程监理—竣工验收的程序进行；在补助资金审批发放上，实行“两榜公示，并联审批”，实现了公开、公平、快速、高效。在廉租房货币补贴和实物配租中，依法受理最低收入家庭廉租住房申请，在规定的时限内完成审核并给予答复，通过公示、审核、再公示的程序，对符合保障条件的予以登记，并实施相应保障，对不符合保障条件的及时告之并说明理由。三是完善保障体系，健全服务机制。在组织建设上，按“属地管理、能靠则靠、业主委员会负责”的原则组织维修加固重建；在建材保障上，加强价格管理；在服务保障上，进行了资质审查备案并向社会公布，由业主自主选择；在处理热难点问题上，组织技术人员深入现场指导，解决问题。四是破除制约因素，加快重建步伐。对于“双证不全”的自有产权住房，由所属居民小区评议、公示后，再经社区、乡镇（街道）审定并签字盖章后确认为事实住房，作为此次恢复重建补助资金的发放对象；对未成立业主委员会、未开设基本账户的居民小区，由小区居民共同推荐建立临时业主委员会，负责恢复重建组织实施工作，委托所在社区代收代管补助资金；按照“能靠则靠”的部门责任制要求，将补助资金直接拨付具体负责部门。四是采取“边申报、边审批、边发放”的办法，由社区居委会签字盖章后先行发放50%的补助资金到组织单位、业主委员会或施工企业。待申领资料全部审核后，按照实际核定的补助资金再追加拨付差额部分。五是大力推进保障性住房建设。为切实解决全市低收入住房困难群众、因灾受损无房可住的群众、年轻教师、公务员（国家机关工作人员）以及困难企业职工住房问题，全市大力推进保障性住房建设。就市中心城区，市委、市府大力实施“三个万套”工程，基本解决市区住房困难问题，实现家家有房住，居者有其屋的目标。

搞好帮扶，全力支持特困户农房重建。全市灾后农房重建涉及4436户特困户，这是灾后农房重建的难点和重点，市委、市政府高度重视特困户灾后重建住房问题。全市围绕确定的农村特困户对象，按照“政府兜底、部门帮扶、群众主体”的要求，从县区到乡镇对每一户灾后重建住房特困户实行“1+1”帮扶，落实责任单位和责任人，实行工期倒排，限期完成。切实整合各方面力量，实行项目帮扶、社会帮扶、政府帮扶等办法，多渠道解决特困户建房困难。全市开展了“我为特困户建房添砖加瓦活动”，共捐资180多万元，帮扶特困户建房。严格控制特困户户均70平方米的建房面积，降低建筑成本，大大加快了特困户的建房进度。苍溪县财政安排专项资金110万元，对特困户每户按2000元的标准打捆到乡镇，由乡镇包干使用。朝天区整合捐赠资金1900余万元及异地移民搬迁项目等用于特困户建房。剑阁县实施统一规划、统一设计、统一标准的“三统”政策，大力推进。利州区采取“交钥匙工程”，直接为特困户建好房屋，全市4436户特困户于2009年5月全面完成灾后农房重建，入住新居。广元市成为全省率先完成特困户建房的受灾市。

在重建中弘扬民族特色和传统文化。广元市境内文物资源十分丰富，拥有皇泽寺、千佛崖、剑门蜀道等全国重点文物保护单位。“5·12”地震后，皇泽寺、千佛崖、剑门蜀道等文保单位都列入了国家灾后重建项目，其中千佛崖灾后重建项目是全市灾后文化旅游建设十大重点工程。灾后重建工作开展以来，市委、市政府下大决心解决长期以来制约千佛崖保护的川陕公路，投资7000余万元拆迁沿线居民100余户和部分工厂，投资8000余万元，新修道路4千米、隧道600余米，使川陕公路改道绕至千佛崖山后，解决了长期制约千佛崖保护和发展的瓶颈问题。同时为了依托广元丰厚的历史文物资源，发展广元旅游产业，解决搬迁居民今后的生计问题，市委、市政府又投资近亿万元，打造千佛崖4A级旅游景区。同时，结合灾后“精神家园”建设，在当年红军战斗遗址九华山建设红星公园，成为广元市又一道亮丽的风景。

全面提高防灾能力，保障城市安全。一是科学合理选址。在灾后重建中，十分注重科学选址。如在农房重建中，按照“安全、经济、适用、省地”的原则，划定地震主、次断裂带分布范围，对“5·12”地震引发的滑坡、崩塌、地裂、泥石流等地质灾害隐患点进行拉网式排查，确定了不宜建房的2900余处地质灾害隐患点；对河流、溪水汇水面积进行计算分析，测算出全市所有处在河谷建房用地的安全行洪区域；对灾后农房重建集中安置点用地条件进行环境资源承载能力分析，确定集中安置重建农房规模；以传统农业耕作半径为依据确定异地迁建农户耕地调整方案。二是抓好城市应急避难场所建设。把利州广场、凤冠广场、琴台广场、上河街广场、摩尔天成广场、东山公园空地、南河滨河绿化带空地、广元火车站广场、上西滨江绿化带空地、下西滨江路绿化带空地规划为应急避难场所。三是抓好城市防汛工作。组织实施了总长1.8千米的南山大堰整治建设项目，加大城镇堤防建设力度。组织专业技术人员对市城区防洪堤段可能存在的防汛隐患进行了全面的排查，疏通雨污水管道，清掏雨污水检查井等，做好了防汛物资储备和抢险队伍建设，确保了城市安全度汛。四是推广应用隔震技术。认真贯彻落实《防震减灾法》《汶川地震灾后恢复重建条例》，建筑抗震设计规范以及省、市灾后重建有关规定，在对建筑项目进行抗震设防和建设项目规划审批时，对重要工程，如学校、医院等人员密集的公共建筑，设防烈度在7度以上的建筑，实行强制性推广。在设计方案审查和竣工验收时，将建筑物的隔震设计和隔震新材料的应用作为重要内容之一。

发挥党组织作用，尊重人民群众的主体地位。无论是抗震抢险救灾，还是灾后住房重建，市委始终响亮提出“一个支部就是一个堡垒，一个党员就是一面旗帜”。充分发挥党组织的战斗堡垒作用和党员先锋模范作用，为有力有序有效推进灾后住房重建提供了坚强有力的组织保障。各级党组织在灾后住房重建的每个关键环节、每一重大事项，民主决策，科学决策，先机决断，快速处置，确保了灾后住房重建有力有序有效推进。灾后住房重建是对干部作风的一次大考验、大检验。实践证明，广大基层干部是敢于攻坚、勇于破难，能打硬仗、善打硬仗的队伍。各级干部关键时刻豁得出来，危难关头冲得上去，挺身而出，身先士卒，始终战斗在一线，扑下身子抓落实，组织带领群众攻坚破难，执著苦干。如此短时间、大规模的灾后住房重建，没有现成的途径可循，更没有成熟的经验可资借鉴。各级各部门大力发扬求真务实、开拓创新的作风，创造出了许多新亮点，以过硬的作风创造了一流业绩，用一流业绩检验了工作作风。

把灾后住房重建与精神家园重建有机结合，相互促进。充分利用包括网络在内的各种媒体、渠道，开展形式多样的宣传思想工作，凝聚人心，振奋精神，激励斗志，让受灾群众充分了解党和政府解决民生问题的决心和工作部署，看到党和政府对广大地震受灾农户的深切关怀，看到农村灾后新家园的美好前景，增强了信心和决心，为灾后住房重建提供了强大的精神动力。“有手有脚有条命，天大的困难能战胜”，“出自己的力，流自己的汗，自己的事情自己干”，这两条展现全市人民大灾面前不低头、自强不息创一流的精神品质的标语，得到温家宝总理的盛赞，成为整个地震灾区人民精神的代表。灾后住房重建的成功实践再一次有力证明：群众是真正的英雄，是历史发展的真正创造者和推动者。尊重人民群众的主体地位和作用，依靠人民群众力量推进工作，把发展成果惠及人民群众，是一切工作的出发点和落脚点。只有一切为了群众，一切依靠群众，坚持走群众路线，才会赢得广大人民群众的信任和支持。

第三章

设施重建　固本强基

在灾后重建中，广元按照统筹兼顾、合理布局、整合要素、资源共享的原则，加快推进学校、医疗卫生机构、文化等公共服务设施等重建，坚持把恢复功能放在首位，全力推进基础设施建设。以“细化进度、责任到人、倒排工期、挂图作业、限期完成”的倒推制度，使公共服务设施和基础设施建设按期、按质完成，并实现历史性跨越。

一、基础设施重建　奠基新广元

1. 交通基础设施

“5·12”汶川特大地震使广元交通基础设施遭受巨大破坏。其中公路破坏极其严重，生命通道被阻，国省干线瘫痪，县乡公路断道，经济损失达93亿元。广元市交通战线干部职工全力以赴投入抗震救灾和灾后重建中，累计完成交通投资267亿元，交通基础设施项目共计94个。全市802千米国省道和重要经济干线公路，7844千米农村公路、79个县乡客运站全部列入国家和省上的交通基础设施灾后恢复重建规划，共争取灾后恢复重建资金30多亿元，为基本建成西部综合交通枢纽广元次级枢纽奠定了坚实基础。

加强组织领导，落实工作责任。为切实加强交通基础设施灾后恢复重建项目管理，广元市成立了交通基础设施灾后恢复重建工程领导小组，市交通运输局成立了交通基础设施灾后恢复重建工作综合协调组、建设管理组、技术管理组、招标管理组、资金监管组和宣传报道组等6个小组，分别由局相关领导担任组长，加大工作指导、督导和服务的力度。各县区落实灾后恢复重建主体责任，建立健全组织领导机构及督导服务机构，细化、分解责任目标和考核目标，完善管理体系，交通恢复重建项目全面快速推进。

科学制订方案，积极落实资金。广元市反复论证，形成“三大统筹”的灾后重建决策：一

重建后的国道212线青川沙州大桥

重建后青川县井田坝大桥的通车典礼

是统筹项目资金。根据公路在经济社会中的作用和地位，按照枢纽建设规划的要求和轻重缓急的原则，统筹灾后重建项目和资金，突出广元进出川道路、城市连接线、咽喉工程和重要民生桥梁等重点。二是统筹重建方案。按照国家灾后重建规划，确定了恢复重建的原则，重点是恢复道路使用功能，改善行车条件，提升安全性和舒适性。三是统筹交通建设力量。根据广元建设管理水平的具体情况，将建设管理任务目标分解到直属有关单位和相关县区，同时，积极编制灾后恢复重建规划，向国家和省上汇报，争取项目和资金支持。

健全建设制度，规范项目管理。为进一步规范项目管理行为，印发了《广元市交通基础设施灾后恢复重建实施方案》《广元市交通基础设施灾后恢复重建项目暂行管理办法》《广元市交通基础设施灾后恢复重建工程建设管理督察办法》等文件。同时，实行领导联系项目制度，相关领导分线路联系国省道及重要经济干线公路灾后恢复重建项目，以进一步加强项目监督管理。严格实施项目业主制。全市交通基础设施灾后恢复重建项目均落实了项目业主，实行以业主管理为核心的项目业主负责制。严格实行招标投标制度，强化合同管理。督促各中标单位严格按投标承诺履行合同规定的义务，严禁转包和违法分包，严格按合同约定实行计量支付。实行项目公示制度。国省道及重要经济干线灾后重建项目业主、监理和施工单位均设立了项目公告牌，将项目技术标准、从业单位、质量和安全负责人等向社会公告，接受社会监督。全市公路灾后恢复重建工程设计和审批均实行“双审制”。制定了灾后重建项目实行半月一巡查，每月一检查的督察督办制度，并根据检查情况，及时通报工程质量、安全和施工进度存在的主要问题，督促各相关单位限期整改落实。

蜀道不再难——川陕高速工农段

精心组织实施，加快建设进度。2009年3月，15个交通基础设施大项目全面开工建设。按照顺排计划、倒排工期、落实责任、制定施工组织计划，各项目业主制定了加快建设的实施方案，在节点工期、人员设备、材料准备等方面细化组织安排，督促各施工队伍积极加大机械和人力投入，在具备条件的工序平行交叉作业，同步推进，加快施工进度。2009年4月26日，国道108线将军桥至瓷窑铺段灾后恢复重建第一期工程竣工通车。全体参建人员顶风雪，战严寒，克服重重困难，在100天时间内，完成了第一期2.18千米工程建设任务，创造了广元交通建设的“千佛崖速度”，树立了灾后恢复重建“提速加快、又好又快”的典范。震后一年，广元交通灾后恢复重建进入攻坚时期。2009年6月11日，西部综合交通枢纽广元次级枢纽建设工作会议召开，在全市范围掀起了灾后重建的高潮，加速推进了灾后重建和次级交通枢纽建设步伐。

加强监督检查，查处违法违规。为督促灾后重建项目建设质量、安全和施工进度，采取综合检查、专项检查和突击检查的方式，加强对各灾后重建项目进行监督检查。一查中标单位履约情况；二查各在建工程原材料和实体工程质量；三查安全生产制度是否完善，责任是否落实，现场管理措施是否到位；四查灾后重建项目进度计划落实情况。灾后重建三年来，交通建设管理部门先后组织了15次质量和安全大检查，召开工地会议30多次，发出质量整改通知100多份，对19起质量违规行为进行了行政处罚。

加强资金监管，确保使用安全。制定了《广元市交通基础设施灾后重建专项资金监督管理办法》和《广元市交通基础设施灾后恢复重建资金拨付及监督管理暂行办法》等办法，对全市交通基础设施建设资金按项目设立专账，单独核算。积极开展资金使用情况检查和过程审计工作，确保资金专款专用，严防灾后恢复重建资金被截留、挤占和挪用。截至2011年底，从各级审计部门对灾后重建资金使用检查的情况来看，灾后交通恢复重建资金使用比较规范，未发生重大违法、违纪、违规行为，确保了资金使用的高效、安全。

落实保通措施，保障公路畅通。将援建单位的交通保障纳入交通恢复重建的工作重点，在继续执行“绿色通道”政策基础上，制定和完善相关交通保障政策，全市地方公路对援建单位的各类物资运输实行免费、优先、快捷通行，并专门为各援建单位工作车辆制发公路免费通行证，暂停灾区地方公路收费，确保灾后重建各类物资顺利通行。制定了灾区公路保通工作方案，进一步加强重点路线、重点路段、重点地区的交通保障，努力缓解施工与通车的矛盾。对灾后恢复重建区域影响较大的重点路线、路段明确工期要求，落实责任，加快改建路段施工进度，限期恢复或提高通行能力。对所有施工路段全面落实路政、施工单位的保通责任，规范现场管理，加强交通管制，主动有序引导交通，救援和排障强力疏导交通。召开专题会议安排部署和落实汛期保通工作，加强与气象、水利、国土等部门沟通协调，及时掌握汛情和地质灾害情况，科学布设抢通机具和人员，做到道路随垮随抢，确保一般断道在两小时内抢通，对受损桥梁架设战备钢桥，恢复道路通行能力。加大相邻市县交通保障协调力度，及时发送道路通行路况信息，缓解交通运输矛盾。

通过三年交通灾后重建，全市交通运输实现跨越式发展，已全面超越震前水平，基础设施保障能力明显增强，运输服务水平明显提高，安全监管和应急处置能力整体提升，为实现“两个加快”提供了有力的交通保障。

2. 水务基础设施

“5·12”汶川特大地震，广元市水利遭受前所未有的巨大灾难，直接经济损失共计54.7亿元。494座水库受损，损毁供水工程27949处、小微水利工程53676处、渠道2879千米、水保工程2万余处；地方电力损毁35千伏变电站7座，线路2548千米，水电站23座；损毁堤防86处198千米；损毁鱼池4215亩，网箱279亩，损失成鱼4571吨，鱼苗996吨；损毁提灌站987座，农机具28553台（套），农村机耕道5088千米。地震在青川县造成大小堰塞湖36处。历经旷世之灾，怆然回首，在三年灾后重建中，广元谱写了水务防灾减灾史上的壮丽篇章。

大战略争取大支持。按照中央、省、市灾后重建的重大部署，根据《四川省“5.12”汶川地震灾后重建总体规划》的要求，广元水务部门集中业务骨干，历时两个月精心编制完成了《广元市水利“5.12”地震灾后重建规划》《堤防灾后重建规划》《水库枢纽及管理设施灾后治理规划》等“1＋11”灾后重建规划。经省发改委、省水利厅核定和项目中期调整后，全市水利灾后重建规划项目总数516个（发改委统计口径），水利（农机）灾后恢复重建总投资45.96亿元，落实的资金是建市25年来的两倍还多，为地震灾后重建奠定了坚实基础。

苍溪县白桥水库全景

灾区群众饮水安全极大改善。强力推进“5511”工程建设，解决了153.19万受灾群众饮水困难和70万人的饮水安全问题，为灾区群众的基本生产生活条件达到或超过灾前水平提供了保障。

堰塞湖险情彻底消除。除13个不需要治理外，其余堰塞湖全面完成综合治理。特别是经过后期治理，彻底消除了四川第二大堰塞湖石板沟堰塞湖险情。东河口堰塞湖在灾后重建中，通过精心规划、科学施工、强化监督，堰塞湖建设成为“‘5·12’汶川大地震国家纪念园—广元青川东河口地震遗址公园”，实现了地震历史遗迹的资源转化，成为青川灾后旅游开发的重要节点。

震损水库除险加固全面完成。全市494座震损水库病害得到了彻底治理，全部达到了国家安全标准，附属、管理设施得到了极大改善，水库安全保障显著提高。

防灾减灾系统建设成效突出。新建了涵盖四县三区和市本级的山洪灾害防治及防汛预警系统，建设雨情、水情以及视频监控点200余处，防汛会商指挥中心8套，成功实现了省、市、县防汛光纤专网连通。加固堤防40余千米，新建嘉陵江市城区将军桥、南河栖凤堤，苍溪县杜里坝等堤防120余千米，全市防洪减灾能力大幅度提升。

农田水利恢复重建工作成效显著。恢复重建微型水利工程6785处、中小型灌区渠道525千米，恢复震损水库水方供应能力2.3亿立方米，恢复、改善灌面50万亩；新增蓄引提水总量3860万立方米、有效灌面11.81万亩、节水灌面17.8万亩、续建配套渠道1786千米，农田节灌率由“十五”期间的29.9%提高到42.23%，农业用水和综合保障能力明显提升。

水产业继续保持强劲发展势头。完成渔业重建12个，震后渔业年平均增长率达25%，年均渔业经济总产值11.25亿元，渔业已成为促进农业发展、增加农民收入的重要支柱产业。

水土保持生态恢复成效突出。以强力推进建设川陕甘三省结合部经济文化生态强市为目标，以小流域治理为重点，以帮助山区农民脱贫致富和改善生态环境为目标，综合治理水土流失面积1055余平方千米、小流域26条，治理率从“十五”期间的36.94%提高到47.83%。

水资源监测设施建设推进。建成水资源监测系统8个，投入使用后的监测设施将在防汛抗旱、水资源开发利用管理、生态环境保护、饮水安全保障、水土保持、水利工程建设管理等方面发挥重要的技术支撑作用。

3. 电力基础设施

广元电业人不仅在“5·12”地震抢险救灾中体现了伟大的抗震救灾精神，更在灾后重建中铸造了广元电网和电力事业跨越式发展的新辉煌。

科学重建强电网。广元电业人围绕“三年重建、五年提高”的目标，确立了“科学发展强电网、情暖灾区送光明”的指导思想。认真落实四川省电力公司与广元市签订的《支持灾后恢复重建战略合作协议》，三年完成灾后重建投资24.16亿元，加固提高投资5.65亿元，建成投运

新建的500千伏变电站

500千伏昭化、220千伏雪峰等大批输变电工程。全网新增变电站25座，输电线路659千米。至2011年末，广元电网变电站达68座，容量444万千伏安，输电线路122条2438千米，固定资产原值增加了19.39亿，达36.23亿元。灾后三年投资规模超过历年总和，形成了以500千伏为核心的全新主网结构，广元市供电能力、电网结构、技术装备水平全面超过震前水平。在提速加快主干电网重建的同时，重点实施低压电网灾后重建，配网及户表总投资10亿元，累计新建10千伏及以下线路10249千米，新装10千伏配电变压器2055台143万千伏安。城市农村输配电网的加快建设，为确保重建客户用电无忧、保障灾区重建发展奠定了坚实的电力基础。

情暖灾区送光明。为妥善应对余震、冰雪、洪涝、干旱、泥石流等自然灾害，通过深入总结抗震救灾经验，成立了广元电业局人民武装部，组建电力民兵应急队伍，建成应急指挥中心，完善应急管理体系，建立安全风险防范预警体系，健全重大活动、重要节日、重要场所常态保电机制和快速反应机制。在保障电网安全、可靠运行的基础上，重点保障了全市重要高危客户和城乡居民供电，在全国范围电力紧缺的局势下，灾后三年没有拉闸限电，强有力地保障了灾后重建的电力供应。在固本强基建电网、抓安全的同时，广元电业局切实履行央企社会责任，以服务灾区产业重建为己任，通过与各县区（园区）建立重点项目用电会商制度，企业内部完善重大项目联动服务机制，开通特别服务通道等创新举措，个性化服务重点建设和招商引资项目，加快新装客户投运，推行“零点检修”。确保了攀成钢、达钢、海螺水泥、匡山水泥、高力水泥等重点项目按期投运，全线满足了兰渝铁路、广甘高速等重点建设项目用电需求， 妥善解决了“气化广元”等西博会引资项目用电难题，不足4个月建成110千伏乔镇变电站，创造了史无前例的“青川速度”，为广元灾区产业重建和工业经济发展提供了强有力的能源保障。

民生为本优服务。重建三年来，广元电业以实施民生工程助推供电服务升级为宗旨，以实施灾后城镇公共事业和永久性住房重建配套供电工程为重点，以城镇居民“户表改造”和智能电表推广为抓手，以共产党员服务队规范化建设为载体，以实现控股、农电同质化供电服务为目标，创立“广元电力惠民行”服务品牌，全面深化供电服务提升工程。截至2011年末，在确保重建客户“建成一户、通电一户”的基础上，免费完成了城镇居民智能电表安装20万户，彻底解决了1120个小区、70万城镇居民客户合表用电难题，大幅降低居民客户端用电价格，开启广元灾区智能用电新时代。同时，倾力打造“十分钟”购电圈，在新增一个营业窗口的基础上，推出邮政、工行及“便民电”第三方购电网点56个，开通24小时自助缴费终端和52个供电所异地缴费功能，智能电表客户可在“810”、“福满多”等便民超市轻松实现电费缴纳功能。此外，通过广元电业局的努力争取和积极协调，2011年7月1日起，对四川省电力公司控股的由广元电业局管理的三县一区供电企业，居民生活用电全面实现与国网供区同价，并全部实行抄表到户。每年可减轻居民电费负担6000万元，惠及广元市4个县区、141个乡镇、1702个行政村、170万城乡居民，每年户平均减轻电费负担110元。“电亮广元”让利于民，受到地方党委政府和人民群众的高度评价。

重建三年，广元电业圆满实现了“三年重建任务两年基本完成”的目标。售电量从震后的30亿千瓦时上升至2011年末的44.3亿千瓦时，上缴税费总额从2.47亿元增长为3.47亿元，电网规模和装备水平，企业经营和服务水平均大大超过震前水平，为广元经济社会发展作出巨大贡献！

4. 通信基础设施

“5·12”汶川特大地震中，全市通信网络遭受严重破坏，据不完全统计，电信、移动、联通3家主流运营商的直接经济损失分别达到2.73亿元、1.8亿元和1亿元。广元市及时印发了《关于加快通信灾后重建的意见》《关于支持加快TD-SCDMA建设发展的通知》等文件，出台了相应的扶持优惠政策，支持3家运营商迅速展开恢复重建。广元电信采取了多种先进技术：增加交换局，将原来的大局点改为小局点，提高了安全性；增加传输通道，由单一通道改为多通道，保证在紧急情况下传输线路依旧畅通；传输线缆实行“光进铜退”，提高线路安全性能；精心规划设计机房，增加抗震性能设计，提高安全等级，满足灾区远期重建工作和经济社会发展的需求。广元移动高效快速建网，确保通信能力和服务水平尽快恢复到震前水平。在此基础上，启动了核心网络建设，采取增加基站、增加网络容量、加大线路管道建设规模等方式，增强网络抵御话务高峰的能力，增加用户容量。在完善通信设施的同时，加大网络覆盖面，对已有信号进行增强处理，提高用户对信号的感知度。广元联通积极配合党政、企事业单位、援建单位等抗震救灾和灾后恢复重建，根据各安置点活动板房的实际情况，新建应急专线，用WLAN技术和EOC技术提供宽带通信，充分保障了灾后各单位抗震救灾调度指挥和灾区人民的通信联络需要。截至2011年底，全市完成灾后通信网络重建项目240余个，总投资约15亿元，全市乡镇、行政村实现通信100%覆盖，网络安全可靠性和灾备应急能力全面提升，为助力地方经济发展、推动社会主义新农村建设、提高人民生活水平作出了突出贡献。

二、公共服务设施重建　给力新广元

1. 教育设施重建

“5·12”汶川特大地震中，广元市有492所学校受灾，地震中被毁损的校舍面积达256.05万平方米，受灾面达75.3%；体育场地112.14万平方米受损；教学仪器设备和桌凳57.72万台（套、件）被损毁；图书152.09万余册被埋；学校围墙、堡坎、道路等附属设施损毁严重。直接经济损失达38.83亿元。灾后教育重建振兴，事关广元发展全局，事关灾区群众根本利益，事关灾后社会的和谐稳定。广元市充分利用教育灾后重建机遇，努力把灾区建设成为教育优先、教育公平和义务教育的示范区，把职业教育作为全市经济社会重点发展板块全力推进。三年重建，广元学校硬件建设实现了历史性跨越。今天，在广元最好的建筑是学校，最美、最安全的地方也是学校。

灾后重建教育投资大、质量优。广元市根据《四川省汶川地震灾后恢复重建规划》，组织有关专家及时编制了《广元市教育系统灾后恢复重建学校规划方案》，有599所学校及校点（指偏远地区只有几个学生或十几个学生，1—2名老师的不成建制的学校）需重建，总投资65.05亿元，其中新建校舍238.17万平方米，投资40.25亿元；维修加固校舍12.74万平方米，投资4.04亿元；新建运动场101.45万平方米，投资2.89亿元；购置及维修教学仪器设备投资4.43亿元；基础设施建设投资13.09亿元。599所学校中，原址恢复重建学校405所，异地恢复重建95所，维修加固学校99所。灾后恢复重建工作中，广元抓重点，先易后难，实施逐步推进的办法，统筹安排，落实责任，明确专人，强化监督，市教育局领导督促并挂点联系1个县区和1所直属学校。坚持质量是重建的生命线，严格执行国家抗震标准和规范。按照“牢固、实用、方便学生”的原则，增强抗震设防能力；严把设计、施工、材料质量关，高质量地完成了重建任务。全市中小学校校舍总量达到447万平方米，比震前增加85万平方米。

学校布局进一步优化，教育资源配置趋向于均衡。重建后的学校设施完备，功能完善，特色鲜明，成为广元一道道亮丽的风景线。实验室（实验楼）、运动场、音乐和美术多功能室、计算机房等的高标准建设和配置，使学校办学条件实现了现代化。城乡之间、区域之间、校际之间的办学条件和资源配置的差距显著缩小，趋向均衡，实现了历史性突破。按照有利于提高教育质量和办学效益、有利于优化教育结构的规划原则，突出“定点、定规模、定功能”，因地制宜地实行了学校布局调整，整合教育资源，一大批寄宿制学校迅速建成。各级各类教育的发展更加协调，教育结构更加合理。学前教育、特殊教育、职业教育受到重视。

教学秩序快速恢复，确保教学质量不下降。一是加强有效性教学研究，充分调动各类学校师生教与学的积极性。广大教师立足实际，创新管理，改革教学内容和方法，确保了特殊时期学校教学秩序的迅速恢复，做到了学生不流失，质量不下降，巩固了普九成果。二是向科学高效的常规管理要质量。震后恢复教学伊始，市教育局就对全市各级各类学校提出要求，狠抓教学常规管理，建立规范的教学秩序，向高效科学的常规管理要质量。2010年3月，苍溪县教育局出台了《中小学教学常规管理实施意见》，使教学常规管理的规范化、科学化、日常化，形成了制度。市教育局在全市进行了广泛推广，在各个学校形成教学管理比、学、赶、帮、超的浓厚氛围。三是在全市推进了改水、改厕、改厨、改不良卫生习惯，加强学校卫生安全管理的“四改一加强”活动。重建学校饮水设施292所，新建厕所299座，维修改造食堂204个，全市98%的学校用上了自来水，95%的学校厨房功能完善，管理规范，90%的农村学校厕所进行了无害化处理。2009年，全省学校卫生“四改一加强”工作现场会在广元召开。2010年，全国学校生活卫生设施改造经验交流暨现场会在广元召开，广元“四改一加强”工作得到国家教育部、省教育厅充分肯定，工作经验在全国推广。

教师队伍建设力度加大，教师的责任感、使命感进一步增强。坚持教师是学校第一资源的思想，不断加强教师队伍建设。一是通过“特岗计划”、区域内调配、职称评定政策倾斜、灾区中小学教师培训计划、解决社会保障待遇和农村教师周转房等途径，基本保证了灾区教师需求，稳定了灾区教师队伍。二是树立师德标兵，进行师德引领。三是每年通过签约一批优秀大学生，面向社会公开招聘等方式，聘用青年教师为教师队伍补充新鲜血液。四是采取送出去、请进来、专家辅导、本校培训、中青教师传帮带等方式，加强教师专业知识的培训和提高，促进了教师成长。初步培养了一批心理健康、业务能力强的教师骨干，有力地推动了灾区学校师资队伍的重建。灾区教育工作者对党和政府、援建省市及社会各界的无私援助充满感激之情。面对现代化的新学校，他们心怀强烈的责任感和使命感，表现出提升教学质量的强烈愿望。启动了针对校长素质提升的一揽子培训措施，通过举办各级各类校长培训班、外出考察、交流挂职等形式的培训，许多年轻校长正在迅速成长、成熟。

大力开展校园文化建设。在三年的灾后重建过程中，广元各学校把校园文化建设作为学校建设的灵魂。从“千校一面”到“千帆相竞”，“一校一品”的校园文化百花齐放。各校不同的校园布局、建筑风格、建筑色彩、绿化美化、标志设计等都体现出学校独特的文化品位和审美情趣。有以“创新发明”为载体的实验实践文化，有以“纪律秩序责任”为核心的少年军校校园文化，有以“诗词楹联”为主的文学修养文化，有以开展各项“音体美”活动为主的特长文化。学校的文化建设始终把感恩作为德育教育的核心，深入持久开展感恩教育，培育感恩文化，教育学生常怀感恩之心，心存感恩之志，常行感恩之举，做有爱心、有健全人格的人，成长为心中有祖国、有集体、有他人的人。通过开展以“感恩共产党、感恩父母、感恩师长、感恩同学、感恩自然”为主要内容和纪念“5·12”抗震救灾周年的主题教育活动，感恩教育已渗透到学校教育的方方面面。

灾后重建加快了广元打造川北职业教育高地的进程。2008年8月，职业教育在灾后重建中被纳入全市经济社会重点发展的七大优势板块，2011年1月，四川信息职业技术学院牵头组建的广元职业教育集团成立。通过成立职教集团着重解决广元职业教育不协调，人才培养结构、质量和社会需求不适应等问题，促进校校、校企乃至校地之间的交流与合作。广元初步探索出“集团办学、园区引领、特色发展”的职业教育发展模式。截至2011年，全市共有高等职业技术学院1所，中等职业学校24所，在校中职学生7万余人，职普比例达到53：47。建成国家级、省级示范中职学校各1所、国家级重点职业学校7所、省级重点职业学校1所、民办中职学校10所、省级重点专业8个、国家高技能人才培养基地2个。“十一五”期间，市职业教育为社会培养新生劳动力10万余人，开展实用技术培训70万余人次，为经济社会发展作出了积极贡献。广元师范学校已成功升级为川北幼儿师范高等专科学校，四川核工业高级技工学校申报技师学院，正在接受相关专家的评估。

对口援建，提振广元教育。在灾后重建中，广元教育系统共接受了浙江、黑龙江省，香港、澳门特别行政区以及泸州、攀枝花、宜宾、自贡等市的大力援助。

2009年8月30日，浙江省支援青川县中小学整体移交仪式在关庄初级中学隆重举行，全县35个乡镇的39所中小学正式整体交付使用。浙江省将总投资6.2亿元、8级抗震、总建筑面积24.8万平方米、可容纳487个班的39所援建学校整体移交给青川县，这是四川灾后重建率先整体移交使用的规模最大的一批援建学校，标志着2.3万名学生告别了板房教室，进入新教学楼上学。青川县智慧岛教育园区是浙江省援建青川县最大的项目，选址竹园镇史家坝，三面环水，一面靠山，总体地势南高北低。项目纳入竹园镇整体规划，用地面积560亩，总投资近6亿余元。规划强调整体功能，采用开放式、网络状绿化生态系统，以“一轴五核”的形式，形成共享的整体空间形态和景观生态的空间格局。援建人员昼夜施工，赶进度，保质量，倒排工期，2010年9月1日前包括智慧岛教育园区在内的所有学校全部竣工投入使用。同时，为更好支援青川灾区复学复课和学校重建工作，浙江省及时组织实施“领雁”工作，开展“支教”工作，组团结队送服务。2008年6月6日，浙江省教育厅组织派出的首批“支教团”抵达青川，实施“领雁工程”。从2009年起，用五个学期把青川骨干教师纳入浙江“领雁工程”培训。同时还选派浙江骨干教师到青川中小学校顶岗支教，对青川教育理念的转变起到了“发酵”作用。浙江省还针对灾区实际，在青川师生中开展心理抚慰工作。从浙江省各高校选派了5位心理辅导专家，在全国知名心理专家马建青教授的率领下组成心理救助队，赴青川开展心理援助工作培训。浙江各市县援建指挥部尽其所能，为青川教育发展献计出力。建立了县乡学校结对，帮助学校强管理，抓质量，带动青川教育发展。“黑龙江的援建，至少使剑阁的教育事业提速10年。”这是剑阁人民对黑龙江省教育援建作出的如实评价。黑龙江省向剑阁县教育系统投资3亿元，支援49所学校52个项目的灾后重建，用于学校重建教学楼、宿舍楼、学生食堂、厕所及设备设施的购置。黑龙江教育厅选派38名教师到剑阁职业中学支教。支教教师用他们精湛的专业知识和良好的师德师风为学校的专业建设、师资培养、教学工作作出了巨大的贡献。利州区内的学校共接受港澳台援助的资金共1.04亿元，受援学校14所。这些学校的重建架起了灾区人民与港澳台同胞进行情感沟通的桥梁，成为传承历史文化的纽带，更是我们中华民族在危机时刻众志成城、携手奋进的最好见证。

2. 卫生设施重建

“5·12”汶川特大地震中，广元市卫生事业受损严重，1239个医疗卫生单位不同程度受灾，经济损失高达12亿元，310万广元人民的卫生保健和就医保障遭受重创。广元地处川陕甘三省结合部，远离中心城市，辖区内人民群众看病难、就医难更为突出。硬件薄弱更是长期以

澳门援建项目：广元利州敬老院

来制约医院快速发展的瓶颈，也成为为患者提供优质医疗服务环境的掣肘。针对全市医疗卫生资源供给总量与广大群众的现实需求之间的矛盾，医疗卫生资源在城乡、区域之间配置不平衡的现状，以及医疗卫生事业发展水平落后于经济社会发展的现实，市委、市政府按照国家和省委、省政府灾后恢复重建的决策部署，坚持“规划先行、民生优先、科学重建、低碳发展、精神家园和物质家园重建并重”的原则，把发展卫生事业作为保障和改善民生的重中之重，加大对基层医疗机构的财力和技术力量投入。坚持“重建”与“发展”一起抓，“恢复”与“提升”一起抓，注重当前与长远、标准与实际、重点与一般、农村卫生与城市卫生、公共卫生与基本医疗、传统中医与现代医学、国家重点医改与区域卫生规划、标准建设与能力提升、地方人文特色与现代元素相结合，以人为本，尊重自然，统筹兼顾，科学重建，严格建设标准，确保工程质量。全市重建规划以极重灾区青川县、剑阁县为重点，涵盖市直属、四县三区各级各类医疗卫生机构。规划调整后，全市重建项目850个，其中市级12个、县级42个，乡镇医疗卫生机构249个，村卫生室547个。规划总投资22.63亿元，建筑总面积884670平方米。其中70%规划在农村三级卫生网络上，30%安排在城市卫生体系上。至2011年底，全市卫生灾后恢复重

建项目开工850个，开工率100%，竣工849个，竣工率99.9%。全市建成各级各类医疗卫生机构3288个，每个建制乡镇和行政村均建有标准化乡镇卫生院和村卫生室，实现每千人拥有医疗卫生人员3.34人，每千人拥有病床3.65张。广元市在四川省首家农村中医工作先进市创建中一举达标。全市医疗卫生服务条件显著改善，全市新农合参合率达98.03%，比省定标准高出3个百分点，农村孕产妇住院分娩率达99.36%，人民群众健康指标持续提高。三年艰苦奋战，三年科学重建，三年起跳跨越，在市委、市政府的坚强领导和科学发展观的指引下，在浙江、黑龙江省，香港、澳门特别行政区以及中海油公司等的倾情援建下，全市卫生系统灾后恢复重建任务胜利完成，灾区医疗卫生实现了脱胎换骨的巨变。全市国家三级甲等医院达到了4家，保有数量居全省第二。形成了以两大综合医院、七大专科医院、一个公共卫生中心和九个社区卫生服务中心为构建的城市卫生服务体系，建成了以县医院为龙头的农村三级医疗卫生服务体系和以疾控中心为重点的公共卫生服务体系。2010年，广元市中医院首家建成“四川省精品医院”，一举通过“国家三级甲等中医医院”等级评审。2011年，广元市中心医院被四川省规划为川北区域医疗中心。2012年，广元市第一人民医院、广元市精神卫生中心晋升为“国家三甲医院”的捷报传来，为广元市医疗卫生事业飞跃发展注入了强劲的动力。

医疗质量取决于医疗水平，医疗水平取决于医疗队伍素质。为满足不同层次的医疗卫生需求，根据全市卫生人才队伍实际，实施了不同层次的人才培训计划。在全市卫生系统广泛开展了“创先争优”、“三好一满意”活动，医德、医风大有改观，行业作风满意度测评列市级部门前几名。人才培养采取理论与临床相结合、走出去与请进来相结合、继续医学教育与进修学习相结合，利用广元职工医学院阵地先后开展乡镇卫生院各类专业人员理论培训819人次，充分利用市县医疗机构进行临床培训3052人次，利用乡镇卫生院开展培训乡村医生2264人次。通过各类培训，医生队伍素质和医疗质量得到了显著提升。同时，市、县（区）各级医院高度注重科学规划、标准化建设和软实力提升，分别在等级医院创建和医疗服务质量、内部运行机制、基础设施建设和人才学科建设等方面取得显著成效。随着基础设施、医资力量、文化建设、科研教学水平和核心竞争力的不断提升，区域全科医师岗前培训、区域中医医师岗前培训、全省精神专科医师规范化培训基地相继建成，公共卫生防御体系形成网络，医疗急救、矿山急救、突发公共卫生急救能力逐渐提升，覆盖广元、辐射川北及川陕甘三省结合部的区域医疗中心地位得到巩固和提升。城市医疗：基本形成了以广元市中心医院、广元市第一人民医院、广元市中医院、广元市第二人民医院、广元市第三人民医院等综合医院为龙头，专科医院为特色，社区卫生服务中心为基础，社区卫生服务站为前哨的城市医疗卫生服务体系；农村卫生：建成了以县区级医疗卫生机构为龙头，乡镇卫生院为枢纽，村卫生站为网点的农村医疗卫生服务体系；公共卫生：实现了以广元市疾病预防控制中心、广元市妇幼保健院、广元市紧急救援中心、广元市精神卫生中心、广元市传染病医院为一体的公共卫生服务体系。通过医疗资源优化配置，就医环境大为改观，卫生资源有效利用，人民群众享受到了改革的初步成果。

| 第四章 |

生态重建　涵养山川

广元市位于龙门山中山、米仓山中山与四川盆地低山接合部，区内沟谷深切，地势北高南低，地形起伏大，属于地质灾害易发区和多发区。“5·12”汶川特大地震后，龙门山区和米仓山区地质构造、环境发生了很大变化，地震诱发了大量滑坡、崩塌、泥石流，地质灾害隐患点数量成倍增加。灾害造成广元市69万亩林地不同程度受损，山体滑坡，植被破坏，生态环境受损严重。作为地震灾区恢复重建的内容之一，灾后生态修复是事关灾后可持续发展和生态文明建设的一个重要问题。三年来，广元市在生态环境恢复重建中，紧紧围绕夯实生态屏障、维护生态安全、建设生态广元的目标，坚持以人为本、统筹规划、尊重自然、突出重点、多措并举的原则，统筹实施灾后生态恢复重建。

一、林业重建　绿染新广元

在林业生态修复重建中，广元市多次组织相关部门和县区研究部署，紧紧围绕“发展现代林业、建设生态广元、夯实生态屏障、维护生态安全”的奋斗目标，更加注重林业生态、经济、社会三大效益的充分发挥和生态、产业、文化三大体系的全面建设，结合生态广元建设、山区林业综合开发、国家森林城市创建、新农村建设等工作，统筹实施灾后生态恢复重建。

突出修复重点，优先确保生态安全。将严重滑坡地、水源涵养地、退耕还林地、天保工程生态公益林、自然保护区和森林公园等作为生态修复重点领域，及时开展受损林地补植补造和再造林工作，加快恢复原有生物多样性。把突出抓好极重灾区青川县的生态修复作为重中之重，集中精干力量组织实施，并始终做到生态修复和农房、设施、产业、城镇重建同规划、同部署、同推进，退耕还林有序地开展，森林植被恢复。青川县是我国生物多样性保护的“关键地区”之一。灾区茂密的原始森林、广袤的高山草原构成嘉陵江流域经济社会发展的生态屏障。然而，“5·12”地震诱发青川县地质灾害1570处，晴天尘土飞扬，雨天滑坡不断是震

唐家河自然保护区内的牛羚

后青川的真实写照。青川县因“其水清灵”而得名，为还一片青山绿水，引进5万方俄罗斯木材建房，有效保护了森林植被。争取中央灾后重建基金2.75亿元打造“生态青川”，主要用于飞播造林、人工造林、封山育林、林木种苗基地、林区便道工程、给水线、输电线路、通信线路、森林防火项目、木材检查站、乡镇林业站、森林病虫害防治体系、大熊猫栖息地及保护区等建设。截至2011年，全县综合治理水土流失面积20余平方千米，实现森林管护275万亩，建设公益林5万亩，实施人工造林4万亩，恢复大熊猫栖息地15万亩，实施飞播造林20万亩，完成300千米路网、230千米水系绿化，建设生态庭园1.7万户，185个重大地质灾害治理项目全面启动。倡导全民低碳生活，实行以奖代补，在3万农户中推广使用太阳能热水器，新建沼气池1.6万口。大力实施“十镇示范、百村整治”工程，打造黄坪枣树村、凉水凉华村等美丽乡村，城乡环境明显改善。在全市强力修复重点领域生态系统，及时开展受损林地补植补造和再造林工作，加快恢复原有生物多样性。同步推进种苗生产基地恢复重建。加快采种基地、母树林、采穗圃恢复重建，完善种苗基地、苗圃、大棚、温室基础设施，提升育苗能力，重点抓好国营和育苗大户的苗圃恢复重建工作，保障森林植被恢复种苗供应。坚持分类施策推进生态修复。针对受损林地的不同类型、位置和修复方向，分类森林植被恢复。例如在林地条件较好的地段，主要以营造核桃、杨树等产业基地为主，既恢复生态又夯实灾后林业产业发展的资源基础。三年来，全市累计实施营造林200余万亩，森林覆盖率达到53.8%。

拓展修复内涵，着力壮大林业产业。生态建设和壮大产业是林业发展的“一体两翼”，相辅相成，相互促进。在生态恢复重建中，广元坚定不移地推进“生态建设产业化、产业发展生态化”思路，有机统一生态建设和产业发展，以生态建设成果促进产业发展，以产业发展实效反哺生态建设，科学合理发展以优质核桃为主的森林果业基地，以杨树、桤木为主的短周期工业原料林，以橡子为主的森林蔬菜原料林基地等。推进广元山区林业综合开发和林业资源转化，大力发展木本粮油、森林果业、森林蔬菜、林板加工、森林旅游、森林畜牧以及蚕桑、茶叶、中药材等为主的“6+3”特色林业产业。在实现林业产业发展的同时，也实现了林业产业基地的发展壮大。同时，加强对林业企业、业主和大户的生产指导工作，积极发展培育林业专合组织，推进林业产业化经营，加快建设林业经济强市，确保地震灾后林业增产、农民增收。

搭建修复载体，加快推进生态修复。广元高度重视整体推进灾后生态修复，于2008年率先在全省同类城市整合林业和城市园林管理职能，组建成立市林业和园林管理局主抓城乡绿化，形成了“一事一主体”的工作格局。并把创建国家森林城市作为加快生态修复的有效载体，于2009年初全面启动实施，认真实施城市、城周、通道、水系、村庄“五位一体”的国土绿化，系统推进城乡生态修复，加快修复和完善城乡一体的森林生态系统。在城区，推进森林进城，大力实施街道绿化、节点绿化、滨河绿化、立体绿化、拆墙透绿、鲜花造型、公园广场建设和园林式单位小区创建等八项重点绿化工程，建设团状、带状森林景观，增加城区绿量。在城周，实施森林围城，将环绕广元城区的200平方千米区域作为城周森林生态功能区，在2009年启动实施了规模空前的市城周绿化工程，完成营造林5.6万亩，并投入大量资金采取措施治理困难造林地和裸岩，基本建成了保障城市生态安全的城周森林系统。广元创建国家森林城市工

旺苍万亩有机茶业

广元市油橄榄种植总面积已达14.2万亩，图为大规模的油橄榄示范基地。

作已接受迎检。全市共有青川、苍溪等5个县区荣获省绿化模范县称号。

坚持全程监管，全力确保项目质量。本着对国家、对人民负责和维护行业形象的态度，切实加强灾后生态修复重建的跟踪监测。一方面，强化恢复重建资金监督管理。在物资采购、工程设计及施工招标、资金支付及结算等环节，制定相应的管理办法，确保对主要环节实施有效控制；严肃财政纪律，认真执行国家、省和市出台的灾后恢复重建资金管理办法，做到专账管理、专款专用，切实杜绝挤占、截留、挪用、串用建设资金；严格报账手续，规范结算行为和报账程序，从严控制现金支出，自觉接受审计监督和社会监督。另一方面，加大生态修复督导力度。针对部分地方灾后重建任务进度缓慢的实际，积极组织督导组，深入各个县区加强业务指导和工作协调，督导检查各项工程进度和建设质量，并实行按月通报工程进度制度，对无特殊原因，工程进度长期滞后的县区，在全市进行通报批评，切实加快灾后重建进度。

截至2012年2月，全市灾后生态修复重建已到位资金155744万元，其中中央资金73323.5万元；国外紧急贷款项目资金700万元，援建资金300万元；完成投资181463.5万元，占项目总投资的90.87%。全市恢复重建业务用房66487平方米、职工个人住房153527平方米、林区公路

546.8千米、给水管线142.3千米、供电线路138.8千米、通信线路142.8千米、电站4座、种苗生产基地12520亩、温室3365平方米、大棚123500平方米、瞭望台34座、植被恢复99.6万亩（人工造林31.05万亩、封山育林43.72万亩、飞播24.85万亩）。自然保护区及野生动物栖息地恢复14.2万亩，设备购置8097台（套），其他投资20618万元。

二、整治地质灾害　重塑新河山

排查地质隐患。“5·12”汶川特大地震后，广元地质灾害隐患点数量成倍增加，时刻威胁着人民的生命财产安全。在国土资源部和四川省国土资源厅统一安排下，广元市7个县区分别由湖南省赴川地质灾害应急调查队、四川省地质矿产勘查开发局川西北地质队、四川省地质矿产勘查开发局九〇九水文地质工程地质队、四川省地质矿产勘查开发局德阳化探队、成都理工大学开展拉网式排查、调查，并在集中安置点开展地质灾害隐患危险性评估工作。国土资源部派遣的湖南省赴川地质灾害应急调查队分为三个小队分别在剑阁县、苍溪县、利州区开展应

灾后产业重建项目——广元天曌山景区日月湖

急排查工作，四川省地质矿产勘查开发局川西北地质队深入朝天区开展排查，四川省地质矿产勘查开发局九〇九水文地质工程队深入旺苍县开展排查，四川省地质矿产勘查开发局德阳化探队深入元坝区开展排查，青川县由成都理工大学负责排查工作。经过近一个月奋战，到2008年6月中旬，全市共排查出地质灾害隐患点3089处，威胁全市41188户200691人，其中滑坡1288处、崩塌804处、不稳定斜坡881处、泥石流28处、地面塌陷36处、其他类型52处。地质灾害隐患应急排查评估工作的顺利完成，为灾后重建和健全地质灾害群测群防体系，为灾后群众安置、板房选址及重建选址、灾害恢复重建规划的编制提供了决策依据。

编制地质灾害防治专项规划。根据专业地勘队伍排查结果，广元市迅速编制出全市地质灾害防治专项规划，并上报省政府批准。2008年12月，由省政府批准的《四川省“5·12”特大地震灾后恢复重建地质灾害防治专项规划》（以下简称《规划》）正式出台，将广元市排查出的3089处隐患点全部纳入，其中需工程治理564处、排危除险384处、避让搬迁881处，涉及9197户33203人，群测群防1150处，综合治理111处，全市7个县区均被列为重灾区，青川县为极重灾县。《规划》明确了对全部地质灾害隐患点的下一步防治措施，安排了资金，对基层地质灾害防治能力建设也提出了规划和安排。《规划》中广元市地质灾害防治专项资金总量达到20亿元，前期资金约10.3亿元由省财政直接拨付至县级财政，专项用于地质灾害防治。

大力开展地质灾害治理。按照省国土资源厅安排，重大地质灾害工程治理项目由省直管，从2008年12月开始，四川省国土资源厅分四批对广元市下达了564处重大地质灾害工程治理项目。第一批60个项目，于2008年12月启动勘查设计，2009年9月全面完成勘查设计和招投标工作进入施工阶段。从2008年12月至2010年6月，全市完成全部564个项目的勘查设计工作，2010年底，治理工程施工完工率达到90%以上，完成了省政府要求的“三年任务两年基本完成”的目标。384处排危除险以县（区）国土资源局为业主，委托有资质的地勘单位开展方案编制和施工，在2010年年底全部完成。避让搬迁工作涉及9197户33203人，按照规划，以每户2.2万元的补贴进行搬迁，搬迁安置点由地勘队伍编制实施方案，选择远离灾害威胁区、有生活保障的地区统一安置。搬迁安置工程以地质灾害隐患避让的紧迫性为首要依据，优先安排紧迫和较紧迫的搬迁户，统筹兼顾紧迫性一般的搬迁户，在2010年主汛期到来之前，完成了规划内9197户搬迁任务。

认真开展地质灾害隐患治理。2010年进入7月份以后，广元市先后经历了多次强降雨，苍溪县、剑阁县部分地区日降雨量超400毫米，全市大部分河流暴涨，山洪频发，降雨诱发全市多处地质灾害，各地灾情严重。经过排查，仅三次强降雨后，全市就新增1400多处地质灾害隐患点，市城区出现20多处。市政府多次召开会议，要求以保护人民群众的生命财产安全为首要任务，紧急情况紧急处理，全力抢险，对新发生的地质灾害按照紧迫程度，采取紧急避让、临时安置等措施，灾害点治理按照应急方式处置。在2010年7月持续降雨的影响下，广元市城区凤凰山公园口不稳定斜坡出现不稳定变形，使230户650人受到威胁，对危险区内居民实施临时搬迁安置，同时要求中铁西南研究院、中国地调局成都地调中心等专家现场踏勘，提出了边设计边施工的应急工作程序，3个月内使转移安置群众返回家园。

2011年5月，省国土资源厅先后组织专家对广元市申报的193处地质灾害隐患点进行逐一现场踏勘复核。地质专家经过现场踏勘复核，对广元市提出的193处地质灾害隐患点中，对危害较大、规模较大的72处地质灾害隐患，建议实施工程治理措施；对因危害较大但威胁对象相对较少的18处地质灾害隐患，建议采取避让搬迁措施；对因灾害体规模较小，或治理工程措施较简单，且工程投资预计较小的47处地质灾害隐患，建议采取应急排危除险措施；对现状危害状况相对较轻的21处地质灾害隐患，建议采取监测预警措施；另对没有地质灾害迹象或已采取防治措施的15处地质灾害隐患，建议予以取消；对其余20处地质灾害隐患，建议由相关部门按照职责分工负责开展防治工作。截至2011年底，避让搬迁、应急排危除险、监测预警已经完成，重大工程治理工程在2012年汛期来临之前全面结束。根据省国土资源厅、省发展与改革委员会、省财政厅《关于启动汶川地震灾后恢复重建地质灾害防治专项规划项目动态调整机制的通知》，市政府及时启动了地质灾害防治专项规划动态调整工作。市政府对旺苍县、苍溪县、剑阁县、青川县、利州区和元坝区人民政府提出的新增地质灾害隐患点纳入地质灾害防治专项规划进行了动态调整工作，对570处地质灾害隐患点，纳入应急排危除险，对703处地质灾害隐患点受威胁的2198户实施避让搬迁，对62处地质灾害隐患点实施监测预警工作。动态调整的避让搬迁、排危除险工程正在实施之中，省政府纳入工程治理的72处重大地质灾害治理工程，由省国土资源厅于2011年10月17日正式安排勘查、设计单位进场开展工作，在2012年4月底前全面完成地质灾害治理工程。通过上述工程、避让措施后，将消除地质灾害隐患1335处，确保近8万人的生命财产免受地质灾害威胁。

第五章

产业重建　富民强市

在灾后重建中，广元市委、市政府高度重视产业重建，坚持“高位求进、加快发展”，把握宏观经济形势，克服金融危机的严重影响，突出“两化”互动、“三化”联动、“四园”驱动，坚持低碳发展。深入实施资源转化战略，强力推进项目投资，着力做大做强经济板块，积极发展战略性新兴产业。

一、工业产业重建　资源转化结硕果

2008年8月，广元市委五届九次全会通过了《关于扎实做好抗震救灾工作加快重建美好新广元的决议》，作出了实施资源转化战略的决策部署，把产业发展摆上了十分重要的位置。市委强调，广元的优势在资源，差距在转化，出路在大力推进资源转化，实施资源转化战略是广元加快推进灾后恢复重建、实现跨越式发展的必由之路。资源转化战略核心在就地转化，关键在精深加工，要求在集约环保，根基在做强企业，目标在富民强市。要坚持合理布局、项目推进、集群发展、园区承载、市场运作、生态导向“六措并举”。要坚持以项目投资为载体，增强灾后恢复重建和跨越式发展动能；以产业发展为支撑，夯实灾后恢复重建和科学发展的基础；以改革创新和开放合作为动力，不断拓展恢复重建和经济社会发展新空间；以生态资源为依托，不断推进生态广元建设和经济社会和谐发展。按照灾后重建的总体要求，广元市科学编制了《“5·12”特大地震灾后工业重建规划》，并在规划中坚持“四个结合”：即坚持恢复重建与产业结构调整、生产力布局相结合；坚持恢复重建与技术改造、技术创新相结合；坚持恢复重建与推进工业化、城镇化互动发展相结合；坚持恢复重建与工业经济发展相结合。突出“四大重点”：突出以启明星铝业、081电子军工集团等市列70户重点老企业为重点，突出“能源、金属、农副产品、建材、电子机械”工业五大板块为重点，突出以在建重大工业项目恢复开工为重点，突出以规划新建一批较大工业项目为重点。广元市工业灾后恢复重建纳入规

划的项目437个，计划总投资158.32亿元。截至2011年12月，累计开工项目437个，占规划项目数的100%；累计完成投资150.17亿元，占规划总投资额的94.88%；累计竣工项目436个，占规划项目数的99.77%。对电子机械、有色金属、建材、食品饮料、纺织、医药等产业制定了专项发展规划，同时将821厂电解铝异地技改项目、四川电子军工集团西南大型特种电子系统科研生产产业基地建设项目纳入了国家产业结构调整和振兴专项规划。

抓住灾后重建机遇，抓好工业园区建设。园区是工业实现集中发展、集群发展、集约发展和跨越发展的重要载体与平台。广元短板在工业，工业节点在园区。抓住灾后重建机遇，抓好工业园区建设，是广元工业经济发展的现实路径。“5·12”汶川特大地震后，广元市秉承“大区域谋划、大产业构建、大集团引领、大项目推进”的园区建设理念，加强园区科学规划和基础设施建设，整合各类资源，大手笔、大投入扩区建园，直接争取浙江、黑龙江分别投入2亿元、1.2亿元对口援建青川——川浙合作产业园、剑门—川黑合作产业园；对广元经济开发区实施扩区并规划建设“七园一区”，启动建设了王家营工业园、军民结合产业园、医药工业园、石龙工业园等，将园区投资公司资产1.5亿元增加到10亿元，做强做实融资平台；按“一区四园”布局规划新建市天然气综合利用工业园区并启动了天然气化工园、天然气配套加工园建设；灾后重建期间，先后建成工信部命名的国家新型工业化示范基地（军民结合·四川广元）、科技部命名的国家先进电子产品及配套材料高新技术产业化基地；广元经济开发区成为全省“1525工程”成长性特色产业园区、中国食品工业协会命名的中国食品产业重点园区。攻坚克难、顽强拼搏的精神催生出了“塔山湾速度”、“海螺速度”、“广元速度”、“开发区速度”。走进工业园区，你看到的是一幅令人振奋的画面：随处是场面恢弘的建设现场，修

川浙合作产业园，现入驻企业18家，全部投产后，将实现年销售收入50亿元，税收5亿元，可解决约5000人就业。

川黑合作产业园区全景图

广元市元坝区工业发展集中区全景图

桥、修河堤、修路、平场地、机器轰鸣、焊花飞溅……冶金、建材、能源、农副产品加工、化工、医药、纺织企业遍地开花，建设的大潮一浪高过一浪，工业发展的涛声一波盖过一波。广元经济开发区园区建设以城市基础建设为起点，既扩张城市，又拉开开发区建设骨架，给园区建设赋予新内涵。三年恢复重建，全市产业园区基础设施建设累计投入43.5亿元，新扩展面积38.4平方千米。截至2011年底，全市工业园区总面积达67平方千米，建成100亿元产值园区1个，20—100亿元产值园区4个，为工业集中集群集约发展提供了强力支撑，在“两化”互动和统筹城乡发展中的“引擎”效应日益凸显。2011年，全市产业园区规模以上工业（指投资额达1千万以上的工业项目）实现主营业务收入365.6亿元，占规模以上工业总量的80.2%。广元经济开发区规模以上工业实现主营业务收入145.9亿元，同比增长28.9%。

传统优势产业提速增效。坚持资源转化战略，突出抓好能源、金属、农副产品加工、电子机械、建材五大工业板块发展，延长产业链条，做大产业规模，进一步提升优势产业对工业发展的支撑带动作用。以天然气资源勘探开发为重点，积极推进煤炭资源整合，延伸煤炭产业链条等措施，做大做强能源板块；通过延伸电解铝产业链条，发展铝合金、铝型材及铝制品等精深加工产品，推进铁、锰等资源开发利用等措施，做大做强金属板块；通过大力发展“广元七绝”农特产品加工、木本油料加工开发、粮油加工、食品制造、饮料生产、饲料生产等措施，做大做强农副产品加工板块；通过加快塔山湾军民产业结合园建设，推动081电子集团产业整合，规划建设081工业园，提升广元长虹工业园生产能力和产品档次等措施，做大做强电子机械板块；通过“上大关小”、大力发展新型干法旋窑水泥，延伸林板产业链条，抓好硅质材料开发利用等措施，做大做强建材板块。广元市新型干法水泥生产线始建于2006年7月，特别是地震之后得以加速发展，先后引进安徽海螺水泥等5家企业，投资近35亿元，建成投产6条新型干法水泥生产线，设计产能850万吨，实现了水泥产业的跨越式发展。2011年，全市工业五大板块实现工业总产值429.65亿元，是2007年186亿元的2.31倍，年均增长23.3%；实现工业增加值106.03亿元，同比增长29.04%，占全市规模以上工业的76.44%，对规模以上工业增长贡献率为74.17%。其中能源板块实现工业增加值25.18亿元，同比增长8.41%；金属板块实现工业增加值5.29亿元，同比增长42.29%；农副产品加工板块实现工业增加值35.28亿元，同比增长24.68%；电子机械板块实现工业增加值17.03亿元，同比增长40.77%；建材板块实现工业增加值23.24亿元，同比增长53.43%。

战略新兴产业初见成效。广元市把发展战略性新兴产业作为推进产业结构升级和加快经济发展方式转变的突破口，依托飞亚新材料、能士智能港、五神娃等一批企业和电动汽车、风能、生物质能、电子信息等一批项目，大力培育战略性新兴产品发展。建立全市促进战略性新兴产业发展联席会议制度，大力推动资源要素向战略性新兴产业集聚，取得一定的成效。2011年，四川元泰达有色金属、飞亚新材料等4个新兴产业项目获得省级战略性新兴产业促进资金支持，项目个数位居全省第5位，争取扶持资金2814万元。战略性新兴产业实现工业产值40亿元，占全市工业比重的9.5%。2011年8月9日，四川元泰达泡沫铝一期工程竣工投产，生产的世界最大尺寸2.6米×0.8米泡沫铝板在首届“新博会”上备受各方关注，国家工信部苗圩部长给予高度评价。以飞亚新材料公司为主要依托单位的耐高温特种高分子材料国家地方联合工程实验室获得国家发改委批复同意，成为2011年全省五个国家地方联合工程实验室之一。同时该公司与电子科技大学联合申报的“耐高温高分子及复合材料四川省重点实验室”已经通过省科技厅评审，填补了广元市没有省部级重点实验室的空白。

坚持循环经济低碳发展。2009年初，广元市率先在灾后重建中提出“低碳发展”思路，并将其贯穿于灾后重建、深入实施资源转化战略和加快“三化”联动、“两化”互动发展的全过程，大力发展循环经济、低碳产业。广元海螺水泥有限公司2套9兆瓦纯低温余热发电系统建成投运，一年可发电1.54亿度，可解决公司40%以上的生产用电，生产经营成本大大降低。生产用水通过循环水系统，冷却后回收利用，其循环利用率达到98.3%。2009年至2011年，全市共关闭高耗能、高污染和“五小”企业55家，整合转产79家，完成工业企业“煤改气”317家，全市工业固体废物处置利用率达97.8%，清洁能源生产占比达95%。在招商引资中，广元市突出新材料、新能源、电子信息等重点工业项目招商。三年来，全市引进项目974个、资金422.8亿元，符合低碳发展的产业项目达70%以上。

三年来，全市共实施资源转化项目1050个、总投资492.4亿元，承接产业转移项目473个，极大增强了工业经济实力，加速劳动力资源转化，全市培训农民工30.5万人，输出劳务241.9万人次，推动了工业化快速发展，加速了城镇化步伐。

二、农业产业重建　特色发展成效显

“5·12”汶川特大地震给全市农业造成惨重损失，农作物、农田、沼气池、设施设备等损毁严重，直接经济损失达23.56亿元。三年灾后重建，广元市农业战线的干部职工和科技人员迎难而上，奋力拼搏，粮食生产能力稳步提高，特色农业快速发展，现代农业示范园区建设持续推进，农业基础设施建设不断加强，农业农村经济发展取得了显著成就。

特色农业快速恢复发展。坚持优势优先、突出特色、壮大规模、注重实效和做大做强原则，创新特色农业发展机制，强化科技支撑，重点培育生产、精深加工、贮运营销龙头企业，加速推进特色农业向优势区域和“三沿”（沿路、沿江、沿城）集中，促进特色农业提速加快，又好又快发展。到2011年底，全市特色产业总面积381万亩，实现总产量274.51万吨，实现总产值61.59亿元，分别比2007年增加8.8%、34.2%和71.4%。特色产业增加农民人均纯收入170.9元。全市建成红心猕猴桃生产基地14万亩，有机富硒富锌绿茶生产基地27万亩，苍溪梨生产基地40万亩，商品蔬菜生产基地48万亩，中药材生产基地80万亩。全市累计建成全国绿色食品原料标准化生产基地7个，面积79万亩，基地建设位居全省第二。认证绿色食品9个，有机食品28个。农产品地理标志产品保护数量居全省第二。全国绿色食品原料标准化生产基地认定面积居全省第二。苍溪红心猕猴桃、米仓山茶、青川黑木耳、朝天核桃、苍溪雪梨、广元油橄

苍溪县天新现代农业示范园区

2011年青川县三锅乡现代农业产业园

榄、七佛贡茶、川明参等获国家原产地域保护。苍溪水果、青川茶叶进入农业部第一批全国园艺作物标准园创建单位的申报名单。苍溪已成为全国雪梨、红肉型猕猴桃最大的绿色生产基地，全省优质梨、猕猴桃重要的出口示范基地，成为中国雪梨之乡和中国红心猕猴桃第一县。青川、旺苍县进入全省20个产茶大县。青川县被评为中国茶文化之乡，朝天区被评为“全国核桃建设示范基地县”。截至2011年底，全市创中国驰名商标1个，创省著名商标5个，“四川名牌”产品7个，“广元知名品牌”产品19个。广元特色农业发展已在全省占有重要地位。

加快现代农业示范园区建设。2008年启动建设现代农业示范园区以来，截至2011年底，已规划建设41个现代农业示范园区， 核心区总面积达到41.8万亩，整合各类国家项目资金25.1亿元，吸纳社会资金21.3亿元，市县两级财政投入3.2亿元。园区年总产值实现43.7亿元，所覆盖农户人均纯收入达6600元以上，比非园区农民年人均收入水平高出2000元以上。全市确立了适应山区特点的“建园区带基地，兴产业促增收”的现代农业产业基地发展路子和“多园一业、块状覆盖”的现代农业示范园区建设模式，明确了“有规划引领，有投入保障，有产业支撑，有科技含量，有龙头带动，有经济效益”的“六有”园区建设要求，坚持了“市上统筹，县区主体，一次规划，分步实施”的建设原则和“依托院校，专业规划，统一评审，批准实施”的规划编制评审制度，形成了“实用性、示范性、可学性、高效益”和“一个园区就是一个产业基地，一个园区就是一个亿元企业，一个园区就是一个观光景区，一个园区就是一个示范窗口，一个园区就是一个新村载体”的园区建设特点。园区建设起到了“整合资源，整合资金，整合科技”和“促进现代农业产业基地建设，促进生态小康新村建设，促进机制创新，促进农业增长方式转变，促进农民增收”的“三整合五促进”作用。市园区建设的理念和实践，引起社会广泛关注，不断得到部、省的充分肯定。九三学社中央、农业部、科技部，省委、省政府以及省农工委、省农业厅、省财政厅等有关领导，川农大、省农科院等有关专家，四川电视台、《四川日报》、新华网等多家媒体先后前来广元市调研、考察、指导、报道园区建设，普遍认为广元探索出的现代农业产业基地建设路子和园区建设模式，在中国西部地区具有广泛的推广价值。

实施综合开发，拓展发展空间。广元抓住地震灾后重建重大机遇，认真审视资源基础，将林业放在经济社会发展全局统筹谋划，以大资源培育大产业，以大产业带动大开发，以大开发促进大发展，依托绿水青山，建设金山银山。出台了《关于实施山区林业综合开发的决定》，编制了《山区林业综合开发指导性规划》和《山区林业综合开发实施规划》，按照“资源统筹配置，布局优化合理，产业特色鲜明”的思路，将全市划分为三大功能区：北部山区以发展木本粮油、森林蔬菜和森林畜牧为主，中部走廊地带以发展工业原料林为主，南部低山丘陵地区以发展工业原料林、猕猴桃及森林生态旅游为主。在实施山区林业综合开发中，广元围绕资源优势，大力发展木本粮油产业、林板加工业、森林蔬菜产业、森林畜牧业、森林生态旅游业。在灾后林业产业发展过程中，广元逐步探索形成了“三化一转变”的山区林业综合开发模式。

生态项目产业化：依托天然林保护、退耕还林、德援等重点项目，大力营造速生丰产林、核桃、油橄榄、板栗、梨树等生态经济兼用林，形成高效产业，充分发挥生态工程的综合效益。基地建设园区化：高标准打造科技含量高、示范作用强的林业产业核心示范园区和标准化生产园区，建成山区林业综合开发示范园、核桃示范园、油橄榄品种试验园、森林蔬菜产业示范园等41个林业、农业产业园区，辐射带动周边地区成片发展产业基地。资源利用品牌化：集中全市各地的油橄榄、核桃、木耳、茶叶等产业资源，统筹打造市场竞争力强、产品附加值高的优势品牌，提升资源开发增值效应。推进粗放经营向集约经营转变：通过实施分类经营，依靠科技进步，实行业主经营，大力推进林业发展集约化，不断提升林业产业的综合效益。

低碳农业为建设低碳广元作出了积极贡献。近年来，全市坚持“低碳发展”理念，大力推进“低碳广元”建设，以“绿色农业、生态农业、循环农业”为主要内容的低碳农业得到大发展。2011年，全市围绕创建全国低碳（绿色）农业示范市，以农村能源建设、测土配方施肥、绿色组装配套技术、秸秆覆盖还田、免耕栽培、节水灌溉等为重点，大力发展低碳农业。全年实施沃土工程312万亩次，其中测土配方施肥完成201.5万亩次，仅全年减少氮肥施用量1.08万吨（折纯）。新建农村户用沼气池2.2万口，累计达到31.7万口，新建城镇生活污水净化沼气工程3000立方米，完成大中型沼气工程两处。沼气建设全年减少碳排放量63.4万吨。全年农业生产减少碳排放量100万吨以上，为推进低碳广元建设作出了积极贡献。广元将林业产业作为低碳经济和循环经济的重要基础，充分发挥林业的基础和引领作用，加快建设中国西部低碳发展

广元市利州区大石现代农业示范园区

川珍实业

示范城市。一是强化低碳发展基础。依托德援项目，在工程区建设节能灶1.1万个，每年可节约薪柴3万余吨，有效减少了森林资源消耗。围绕“夯实生态屏障、维护生态安全”目标，把灾后生态恢复重建与生态广元建设、山区林业综合开发等有机结合，突出抓好极重灾区生态修复，使严重滑坡地、水源涵养地等重点领域生态得到了较快的恢复和治理，为全市低碳发展提供了坚实的生态保障。二是壮大低碳经济总量。突出林业产业低碳属性，每年分别以10万亩以上的速度建设工业原料林、森林蔬菜原料林和优质核桃基地，占全市林业用地面积60.6%的林产业基地，为壮大低碳经济总量打下了扎实的基础。推进林业资源高效转化。将过去山区老百姓作为烧柴原料的青冈林，转变成利用青冈树的根部发展灵芝菌、主干生产椴木密植黑木耳、枝丫及椴木木屑生产代料木耳或香菇、废弃耳棒和代料生产工业炭和农用有机肥等综合利用模式，实现资源利用效益的成倍增长。三是大力倡导生态文化。以森林公园、自然保护区为载体，加强生态文化教育基地和生态文化示范基地建设，使之成为弘扬生态文明、宣传低碳理念的主阵地。结合全民义务植树、湿地保护日等重要节日，增强全民生态意识，形成热爱自然、低碳生活的良好风尚。

三、市场服务体系重建　开放广元展新姿

在三年灾后重建中，广元商贸服务业坚持民生优先，始终把人民群众的利益放在首位，积极争取国家商务部和省商务厅支持，科学规划，科学重建，用最短时间全面恢复群众最急需的商贸服务设施，市场服务功能达到或超过震前水平。

广元国际会展中心

广元市市场服务体系灾后恢复重建规划项目191个，总投资459990万元。截至2011年12月底，完工项目189个，完工率98.95%，累计完成投资463355万元，投资完成率100.73%。从项目业态完成看：零售百货项目39个，完成投资75133万元；批发市场项目25个，完成投资75537万元；农贸市场项目57个，完成投资47548万元；配送中心及物流业项目16个，完成投资181640万元；生猪屠宰项目24个，完成投资20990万元；其他居民服务业项目30个，完成投资62507万元；“万村千乡市场工程”农家店118个，完成投资118万元。

流通网络全面恢复并超灾前水平。三年重建两年基本完成后，商贸流通业对社会经济发展的贡献进一步显现。2008年，全市实现社会消费品零售总额98.07亿元，2009年实现社会消费品零售总额122.13亿元，同比增长24.53%，2010年实现社会消费品零售总额142.2亿元，同比增长19%，增幅连续3年居全省第三位，远超地震前水平。

流通体系服务功能增强。广元农产品交易中心、农产品检验检测、垃圾处理站等项目建成运行后，引领全市商贸流通业向着现代流通方向快速发展。永隆购物中心投入经营，解决城市就业2000余个，月营业额千万余元，得到了社会各级消费者的高度评价。

物流园区建设加快。截至2011年底，广元物流园区内已建成会展中心、新华文轩、烟草物流、科伦药业、金顺汽车园等物流项目13个，正在规划建设精细建材市场、汽车货运站项目及第三方物流市场项目。

农村流通业态水平大幅提升。灾后恢复重建的118个日用消费品、农资商品连锁农家店率先做好救灾保供、应急储备。2008年—2011年全市新建成连锁农家店2865个，乡级覆盖率100%，村级覆盖率62.9%。农村市场服务体系快速建立健全，便民惠民功效显著提升。

四、旅游产业重建　宜游广元美名传

在三年灾后重建中，广元市各级党委政府和有关部门依托丰富的文化旅游资源，抢抓灾后重建重大机遇，千方百计加大投入，全力以赴加大文化生态旅游园区建设力度。新建市级以上文化生态旅游园区14个，总数达到36个；新建剑门关、昭化古城、翠云廊等国家AAAA级旅游景区6个，国家AAAA级旅游景区数量达到11个，跃居全省第二。

国家AAAA级旅游景区广元市朝天区川洞庵游人如织

基础设施加快建设促进了群众生产生活条件大改善。各级有关部门整合灾后重建项目和资金以及地方财力，加大基础设施投入建设力度。2008年至今，各县区投入文化生态旅游园区基础设施共约39.96亿元。园区基础设施大投入、大建设，使当地群众生产生活条件得到极大改善，有效解决了当地群众行路难、吃水难、用电难、通信难，促进了社会主义新农村建设。

园区群众集中安置和旅游城镇建设加快了城镇化步伐。在推进文化生态旅游园区建设的过程中，广元市把旅游园区与城镇化建设相结合，有力地推动了城镇化步伐。一是将园区群众集中安置到集镇。剑门关景区在建设中统一规划，将130户农民集中搬迁到剑门关镇，打造了5千米长的街道。二是统一风貌打造旅游集镇。千佛崖景区投资2亿多元完成景区公路改道，并对工农镇棚户区120余户进行了整体改造。青川县唐家河风景区灾后恢复重建项目总投资2.47亿元，全面完成了景区道路、强弱电配套、生态酒店、旅游服务站、景观节点、标识标牌等建设。青溪古城总投资1.69亿元，完成了游客接待中心、风雨廊桥、小东街回民街改造、星月广场、古城墙及城门城楼修复、清真寺、民俗文化展厅、东西街市政及水景、钟鼓楼、牌坊、字窟、古城管理用房等文化项目建设。三是开通城镇至景区的公交线路。全市开通了市城区至剑门关、昭化古城、明月峡、天曌山、川北民俗文化园，朝天城区至曾家山，苍溪县城至红军渡、梨博园等景区公交线路20余条。

园区农民就业和相关产业发展带动了城乡居民增收致富。旅游带动就业人数大提升。全市旅游直接就业人数3万余人，园区宾馆及其他服务业收入大幅度提升。在剑门关景区，宾馆、饭店、农家乐等旅游项目成为促进当地经济发展的重要支柱，剑门鲜豆腐、剑门关豆腐干、剑门关酒、剑门关茶叶等地方特色旅游商品畅销，带动各类店铺、客栈（包括农家乐）600多家，一年销售收入近12亿元，纯收入达到6000万元。促进增收近2亿元，人均收入近3万余元。元坝区昭化古城共培育园区特色餐饮企业62家，酒店（客栈）27家，文化娱乐业主35家，传统工艺展示及产品销售作坊13家。以景区式的生态文化旅游园区延伸出乡村旅游产业。农村的生态、农业、农耕文化、民俗文化等资源被激活，转变为农民增收致富的经济优势。青川县阴平村有40多户人家在经营农家乐，其中24户已经达到星级农家乐的标准。这些农家乐中，收入多的一年能赚上20万元。全村2011年仅农家乐的收入就达80多万元。朝天区曾家山依托30千米生态小康走廊着力发展乡村旅游，沿线曾李路30千米新村走廊打造星级农家乐50余户，让更多的

灾后新建的剑阁县剑门关关楼

旺苍县七里峡风光

农民享受到了乡村旅游发展的成果。曾家山30千米乡村旅游示范带人均种植蔬菜2.3亩，产业覆盖曾家山片区8个乡镇、56个村、1.4万农户，建成重点专业村33个，成为“四川省最大绿色蔬菜生产基地”，形成了以鸿琰公司为主的蔬菜龙头企业，组建了一批以协会为主的农村专合组织，发展了300多人的农民经纪人队伍。

园区建设有力地推动了区域经济发展。2008年，由于受“5·12”汶川特大地震严重影响，全市实现旅游总收入16.11亿元，同比下降41.57%；旅游总人数386.53万人次，同比下降31.00%。2009年，实现旅游总收入25亿元，同比增长55.00%；旅游总人数450万人次，同比增长55.00%。2010年，实现旅游总收入32.03亿元，同比增长37.83%；旅游总人数700.58万人次，同比增长36.67%。文化生态旅游园区有力地促进了广元市“三个文明”大提升。

第六章

文化重建　凝神聚力

三年灾后重建，广元始终把文化精神家园建设作为主线和灵魂真抓实干，作为提升城市软实力、落实科学发展观的硬任务统筹推进。文化精神家园建设是鼓舞、激励地震灾区干部群众“从悲壮走向豪迈”的不竭动力源泉。

以全新的理念做好规划。坚持把以人为本、科学发展作为文化精神重建规划的指导思想，坚持物质文明与精神文明协调发展。高度重视灾后文化重建工作，强调文化的精神动力作用，做到早规划、早落实，努力实现精神家园重建的引领作用、推动作用、激励作用。在具体项目上包括：民族精神和抗震救灾精神的弘扬，传统文化的振兴，广元地方特色文化的彰显，受灾群众心理康复，宣传思想工作的创新，文化惠民工程的实施，文化事业、文化产业的发展等内容。全市共规划文化、广电、新闻出版灾后重建项目1624个，规划总投资25.4亿元。

开展主题宣传教育活动。抗震救灾和灾后重建的人间奇迹,是伟大抗震救灾精神的外在表现和物质载体。广元市通过各种形式运用好这一最直接、最生动、最有力的教材，把伟大的抗震救灾精神凝固下来、呈现出来、弘扬开来，使得阶段性的精神动力深化为长久性的思想财富。广元抓住开展学习实践科学发展观活动、建设学习型党组织、开展创先争优活动等重要契机，把握改革开放30周年、新中国成立60周年、中国共产党成立90周年等重大时间节点，在地震灾区大力开展爱国主义、民族团结进步、社会主义核心价值体系教育，引导灾区干部群众深刻认识中国共产党非凡的执政能力、中国特色社会主义集中力量办大事的制度优势和中国发展道路、发展模式的勃勃生机，进一步坚定中国特色社会主义理想信念。一是集中组织开展“自力更生，重建家园”为主题的宣传教育活动，大力弘扬抗震救灾精神。在加快恢复重建时期，通过举办报告会、宣讲团、演讲赛等多种形式，引导干部群众大力弘扬“自强不息、顽强拼搏，万众一心、同舟共济，自力更生、艰苦奋斗”的伟大精神，通过对“出自己的力，流自己的汗，自己的事情自己干”、“有手有脚有条命，天大的困难能战胜”两条标语的宣传，及时把受灾群众的注意力引导到生产自救、恢复重建上来，强化受灾群众的“自力更生、艰苦奋

青川县枣树村村民发扬艰苦奋斗、自力更生的精神，在“5·12”地震后一个多月就开始搞重建，喊出了这条响彻全国的标语。2008年8月30日，温家宝总理来到枣树村，他高度赞扬了这条标语体现出来的精神。

枣树村的标语

斗”重建家园的主体意识，激发参与灾后重建的积极性和主动性，使灾区群众以更加饱满的激情、更加昂扬的斗志，投入重建美好新家园的宏伟事业。二是开展感恩奋进主题教育活动。大力倡导感恩文化，广泛组织深入开展了“颂歌献给党·感恩奋进”广元灾区百万群众歌咏活动，全市4071个单位、162万干部群众，参与了3138场歌咏活动，呈现出“时时有歌声、人人颂祖国、个个唱感恩、处处奏和谐”的生动气象，达到了凝心聚力、鼓舞士气、弘扬主旋律的良好效果。以全国党政军民千里驰援抗震救灾和对口支援灾后重建为契机，强力推进感恩教育，广泛开展感恩活动，引导广大干部群众把知恩、感恩之情化为自强奋进的实际行动。先后组织开展感恩回访致谢和以“感恩自强谋发展、立足岗位作贡献”为主题的感恩典型宣传、感恩文明服务、感恩文化活动、感恩事迹报告、感恩文化论坛、感恩旅游招商等一系列活动。成功举办了“见证广元抗震救灾记者重访广元灾区行”、“全国高校书记校长灾后广元行”等活动，着力打造“感恩城市”，感恩奋进的社会氛围日渐浓厚。三是开展理想信念教育。在抗震救灾中，响亮提出“一个支部一个堡垒，一名党员一面旗帜，一名干部一个标杆”的口号，在灾后重建中要求继续开展“三个一”主题实践活动，使各级党组织和广大党员干部在灾后重建中发挥战斗堡垒作用和先锋模范作用。开展了对“群众深怀感情，对工作永葆激情，对未来充满豪情”的大型教育活动，激发了全市党员干部攻坚破难、爬坡奋进的工作热情。开展“忠诚理想、敬业奉献、感恩奋进、健康生活”为内容的理想信念教育活动，提升了全市党员干部的

一张广为流传的经典照片——马鹿感恩娃娃

思想政治素质，锤炼了爱岗敬业精神，规范了个人行为，增强了做好工作的主动性和紧迫性。通过一系列多层次、宽领域、强声势的主题宣传教育，社会主义核心价值体系成为召唤灾区干部群众奋勇前行的一面精神旗帜。正是因为有了这面旗帜的引领支撑，灾区干部群众才能在艰难困苦中重振信心士气，才能在一片废墟上重建美好家园。在全面重建阶段，灾区各级党委政府、广大干部群众凭着顽强意志和昂扬精神，在满目疮痍的土地上创造了惊天地、泣鬼神的辉煌业绩。这一幕幕动人场景的出现，正是得益于持之以恒地抓好各类主题教育活动。

以典型引领公民道德实践活动。在轰轰烈烈的抗震救灾和灾后重建实践中，广元市共涌现出10名“全国抗震救灾模范”、6个“全国抗震救灾英雄集体”、1个“全国抗震救灾先进基层党组织”、5名“全国抗震救灾优秀共产党员”、1名“全国抗震救灾英雄少年”，以及一大批受国家部委、省委省政府表彰的抗震救灾优秀个人和先进集体。先后创造了景区建设“剑门关速度”、园区建设“塔山湾速度”、交通建设“剑昭速度”、“千佛崖速度”，灾后重建的“马口样板”和受到温家宝总理高度肯定的“两条标语”精神，涌现出人民好交警刘兴福、优秀援建干部张启标以及肖兴民、文小平、马德富、雍如品等一大批先进模范人物。这些先进人物和典范，充分展示了新时代的“广元精神”，成为全市人民团结奋进的精神引领。广元市深入挖掘和大力宣传先进典型的突出事迹和崇高精神，充分发挥先进典型的引领示范作用，精心组织了“道德模范评选表彰”、“道德模范和先进典型基层巡讲”、“抗震救灾英雄少年评选宣传”、“优秀志愿者评选表彰”、“感动广元十大典型人物评选”、“灾后重建十大经典工程、灾后重建十大典型人物评选”、“广元十大博爱人物评选”等活动，吸引了广大干部群众的踊跃参与，推动了灾区社会公德、职业道德、家庭美德和个人品德建设向纵深拓展。以典型引领公民道德实践活动，对培育奋发进取、理性平和、开放包容的社会心态，弘扬传承中华民族传统美德，建设社会主义精神文明，自觉践行社会主义荣辱观起到了巨大的推动作用。

抓好“三基地一窗口”这一社会主义核心价值体系教育战略工程建设。按照中央、省委要求，广元市把“三基地一窗口”建设作为一项战略性、全局性、长期性的任务，以基础设施建设为载体，以思想内涵挖掘为手段，以鼓舞教育群众为目的，以地震遗址、地震纪念馆、抗震救灾纪念园为主要门户，建设了青川智慧岛、青川东河口地震博物馆等16个“三基地一窗口”。市委、市政府对此高度重视，以广委办〔2010〕148号文件对这项工作作了专门安排部署。提出了建立健全运行机制，深挖内涵，提升品质，突出特色，扩大宣传，将“三基地一窗口”重点陈列室（馆）统一由文化部门管理，纳入红色旅游精品线路范畴，保障经费投入，建立起中央、省、市、县共同负担运行经费的长效机制，列入财政预算等一系列政策措施，并两次组织力量对“三基地一窗口”建设情况进行了督办督察。广元“三基地一窗口”建设：准确定位载体，在突出主题上下工夫；充实展示内容，在多元取材上下功夫；丰富展示手段，在立体再现上下功夫；做好现场解说，在挖掘提炼上下功夫；科学设计线路，在便捷有序上下功夫。通过“三基地一窗口”建设把区域性的重建成就转化为全局的发展信心，把阶段性的精神

青川地震博物馆

开馆仪式
馆仪式

旺苍县三基地陈列室大门全景图

动力升华为长久性的思想财富，把具体性的重建经验提炼为普遍性的发展模式，从而最大限度地扩大了抗震救灾和灾后重建这一人间壮举的政治效应、文化效应和社会效应。广元市“三基地一窗口”陆续接待了来自中央国家机关和新闻单位、援建省市、省内企事业单位以及境外的多批次考察团队。参观学习活动的广泛开展，宣传推广了广元灾后美好新家园建设的宝贵经验，让全国、全世界的参观者受到了精神洗礼和心灵震撼。

重建公共文化设施，保障灾区群众基本文化权益。特大地震灾害，给灾区文化设施造成了毁灭性打击，灾区公共文化服务网络陷入瘫痪，灾区群众正常文化生活失去了基本依托。广元市抢抓灾后文化重建规划重大机遇，加快重建广播电视设施，加快重建灾区党报党刊公益性出版机构、新华书店和农家书屋等文化重建重大项目。项目确定后，不等不靠，迅速实施，以文化产业园区为重点，带动文化恢复重建。同时进行全市项目合力布局，实现市、县区都有大项目，都有新项目，各个产业门类都有新任务。文化产业项目在文化娱乐、网络服务、印制发行等全面布局。在市城区黄金口岸，重建了包括市文化馆、市图书馆、市博物馆、市美术馆、市非物质文化遗产博物馆、广元大剧场等在内的“广元文化艺术中心”，成为市城区标志性建筑；澳援体育中心、广元广播电视中心等投资过亿元大型设施正在加紧建设中，2012年投入使用。各县区均建起了含文化馆、图书馆（个别县区含剧场和体育馆）在内的标志性的“文化

（体育）中心”；乡镇全部建设标准化的乡镇综合文化站。市、县（区）、乡（镇）、村（社区）四级公共文化服务网络基本建成。

创作优秀文艺作品，讴歌伟大时代精神。波澜壮阔的抗震救灾和灾后重建，涌现出了许多可歌可泣的英雄人物和感人事迹，是进行文艺创作的重要资源。广元市组织广大文艺工作者，从这场伟大斗争中挖掘创作资源，提炼创作素材，激发创作灵感，以感恩奋进为主题，以精品创作为龙头，创作推出了一批真实记录灾难历程、深情讴歌祖国人民、大力弘扬伟大抗震救灾精神的优秀文艺作品，凝聚成了宝贵的文化财富。广元市设立“广元文化奖”、“剑门关文化奖”，安排专项资金激励优秀文化产品生产，并将文化智力援助纳入对口援建内容，邀请援建省及本省文化专家到广元市进行定点帮扶和创作指导，推动优秀精神文化产品生产，取得丰硕成果。自抗震救灾以来，广元在全省公开出版发行了抗震救灾大型画册《震不垮的广元人》，编辑出版了抗震救灾长篇报告文学《惊天动地》，并由中国作协在青川县东河口地震遗址举行了地震文学首发式。反映抗震救灾以及灾后恢复重建的作品如雨后春笋，全市共有长篇小说《乡村干部》《黄莲草》《剑站奇侠传》《青川情》《震后》，长篇纪实文学《大援建》《春去春回》《东河口绝恋》《樱桃红了》等20余部文学专著出版。文学作品《幸存者说》荣获第六届四川文学奖抗震救灾特别奖。充分发挥文化抚慰心灵、鼓舞斗志的作用，震后20天率先举

"挺起不屈的脊梁"文艺演出

办了"挺起不屈的脊梁"抗震救灾大型广场晚会，现场募集抗震救灾资金2.97亿元。先后组织了"震不垮的广元人"、"感谢祖国"、"祖国万岁"等大型主题晚会和主题展览活动。邀请中央电视台"激情广场"栏目走进广元，将军后代合唱团来广元专场演出。举办中国·广元女儿节暨国际凤舟节，开展"爱国歌曲大家唱"、"红歌献给党"等各类群众性文化活动，引导灾区群众自立自强自救、坚定坚强坚韧。

培育与灾区美好新家园相适应的文明新风，提升灾区社会文明程度。在灾后重建农民集中居住区，广泛开展"新家园、新生活、新风尚"主题活动，教育引导灾区群众改变不良习俗，养成良好行为习惯，提升文明素养，逐步实现灾后重建集中居住区设施完善、管理有序、环境整洁、乡风文明，提升了群众的自我约束能力和现代文明素质，提升了灾后恢复重建的软件水平。在灾区坚持"以文明创建促进城乡环境综合治理，以城乡环境综合治理带动文明创建"的思路，以"清洁化、秩序化、优美化、制度化"为标准，大力开展"美环境、讲文明、树新风"活动，推进城乡环境综合治理进社区、进村组、进家庭的活动，普及文明礼仪知识、健康卫生知识、环境保护知识，引导农民群众摒弃各种不文明行为和陈规陋习。深化拓展灾区群众性精神文明创建活动的形式和内容，充分发挥和调动文明行业、文明单位和社会各界力量参与灾区精神文明建设，帮助灾区村镇建设公共设施，治理村容村貌，改善文化条件，发展社会服务，培育精神文明建设示范区。

第七章

阳光重建　赢得民心

灾后重建，时间最宝贵，质量是核心，廉洁最关键。从中央到地方，从资金管理到拨付使用，从项目立项到竣工验收，都有无数双眼睛紧盯着灾后重建工作的每一个细节。1220多亿的巨额资金投入和项目建设，给重建监督检查带来了严峻挑战。为了使灾后重建项目做到“工程建好、干部不倒、群众说好”，广元市各级监督检查机关沉着应对，主动介入，牢固树立科学监管理念，迅速构建科学监管体系，主动探索科学检查方法，积极建立科学监管办法，努力寻求科学监督效果，加强组织协调，强化监督检查，确保了抗震救灾款物专用、账目清楚、程序规范、公开透明，确保了灾后重建项目高效、资金安全和干部廉洁，确保了灾后重建任务的胜利完成。

坚持预防在前与健全制度相结合，强化机制保障。市委常委会和市政府常务会建立了定期研究监督检查工作机制，并多次召开全市灾后恢复重建的工作会议作出安排部署。重建初期，市财政局针对重建资金管理中存在的问题，从健全管理制度入手，先后出台了《广元市灾后恢复重建项目及资金管理暂行办法》和实施细则，印发了《关于进一步加强我市地震灾后恢复重建项目资金管理的通知》，及时转发了省财政厅《关于加强地震灾后重建基本建设项目竣工财务决算审批工作的通知》，对项目审批、招投标、资金管理、项目实施、项目稽查、项目竣工验收、项目评估、项目审计等环节作出了明确规定，从制度上规范资金拨付审批程序，严把资金拨付审批关，确保重建资金专款专用。一是建立灾后恢复重建资金使用情况公示制度。对灾后重建项目及资金定期通过《广元日报》和广元电视台及时向社会公示，接受社会监督。二是强化预算管理和资金拨付。各级财政部门按照规定的支出科目、资金用途和具体规划项目编制灾后恢复重建基金预算，并向同级人大及其常委会报告。坚持“资金随项目走，项目随规划走”，规范资金拨付审批程序，做到限时下达指标，专项调度资金，及时拨付资金。各县区财政部门严格按照有关规定，对灾后恢复重建资金实行专户管理、专账核算，实行资金的封闭运行。三是对基本建设项目严格实行财政评审制度。按照“程序不减、周期缩短”的要求，整合评审、中介以及专家库力量，通过政府采购确定20家社会中介机构参与灾后恢复重建项目评审工作，在保证评审质量的前提下，努力提高评审效率，尽最大可能为项目建设单位和业主提供方便，加快资金使用进度。重点加大对各项目单位在项目建设过程中发生的设计变更、增加投资的审核力度。设计变更必须是工程建设的实际需要，且必须履行相关程序；设计变更单项投资超中标金额10%以上的必须报发改、财政部门审核并落实资金来源后才能实施；对不履行设计变更相关手续、擅自变更工程设计、增加工程投资的，财政部门一律不予拨付资金，并将严肃追究有关人员的责任。截至2011年末，仅市本级就累计评审各类灾后恢复重建项目814个，送审金额71.52亿元，审定额60.05亿元，审减金额11.47亿元，审减率高达16%。四是严格执行《基本建设财务管理规定》。要求建设单位及时做好竣工财务决算编制工作，在项目完工3个月内必须向财政部门报送项目竣工财务决算。财政部门坚持限时办理决算批复：使用中央基金300万元以下项目，市财政评审中心7个工作日内出具评审报告；使用中央基金300万元以上项目，市财政评审中心15个工作日内出具评审报告；使用中央基金500万元以上或市政府确定的重大项目，市财政评审中心30个工作日内出具评审报告；市财政在收到市财政评审中心提交的评审报告后，在20个工作日内批复竣工财务决算。五是严格控制项目建设规模和资金投向。严格执行规划，坚决杜绝随意增加概算，乱摆摊子，对擅自扩大规模、提高标准、增加建设内容、故意漏报和报小建大等造成调整概算超过原批复的，严肃追究有关人员和领导的法律责任。严明财政纪律，严禁任何单位和个人挤占、截留、挪用项目资金，严禁超概超标，严禁将项目资金用于规划外项目，严禁擅自使用项目结余资金。市审计部门出台了《广元市灾后恢复重建项目资金跟踪审计实施办法》《广元市财政局广元市审计局关于加强政府投资建设项目财政评审和审计监督跟踪审计的通知》《广元灾后恢复重建项目资金跟踪审计方案》《广元灾后恢复重建项目资金跟踪审计作业表》等规范性文件，为灾后重建审计监督提供了坚实的制度保障。

坚持加快进度与严格监管相结合，树立科学监管理念。市委、市政府高度重视抗震救灾资金、物资和灾后重建项目资金的监督检查工作，始终把“公告天下、取信于民、廉洁救灾”、“三个一定”（一定要有明白账，一定要及时分配，一定要全程跟踪）和“谁不公开谁就违纪”作为抗震救灾资金物资监督检查的工作原则、基本要求和工作底线，把“科学重建、阳光重建、廉洁重建”、“三不三确保”（监督检查不留死角、整改问题不走过场、查处问题不留余地和确保项目安全、确保资金安全、确保干部安全）作为灾后重建项目资金监督检查的工作原则和工作目标。将监督检查工作纳入目标管理和党风廉政责任制考核内容，市委常委会、市政府常务会和市灾后恢复重建委员会定期听取情况汇报，及时讨论研究并安排部署监督检查工作。市、县、乡层层建立了监督检查领导机构和工作机构，做到了监督检查工作有人管，具体工作有人抓，出了问题有人负责。建立救灾款物清单式管理和项目资金台账管理机制，严格执行项目建设和资金拨付程序，严格实行项目法人责任制、招标投标制、合同管理制和资金分账核算管理制。开辟项目审批绿色通道，搭建并联审批平台，实行网上电子招标，探索建立“一办两中心”招投标模式，对政府投资项目实行集中审批、管理和监督，确保“程序不减、周期缩短”。开展效能监察，加快款物发放和项目审批、开工、建设及资金拨付。确保了救灾款物的有序管理、公开透明，确保项目高效、资金安全和干部廉洁，既快又好地推动了“三年重建任务两年基本完成”要求的落实。

坚持统筹协调与分工协作相结合，构建科学监管体系。在强化各级党委政府监督检查主体责任和“属地”之责的同时，充分发挥监督检查领导小组牵头抓总作用，严格落实职能部门的监督职责、省市县检查组的监督职责和特邀监察人员的社会监督职责，在全市上下建立了全面覆盖、组织严密、协调有力、全程跟进的监督检查体系，监督到县乡，覆盖到村社，确保了监督检查全覆盖、无遗漏。

强化职能部门监督职责。重点强化纪检监察系统组织协调、民政系统物资监管、发改系统项目稽查、财政系统资金监管、审计系统同步审计等的监督职责。同时，坚持“谁主管谁负责，谁审批谁负责，谁签字谁负责”和“一岗双责”要求，在灾后重建阶段进一步落实发改部门项目把关、财政部门资金保障和主管部门行业指导等责任，确保行业主管部门和相关职能部门履职尽责。

强化专门检查组的监督职责。充分发挥省监督检查驻县区检查组、市八个分片包县驻点检查组和各县区监督检查组的作用，建立重点建设项目、大宗物资采购、大额资金拨付、重大检查情况同步通报制度，定期召开联席会议，共同研究工作，做到信息互通，工作互动，切实增强监督合力。以联席会议、联合检查和案件协调处理三项制度为基础，积极加强与对口援建省市的协作，做到监督检查工作“无缝对接”。建立港澳援助协调机制，加强港澳援助项目的监督检查和问题的责任追究，推进港澳援助项目顺利实施。

强化社会力量的监督职责。2008年向社会公开征集聘用社会监督员、特邀监察员、政风行风评议员和行政效能监督员503名，对全市抗震救灾款物接收、管理、使用、发放情况进行监督检查。2009年至2011年，市本级从社会各界聘请45名项目特邀监察员和21名重大项目稽查特派专员，制定监督管理办法，对项目建设程序、招投标、工程质量、资金安全等情况进行全面检查。同时，将公开、透明贯穿抗震救灾和灾后重建全过程，通过新闻发布会、新闻媒体和乡镇、村组公共场所醒目位置公开公示救灾款物发放、项目建设及资金管理使用等情况，借鉴村民“一事一议”和民主评议经验，在危房鉴定、查灾核灾、款物分配、项目建设等关键环节吸收群众代表、志愿者等人员参与，将救灾款物发放的决策权、受灾群众的确定权、项目资金物资的监督权交给群众，接受社会和群众监督。

坚持专门机关监督与社会力量监督相结合，探索科学检查方法。围绕抗震救灾款物、灾后重建项目资金、扩内需促增长的重点领域、关键环节和重要部位，结合工程建设领域突出问题专项治理和廉政风险防范机制建设，统筹安排检查工作，不断创新检查方法，重心下移，工作前移，切实监督到每个县乡，检查到每项款物、每个项目和每笔资金。

驻点检查与面上巡查并重。“5·12”地震发生后，率先派驻市纪委常委或市监察局副局长带队对青川乔庄镇、竹园镇、市药监局等5个市级捐赠接收点进行现场同步监督，率先组织市级部门纪检组长在抗震救灾恢复重建阶段到重灾县区和重灾乡镇开展救灾款物管理使用和重点项目建设进行一线驻点检查。同时，组织相关职能部门和社会监督员、项目特邀监察员等社会监督力量，对救灾款物发放、项目建设及资金管理使用、干部履职等情况进行明察暗访，及时纠正问题，严格责任追究，确保检查有效性。

集中检查与经常性检查并重。坚持层级管理和分级负责的原则，充分整合市委、市政府巡视督导组、市重建委督察督导组、市项目特邀监察员小组和市监察、发改、财政、审计等部门的监管职能，采取“四位一体”监管模式，实行厅级干部分片负责、检查组长一线检查的责任体系，多次组织检查组对抗震救灾款物、灾后重建项目资金、扩内需促增长政策落实情况进行集中检查。市派驻市本级和县（区）的两片八个包县驻点监督检查工作组60余人，县（区）工作组40余个共247人，常年坚持在基层开展经常性检查。三年多来，仅市县两级就开展监督检查1300余次，检查项目3701个，发现问题1500余个，现场纠正处理问题800余个，提出意见建议1700条，督促协调整改问题项目500余个。

拉网式排查与重点抽查并重。在抗震救灾和灾后重建中，坚持“谁主管谁负责、谁拨款谁负责、谁建设谁负责、谁使用谁负责”和“市县分级负责、部门分口把关”原则，以县、市级部门为单位围绕救灾款物和项目资金管理使用、项目建设、问题整改落实、城乡统建安置房分配等重点内容进行拉网式全面排查，将排查触角延伸到每一项款物、每一个项目和每一笔资金。同时，市领导挂帅组成8个督察组，分片包干、责任到人，采取对资金检查实行检查组长、单位主要负责人“双签字”确认和对项目检查实行检查组长、施工单位、项目业主、监理单位“四方签字”确认制度方式，实行组长负责制，对各县区和市本级项目进行重点抽查，及时发现、纠正和解决问题，确保市委、市政府重大决策部署的落实。

坚持问题整改与建章立制相结合，建立科学监管办法。监督检查只是发现问题的一种手段，其结果如何运用、运用的效果如何，不仅关系监督检查成效，而且关系党委政府公信力和执行力，关系广大群众切实利益。广元市采取“发点球”整改问题、建制度规范管理和靠机制推动工作方式探索监督检查结果的运用，切实做到边检查、边纠正、边规范，确保了监督检查的针对性、实效性和系统性。

“发点球”整改问题。坚持把发现问题和解决问题作为监督检查的着力点，在及时发现问题、及早纠正和解决问题上下工夫，做到问题整改到位，经得起检验。对各组检查发现的问题，检查组现场提出整改建议，督促相关责任单位限期整改。同时上报市县监督检查领导小组办公室，由办公室统一建立专门问题台账，采取“发点球”形式，逐一发出问题督办（整改）通知书，提出整改要求，强化整改责任，明确整改时限，限期整改到位。同时，市县监督检查

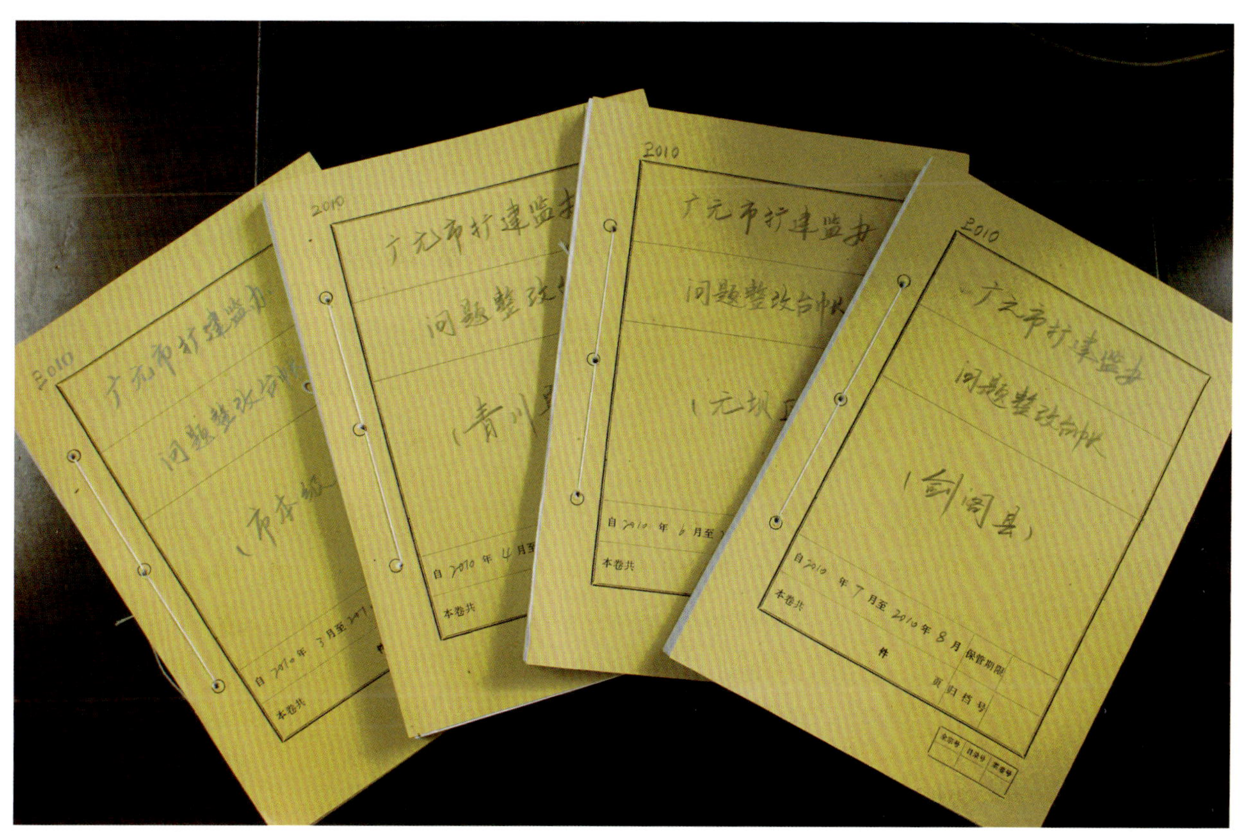

监督检查发现问题整改台账

领导小组办公室坚持“三个不放过”（问题没查清不放过、问题没整改不放过、责任没追究不放过）原则，组织协调监察、审计等相关职能部门开展回访督察，严肃责任追究，确保问题按期整改销号，彻底整改到位。截至2011年，市县监督检查领导小组办公室发出督办通知300余份，督促协调整改问题项目500余个，全力督促国家审计署西安特派办和中央第十六检查组春季检查发现的问题彻底整改到位。

加强规范管理。把建章立制作为监督检查的重要环节，采取“四五六”的管理办法，促进抗震救灾款物、灾后重建项目资金及扩内需促增长政策的落实，切实做到用制度规范，靠制度办事，以制度管理，确保手续完备、程序规范、公开透明、依法合规。一是建立四本台账。督促各级政府和发改、财政、民政等相关职能部门分类层层建立项目建设、资金管理使用、抗震救灾款物、问题整改四本台账，对全市救灾款物、灾后重建项目资金和问题整改情况进行清单式管理，做到家底清、情况明，问题整改彻底。二是规范五项流程。全市先后统一制作救灾款物收发、项目审批、资金拨付、公开公示和项目资金监管五项流程图，规范救灾款物收发、项目资金管理和监督检查，确保款物收发规范、项目建设合规、资金拨付及时，促进监督检查工作有序化。三是完善六项制度。针对监督检查中的薄弱环节和权力运行的廉政风险点，先后建立完善救灾款物管理使用、项目资金管理、资金项目监督检查、公开公示、行政效能问责、社会监督员和项目特邀监察员管理等六项制度规范，有效预防和减少了违纪违规问题的发生，促进监督检查工作规范化。

落实责任，推动工作。根据监督检查工作的职责分工、监督重点和监督方式，先后建立完善了台账管理、项目审批、资金拨付、分片包县驻点检查、“发点球”整改问题、跟踪审计、社会监督、项目验收八项监管机制，既加强了基础管理，又强化了监督检查，更突出了社会监督，不断提高监督检查工作的系统性、协调性和有效性，促进监督检查工作常态化。截至2011年，全市审计机关共派出审计人员16268人次，跟踪审计和审计调查项目2011个，审计项目总投资199.57亿元，提交审计情况通报132份，提出审计建议771条，督促建立健全规章制度472项，收回挤占挪用资金341.94万元，挽回经济损失1751.64万元。

坚持严肃纪律与典型查处相结合，寻求科学监督效果。

强化纪律规定。2008年5月16日，市纪委率先提出抗震救灾“七不准”规定，规范抗震救灾期间各级党员干部的履职行为。灾后重建期间，明确提出重建资金管理“四严格四严禁”要求，对违反要求，发生集体上访、群体阻工等影响社会稳定或者造成政治影响的，相关责任人一律先免职再查办，主动为抗震救灾和灾后重建顺利推进提供纪律保证。及时转发、汇编中央、省关于救灾款物、灾后重建项目资金监管和相关纪律规定，精选典型案例分发到各级领导干部（包括村组干部）手中，在新闻媒体开辟“廉洁救灾”专栏，编发工作简报、专报、通报，在全社会营造抗震救灾款物和灾后重建项目资金监管的浓厚氛围。

“5·12”抗震救灾相关纪律规定文件汇编

畅通信访渠道。向社会集中公开市民政、财政、审计等部门政策咨询电话，在村组和受灾群众集中安置点公开举报投诉电话，畅通信访举报渠道，建立信访包案、“一把手”负责、五个工作日办结、形势定期分析和检查组定期通报情况等制度，积极开展市县区委书记、市县区长开门接访、部门领导主动下访和信访部门不定期回访活动，及时把矛盾化解在基层，把问题解决在当地，为快查严办重处各类违纪违规行为提供了案件线索。截至2011年底，全市纪检监察机关共受理涉及抗震救灾和灾后重建项目建设及资金管理使用方面的群众举报3031件，办结3018件。

强化典型查处。始终把严格执行纪律贯穿监督检查工作全过程，严格执行有关规定，对违纪违法行为发现一起严肃查处一起，绝不姑息迁就。各级纪检监察机关牢固树立有案不查就是失职的观念，严肃查处项目审批、资金管理使用、招标投标、工程安全和质量监管等方面的违纪违法案件。深入治理领导干部违规插手干预工程建设，以及对项目资金截留克扣、挪用挤占等问题。坚决查处领导干部利用职权违规干预和插手工程建设招投标行为。对典型案例在一定范围内通报或者公开曝光。严肃查处了市商务局3名县级领导干部在抗震救灾期间的失职行为、四川寅洋工程造价咨询事务所法人戚开华在灾后房屋加固工程中串标、旺苍县吉福佳苑房地产开发项目违法违纪等问题。截至2011年9月底，全市纪检监察机关共查处涉及抗震救灾和灾后重建方面的案件88件，给予党政纪处分82人，组织处理或其他处理34人，移送司法机关21人。通过典型查处和对违纪违规人员的责任追究，有力地推动了监督检查工作的深入开展。

广元在认真总结灾后重建项目资金监督检查工作的基础上，不断拓展延伸监督检查范围，紧紧围绕国家和省市“十二五”时期经济社会发展的指导思想、总体思路和重大举措贯彻落实情况、管理通胀预期有关工作落实情况、加快水利改革发展政策落实情况、保障性安居工程建设政策落实情况、节能减排和环境保护政策措施落实情况、耕地保护和节约用地政策措施落实情况等九大内容，统一组织，分工负责，统筹兼顾，突出重点，加强组织协调，强化牵头部门责任，积极开展加快转变经济发展方式的监督检查工作，确保了中央各项政策措施落实到位，为打造廉洁城市奠定了良好的基础。

第八章

倾情援建　大爱无疆

广元市灾后重建所取得的重大胜利和丰硕成果，是党中央、国务院亲切关怀的结果，是四川省委、省政府正确领导的结果，是浙江、黑龙江两省，香港特别行政区、澳门特别行政区和宜宾、泸州、自贡、攀枝花四市以及中国海洋石油总公司等社会各界大力支持的结果，是广大援建人员和广元312万人民精诚团结、无私奉献、奋勇拼搏的结果。这一伟大的壮举，必将在浩瀚的历史画卷上留下浓墨重彩的一笔！

2008年至2009年，援建省、市、地区近500名援建干部，1万余名援建大军在广元大地上抛热血、洒汗水，建幸福工程，铸爱心丰碑。他们勇担使命和责任，用信念、执著、力量、智慧、勇敢、坚毅、才干、奉献撑起了一片“大爱”的天空，充实了“援建”一词的内涵。两省、四市、香港和澳门特别行政区等地对口援建广元，以前所未有的速度和力度改变着广元的城乡面貌，推动广元各项建设取得新的进展。援建给广元带来了新的理念、先进技术、科学管理、创业激情、发展活力，对全市经济社会发展具有重大的现实意义和深远的历史意义。对口援建的两年，是援建各地人民和广元人民感情不断深化的两年，是双方加强合作、共谋发展的两年，援建省、市、地区人民的壮行义举，各级领导的深情厚谊，全体援建人员的无私奉献，广元人民将永远铭记，广元人民永远感恩！并把援建精神转化为加快发展、科学发展、又好又快发展的不竭动力，以实际行动和崭新业绩回报祖国和人民。

大援建之中国行动和中国力量，让我们再一次看到了中华民族高高挺起的脊梁！彰显着中华民族的优秀品质，诠释着社会主义制度的无比优越性。

一、浙川同心　对口援建　再造一个新青川

2008年汶川地震后，党中央、国务院决定由浙江省对口援建青川县。浙江全省迅速行动，组织援建队伍，确定援建方案。在援建过程中，坚持规划先行、民生优先，坚持项目中心、安

全质量、产业推进，围绕援建抓党建、抓好党建促援建，把援建工作与促进青川县的可持续发展相结合，为青川县今后的长期发展奠定了坚实的基础。

千里驰援行动迅捷

反应迅速。2008年6月12日，即《汶川地震灾后恢复重建对口支援方案》发布的第二天，浙江省召开了省委常委扩大会议。会上，省委书记、省人大常委会主任赵洪祝对全省提出了要求："全省要尽早谋划对口支援青川各项工作，不仅要做好当前的调运救灾帐篷、援建活动板房、安置受灾群众和接收灾区伤员、学生到浙江治疗、学习等工作，而且要认真谋划恢复重建工作，促进共同发展。"

按照党中央、国务院和浙江省委、省政府的部署，浙江全省人民紧急行动，开始了跨省千里大援建。6月18日，赵洪祝同志率浙江省党政代表团来青川县调研灾情和灾后重建工作；7月4日，浙江省援建青川县指挥部在余震不断的青川县城正式挂牌，成为全国援建队伍中第一个挂牌的指挥部；7月27日，浙江省援建指挥部全体成员全部进驻青川，是建立最早、挂牌最早、进驻最早的省援建指挥部之一。

组织得力。举全省之力，"再造一个新青川"!要完成这个任务，实现这个目标，必须要组建一个强有力的领导班子，组织一支政治强、业务精、作风硬、纪律严明的援建队伍。选派什么样的干部、选派哪方面的干部，事关援建的成败，也成为浙江省委、省政府考虑的重要内容。个人自荐，组织挑选……经过多方考虑，反复筛选，一个个精兵强将出现在省委、省政府领导面前。一大批熟悉和精通项目、建筑、教育、交通、农业、宣传等工作，政治强、业务精、素质好、身体健康、富有爱心和激情的援川干部脱颖而出。特别值得一提的是，所有根据工作需要选拔的指挥长不论有无思想准备、家中有何具体困难，没有一个人犹豫推诿。经过紧张严肃的组织考察，省援建指挥部班子很快组成，并下辖市指挥部11个，县（市、区）指挥部27个。一个由332名援建干部、88家参建单位共1.2万多名建设者组成的援建队伍，带着浙江省委、省政府的嘱托和5000多万浙江人民的心愿来到青川，立即投入紧张的援建工作中。"穿军装、住板房、吃食堂"、"四四五"、"5+2"、"白+黑"，如果要问什么是援建生活，到浙江援建的所有指挥部的援建人员都会给出以上的答案。"为听从召唤而来，为援建干事而来，为学习提高而来，为灾区奉献而来，为浙江争光而来。"指挥长谈月明这番充满激情的话语代表了所有援建干部的心声。在许多援建人员的名片上都写着这样一句话："浙江人民始终与青川人民心连心！"

对所有援建人员来说，到灾区饮食要过麻辣关，人际交流、工作对接要过语言关，还要过沿海城市和内地山区的工作节奏差异、观念碰撞关。在灾区工作对援建干部的应对能力、身体和胆识都是一种考验和锻炼。迥异的生活、工作环境，没有令援建者胆怯和退却。他们主动适应、自我调适、甩开臂膀全身心投入大援建之中。

实施援建规划先行

按照恢复重建规划先行的要求，援建之初，浙江省就启动了百名规划师支援青川规划编制的行动。在余震不断、次生灾害时有发生、规划基础薄弱、现状资料损毁严重的情况下，规划技术人员深入青川县的山山水水，走遍了36个乡镇，了解情况调查民意，历经半年有余，进行了认真的现状调研和方案编制、技术协调等工作，编制了青川县城镇体系规划、36个乡镇总体规划和控制性规划，以及生产力布局、交通、供水、教育、旅游、商贸等12个专项规划和乡镇村庄布局规划，各类规划总计达到了200多个。2008年9月和11月，青川县与浙江省援建指挥部分别对36个乡镇的规划方案进行了评审，12月4日所有规划成果通过了四川省组织的技术鉴定。

规划以“民生优先、基础优先、安全优先、集聚优先、生态优先”的“五个优先”为指导思想和原则，在规划体系构建、援助工作组织协调等方面，结合青川实际和援建需要，对规划编制的思路方法作了有益的探索，保证了城乡规划的实施操作和灾后援建的有序开展。

39个援建指挥部大力整合后方技术人才优势，在因地制宜、彰显特色的原则下，编制了相应的重建规划。特别是在农房重建中，要求统筹安排农民住房、产业布局、基础设施和生态建设，确保先规划后建设。

温州市指挥部邀请温州市经规院、农科院、规划设计院联手以最快的速度编制完成《青溪片区2009—2020经济社会发展规划》《温州市三年援建项目规划》《青溪十城规划和片区村庄规划》，为青溪镇12年的规范性发展、科学发展奠定基础，提供科学理论指导和依据。

温岭市援建指挥部编制、评审、审批了《温岭援建木鱼三年（项目）规划》《青川县木鱼镇总体规划》《青川县木鱼镇控制性详细规划》《木鱼镇村庄建设布局规划》等，建立起比较完整的规划体系。《青川县木鱼镇总体规划》获得了专家的高度肯定，《青川县木鱼镇控制性详细规划》是青川县灾后首个通过专家评审的城镇详规。

实地援建民生优先

民生项目多而全，浙江援建者把灾区群众的需要作为第一要务，不分大小，全力以赴、积极推进。

住房重建让百姓安居。地震使青川30%的房屋倒塌、65%的房屋成为危房，人们只能住在面积小、条件差、安全性能不强，水、电不能保证的救灾帐篷、板房或临时过渡房里。因此，援建者们的首要任务之一，就是要帮助灾区群众搞好住房建设。浙江省启动“661”工程，助推农房重建，即投入6亿元资金，补助6万户农民建房，抽调116名专业人员为农民提供建房指导，突出“青瓦白墙人字顶、木栏花窗踢脚线”的川北民居特色，建成了近4万户抗震性强、成本低的木架房、钢木房和轻钢房，彻底改变了千百年来农户建设无标准、不设防的历史。在农房建设遇到融资困难时，浙江省援建指挥部专门安排了5000万元的援建专项资金，支持成立了青川县永生担保公司，为农房重建贷款担保，解决农房重建融资问题。为确保农房重建质量，提高农民就业能力，省援建指挥部还组织培训了1000多名当地农民工匠。

灾后住房重建不仅汇聚着爱心，也是一个彰显智慧的舞台。

——嘉兴指挥部援建的房石片区，有“三最”之称：援建乡镇最多，即房石、前进、乐安、曲河、蒿溪、大坝6个乡镇；援建的总面积最大，一镇五乡面积达329.3平方千米；援建乡镇距县城最远，其中房石镇距县城70千米，往返一次要5小时以上，且坡陡、弯多，常有塌方飞石……面对困难和责任，嘉兴市援建指挥部指挥长董长杰带领全体人员毫不犹豫地投入援建工作之中。整个片区农房需重建7680户、维修加固1244户。经过援建者和灾区群众的共同努力，不到一年时间，重建和维修任务完成，2009年8月前农户全部入住新居。

——援建木鱼片区的温岭市援建指挥部为早日使灾民住进新居，想方设法，推出了《木鱼镇灾后农房恢复重建设计施工技术指导手册》。

手册主要包括了房屋选址、农房结构布置、建筑材料及制作、地基基础工程、主体工程（砖混结构、钢筋混凝土框架结构、木结构、生土房屋）、房面工程、门窗工程七个部分。特别引人注目的是，手册左上角还订有名片式的一张卡片，即《木鱼镇农房重建技术服务咨询便民卡》，卡上印有如下文字：

“施工到以下部位请来告诉我们：基槽，基础钢筋，一层墙体砌筑，二层楼面钢筋，屋顶钢筋，其他特殊情形。我们将来现场和你一起共建新家园!

“我们还可以帮助你：场地选址、结构选型、材料鉴别、配合比选择（指建材用料）、地震模拟计算等。”

落款为“温岭市援建指挥部农房重建技术指导组”，并附有联系电话。

引幸福甘露保群众生活。浙江援建以“覆盖全县、因地制宜、分类指导、分步实施”的方式推进了整个青川县的饮用水工程建设。在山高路远、居住分散的村社，修建高位蓄水池、水窖等引、蓄水；在村社及农户聚居点，根据实际情况选择安全、可靠的饮水源，因地制宜建设单点或多点集中净水池，按水源水质合理设置净化和消毒设施；在人口集中、有条件的地方，采用集中供水方式，做到一户一表一龙头；在供水规模大于100吨/日的人口规模较大的中心地建设净水站；在乔庄、竹园、青溪、木鱼等4个供水规模大于1000吨/日的集镇，按照城市标准建设自来水厂。由于青川山高路陡，农户居住分散凋零，加之余震不断、交通不便、材料运输难、施工条件差，建饮水工程难度极大。负责饮水安全工程的浙江省援建指挥部一班人通过多次调研，提出“覆盖全县，基本解决，建管结合，争创一流”的工作目标。因地制宜提出了“3311”援建工程总体思路，即通过投资3亿元的援建，青川县建成农村饮水安全工程的设施、监管和保障三大体系，建成1000个集中供水设施、1万个分散式供水设施以及覆盖全县的监测管理能力。

青川竹园智慧岛教育园区

建公益事业促教育卫生发展。在援建中，浙江省以项目建设为中心，加快教育卫生重建，启动了每个乡镇“一学校一卫生院”的项目建设，同时启动了以青川第一高级中学、青川职业高中、青川教师进修学校和青川县体育馆为主体的竹园智慧岛教育园区建设。

智慧岛教育园区是浙江援建青川的最大项目，占地270亩，建筑面积13.3万平方米，抗震8度设防，总投资超过5亿元。2009年8月20日，赵洪祝、蒋巨峰等浙、川两省领导为智慧岛教育园区项目铲土奠基。经过4个月的前期设计、招标及施工准备，同年12月8日，智慧岛教育园区正式开工建设。

在青川，浙江共援建学校49所，每一所学校都如诗似画，3.2万多名学生从此告别了板房学校。房石九年制学校是浙江援建的第一个夺得“天府杯”金奖的项目，木鱼中小学、关庄中小学、茶坝九年制学校等13所学校均获得了“天府杯”奖。“5·12”地震两周年之际，中央电视台专赴四川对18个重灾县（市）灾后恢复重建成果进行实时实景拍摄，2010年5月12日在中央电视台新闻频道和综合频道“重回四川”栏目整点时间滚动播放。青川县共有两处画面——木鱼中学和木鱼安居小区呈现在航拍录像中，这是中央级媒体对温岭援建成果的高度肯定。新建成的学校设计新颖、布局合理，不仅有配套设施齐全的教学楼、实验室、办公楼、体育活动室和大型图书阅览室，还修建了塑胶跑道，硬件和软件设施都向前推进了三四十年。

援建学校的同时，青川县人民医院、青川县中医院、竹园医院以及36个乡镇卫生院的建设也全面铺开。2009年7月，浙江援建青川的全部乡镇卫生院整体交付并投入使用，极大地缓解

浙江援建的木鱼中学

了群众就医难的现状。重建后的乡镇卫生院不仅外形美观，而且设计科学、布局合理、硬件设施齐全。从2008年7月起，浙江省派出10批、近1000人次医疗卫生专家赴青川，分布到青川36个乡镇为青川群众提供优质的医疗卫生服务，帮助青川培养近200名乡镇全科医生，提升了农村医疗服务水平。

保通、畅通灾后重建生命线

2008年8月12日，浙江省援建青川灾后重建的第一个项目、青川县城通往外界的唯一通道——剑（剑阁）青（青川）公路的关键工程酒家垭隧道复工，这是四川省公路灾后重建正式复工的第一个项目。2008年12月，浙江援建的20个交通项目全部开工。2010年4月19日，剑青公路全线通车。浙江省援建青川交通采用资金补助、全额投资和提供设备、器材、物资相结合的方式，以公路建设为核心，重点是剑青公路金子山至乔庄段、井田坝大桥、竹下公路、黄茶公路、唐青公路、酒家垭隧道等主要道路、桥梁、隧道。整个援建道路193条，全长1013.9千米，桥梁158座，漫水桥92座，检测桥梁17座，维修加固桥梁9座。“把优质工程留下来，把荣誉和经历带回去”。在援建中，有6个勘察、设计、施工、监理单位受到全国总工会、浙江省总工会、浙江省重点办的表彰；有3个项目荣获“四川省优秀工程设计奖”，有31个项目荣获四川省优质工程“天府杯”金奖、银奖，1个项目被四川省推荐参评国家优质工程“鲁班奖”。为了给灾区群众构筑安全屏障，浙江省在援建中投入资金超4亿元，援建34条防洪堤，总长28.5千米。这些防洪堤集防洪、围田、交通、景观功能于一体，保护人口7.02万人，受保护面积545公顷，新增可建设用地217公顷。

抓产业援建　助群众致富增收

为提升青川灾后发展后劲，浙江省还把产业援建作为一项重要的援建内容。在2008年8月，浙江省援建指挥部在充分调研青川县情的基础上，制定出台了《浙江援助青川地震灾后产业恢复重建方案》，有的放矢地提出了“建设一个工业园区，培育两个特色基地，构建三个绿色通道，重建四个市场服务体系”的思路，全方位、多渠道、多形式援建。

位于广元经济开发区的广元青川—川浙合作产业园是浙江援建青川产业重建的大手笔。2008年11月5日，川浙合作产业园正式动工。四川省委副书记李崇禧、浙江省副省长陈加元为园区铲土奠基。仅仅一年的时间，产业园一期550亩场地平整及园区主干道已建成。先期入园的有宁波华东物资城市市场建设开发有限公司、浙江景兴纸业股份有限公司、浙江春江轻纺集团有限公司、广元泰力电线电缆有限公司、广元市鑫旺铝带公司等企业，投资合计7.8亿元。到2011年底二期工程1258亩场地平整已完成，正进行招商引资工作。

浙江省援建指挥部按照“生态立县、产业富民”的总体要求，坚持“抓示范、促合作、拓市场、提效益”，立足农村产业基础，着力推进“一乡一业”、“一村一品”。“一乡一业”、“一村一品”是浙江省产业援建的重头戏。在产业援建中，通过把浙江的先进技术、管理经验与青川的优势资源嫁接，使青川特色产业得到了迅猛发展，农副土特产品的附加值大大提升。浙江援建各市、县指挥部，纷纷发挥本地资金、科技优势，打造了独具特色的产业基地。目前，在青川已有96个“一乡一业”特色产业援建项目付诸实施并获得效益，如关庄镇和黄坪乡生猪标准化规模养殖小区、茶坝乡食用菌示范基地、河乡600亩蚕桑基地、红光乡长毛兔基地、三锅乡民兴村香菇特色产业园等等，都已在助农增收中发挥着重要作用，为青川农副产品开辟“绿色通道”，是浙江产业援建的又一特色。2008年8月初，浙江省经贸委与青川县经商局签订了《关于商贸业对口援建灾后重建合作协议》，为青川特色农副产品和药材进入浙江市场开辟了“绿色通道”。浙江省有133家卖场及超市销售青川农副产品，初步构建了青川特色农产品在浙江省的销售网络。

浙江省在援建中制定了《浙江省援建青川县灾后恢复重建工业企业实施方案》，根据灾后产业布局及产业结构调整规划，以业主投资经营为主体，辅以援建帮扶，重点支持科技含量高、产品附加值高、资源消耗低的“两高一低”型、龙头带动型企业加快发展，积极组织工业企业迅速恢复生产。重点扶持了川珍实业、电解锰、白龙茶叶、蓉成制药等18家发展势头好、就业岗位多、带动作用大的龙头企业。浙江产业援建注重抓好青川劳动力就业培训工作。围绕特色产业，按照产业发展和援建项目需求，采取“走出去学、请进来教”等多种形式，加强农村劳动力培训。浙江各市援建指挥部为青川培训劳动力5345人，启动智力类援建项目，建立就业援助工作协调制度和浙江—青川劳务信息平台，组织知名企业组成招聘团，在青川、广元召开现场劳务招聘会。产业领跑，发展起跳，浙江援建不仅是真金白银的巨资投入，更是把灾区带入以提升发展能力为重点的新阶段。

党建带队伍　管理促援建

在援建中，浙江各级援建指挥部始终把加强党的领导和建设作为援建任务顺利完成的组织保证，把党的先进性建设作为援建工作的强大动力。没有吃苦的精神，不能呆在灾区；没有奉献的精神，不可能真情援建；没有求真务实和创新的精神，不可能圆满完成援建任务。让先进性在建设岗位上闪亮，把支部建在项目上是浙江援建的又一创举。浙江省援建指挥部不仅需要资金和技术，更需要理想、信念、精神和意志，因而必须要有一支过硬的队伍。创造性地提出了“围绕援建抓党建，抓好党建促援建”的党建工作新思路，提出把“支部建在产业上，建在援建项目上”。浙江省援建指挥部制订了《关于加强党的建设项目的意见》《关于在援建单位党组织和党员中开展“双五好”活动的通知》《关于党支部建在工程项目上的意见》等。在浙江省援建指挥部内部建立了机关党委和5个党支部，并突出抓好党组织建在项目和产业链上。在全省39个援建指挥部建党委（党组）15个、党支部49个、机关党委2个、机关总支1个，全额类投资工程项目建设单位有党支部51个，实现了党组织和工作全覆盖。在浙江全体援建同志的努力下，青川灾区满目疮痍的情况已经不复存在，展现在我们面前的是战胜灾难、欣欣向荣、走向新生活的场景，乐观的笑容已浮现在灾区群众的脸上。对口援建干部展现出来的崇高精神正在成为宝贵精神财富。广大对口援建干部在援建工作中发扬“不怕苦、不怕累、不怕难、不怕险”和“特别讲团结、特别能奉献、特别能吃苦、特别能战斗”的“四不怕”和“四个特别”精神，谱写了一曲曲动人的援建者之歌。他们风里来，雨里去，披星戴月、日夜奋战，用实实在在的行动创造了一个又一个灾后重建奇迹，充分展示了援建干部优秀的能力素质，得到受援地人民的高度赞扬，向青川人民、向广元人民、向浙江人民、向全国人民交出了一份满意的答卷！

二、龙剑合力　无缝对接　共创剑阁新跨越

根据国务院办公厅印发的《汶川地震灾后恢复重建对口支援方案》（国办发〔2008〕53号），黑龙江省对口援建剑阁县。在整个灾后重建对口援建中，黑龙江援建指挥部思路清晰、内容明确、措施得当、组织保障有力。项目援建是黑龙江省确定的援建剑阁县的最主要形式，采用“交支票＋全过程参与和监督＋全方位援助”的援建方式，在具体实施中，黑龙江援建前线指挥部与剑阁县建立了联合监督协调机构，实现了无缝隙对接与无障碍合作。这一援建模式“既输血又造血”，为剑阁经济社会发展创造了新的契机。

雷厉风行　思路清晰

从中央部署到黑龙江援建剑阁县灾后重建前线指挥部正式成立，只用了12天。2008年6月14日至17日，黑龙江派出援建工作小组对剑阁县42个重灾乡镇进行全面灾情勘察和调研；6月19日，黑龙江省省长栗战书主持省政府常务会议敲定了首批7大类40个援建项目；6月25日，援建指挥部全体人员抵达剑阁县；7月1日，黑龙江省委常委、副省长盖如垠代表省委、省政府来到剑阁视察援建工作；9月2日至5日，受黑龙江省委书记吉炳轩委托，省长栗战书、常务副省长杜家毫代表黑龙江省委、省政府赶赴四川省剑阁县，实地考察灾情，检查指导黑龙江省援建工作，慰问援建前线指挥部及各专业支援队成员，与剑阁县县委、县政府主要负责同志共商对口援建大计。

9月9日，黑龙江省政府召开第五次抗震救灾和灾后恢复重建成员单位会议，提出援建工作的总体思路：坚持科学发展观，一切从实际出发，坚决贯彻执行党中央、国务院的统一部署和安排，本着“救急、救民、救灾”的原则，坚持当前和长远相结合，坚持“输血”与“造血”相结合，充分尊重受援方意愿，采取“政府主导、依靠当地、面向市场”的援建方式，让灾区群众满意，确保灾区稳定，为剑阁的长远发展打下坚实基础。这一思路在黑龙江省人民政府《关于切实做好对口支援四川省剑阁县灾后重建工作的实施意见》中作了明确要求。

内容明确 要求具体

灾民住房建设。优先解决灾区群众居住问题，把重建灾民永久性住房放在首位。选派专业技术人员对地震中受损的城乡公共建筑和灾民住房进行查验鉴定。充分尊重农民意愿，采用农户自建、政府补助和社会帮扶相结合的方式，建立农村灾民自建房帮建体系。协助当地群众科学选址、集约用地、合理确定抗震设防标准，帮助建设灾民集中安置小区，让受灾城乡居民早日住上安全、经济、适用、省地的住房。

公共服务设施建设。按照整合资源、优化布局、推进标准化建设、提高抗震设防标准和建筑质量的要求，优先安排学校、医院等损毁公共服务设施的援建，严格执行强制性建设标准规范，将其建成安全、牢固、群众放心的建筑。重点保证初中、小学恢复重建项目的建设，确保援建教育项目满足基本教学需要。重点恢复重建县乡两级医疗卫生机构和计划生育机构，恢复重建县乡村基本医疗和公共卫生服务体系，加强基层计划生育、妇幼保健机构的整合建设。抓好县级文化体育设施、广播电视设施的恢复重建，抓好乡村公共文化服务工程的恢复重建，加

黑龙江援建的广元市剑阁县人民医院

强资源共享。帮助恢复重建社会福利、社会救助、优抚安置和残疾人服务等设施。

基础设施建设。把帮助恢复各类基础设施的功能放在援建工作重要位置，与当地经济社会发展规划、城乡建设规划、土地利用规划相衔接，远近结合，合理确定恢复重建建设标准，增强安全保障能力。交通设施恢复重建，要重点恢复重建干线公路、重要旅游景区周边交通干道。水利设施恢复重建，要统筹考虑防洪安全、饮水安全、恢复生产等需要，重点抓好水库工程设施的恢复重建。市政公用设施恢复重建，要符合调整后的城镇总体规划，重点恢复重建乡村供水、城镇垃圾处理场等设施。

按照援建的要求，黑龙江省在援建工作中形成了独特的援建模式：“交支票＋全过程参与和监督＋全方位援助”。所有援建项目全部公开招标，中标企业必须雇佣当地30%的劳动力，黑龙江援建指挥部不自带一支建设队伍。这一援建模式是18个对口支援四川灾区的省市中独有的援建模式。

黑龙江省第一批援建项目共7大类40个，总投资达3.1亿元，包括剑州中学、沙溪中学、汉阳中学等13所学校项目；开封医院、武连医院等5所卫生院基础设施项目；普安、柳沟两个敬

老院项目；剑南公路、桥边河大桥、柘坝大桥3个交通基础设施项目；团结水库、英雄水库等3座震损水库除险加固项目；剑门关镇、白龙镇等11个乡镇集中供水站等项目。第二批援建项目分救灾救民、教育、卫生、公益、城市基础设施、交通、产业扶持和旅游共8类71个项目，总投资达8.4亿元。其中，由县财政承担的农村受灾群众自建房平均每户3600元的补助纳入援建项目。第三批援建项目包括农房重建贷款担保基金、廉租房建设地方配套资金和县城、乡镇及中心村规划编制经费。

项目援建　资金保障

项目援建是黑龙江省确定的援建剑阁县的最主要形式。为了搞好项目援建工作，加强项目管理，2008年10月31日，黑龙江省人民政府办公厅印发了《黑龙江对口支援四川省剑阁县灾后恢复重建项目管理暂行办法》，对援建项目管理工作的相关问题作了明确规定与说明，如“援建项目是指以我省援助资金建设为主，纳入国家灾后恢复重建规划的剑阁县灾后恢复重建项目”，“援建项目主要采用我省负责资金筹措，剑阁县负责建设管理的运作方式”，“援建项目要按照‘统一部署、分工负责、区分缓急、突出重点、相互衔接、上下协调、规范有序、依法推进’的方针政策，实行统一规划、统一设计、统一组织、分期实施”。

黑龙江援建的剑门关古镇

实施项目援建，资金保障是关键。为了加强对黑龙江省各级政府安排的和社会各界捐助的支援四川省剑阁县灾后恢复重建资金的管理，提高资金使用效益，2008年9月28日，黑龙江省财政厅印发了《黑龙江省支援四川剑阁县灾后恢复重建资金管理暂行办法》。《办法》对“对口支援资金来源”“对口支援资金的使用范围”“对口支援资金管理”“对口支援资金使用监督检查”等作出了明确规定，如援建项目如何管理、资金如何管理？对于这些问题，黑龙江省都作出了严密科学的安排，出台了一系列的政策措施，制定了严格缜密的制度。

无缝对接　密切合作

“交支票+全过程参与和监督+全方位援助”的援建方式，符合灾区实际，深受灾区干部群众欢迎，但这种方式要真正见效，全靠双方的“无缝隙对接与无障碍合作”。

为贯彻该方式中“黑龙江省负责资金筹措，剑阁县负责建设管理”和“援建项目的审批、建设、验收以剑阁县为主，前线指挥部全程参与配合”的指导方针，黑龙江援建指挥部坚持做到“四个坚持”、建立“五个机制”，即坚持在当地党委、政府统一领导下展开援建，坚持按照重建规划实施援建，坚持协商协调、依靠当地的办法推进援建，坚持节约、实用、安全原则搞好援建；建立了重大决策协商机制、项目建设推进机制、解决问题沟通机制、援建工作监督机制、党组织保障机制。通过以上方式，指挥部在将项目的规划、审批、招标、施工、验收工作交由当地政府实施的同时实现了全过程、全方位监管，有力保障了援建方与受援方的无缝隙对接和无障碍合作。

在具体实施中，黑龙江援建前线指挥部与剑阁县建立了联合监督协调机构，由剑阁县纪委书记、分管招投标工作的县监察局副局长和执法监察室主任与前线指挥部监督办公室主任组成监督协调领导小组，负责对援建项目监管工作的协调，共同参与援建项目的立项、招标、建设、验收和资金拨付等。同时，建立监督联席会议制度，每月定期召开专项工作会议，相互通报援建项目安全管理、施工质量、施工进度等情况，协商解决项目建设中发现的问题，为援建工作顺利进行提供了良好保障。

实现无缝隙对接与无障碍合作，还在于援建工作的规范化、制度化、程序化。为使援建工作规范化、制度化、程序化，黑龙江省援建前线指挥部结合援建工作的实际，在创新监管机制方面进行了深入研究和探索。一是用规章制度规范援建。相继制定下发了《黑龙江省支援剑阁县灾后重建项目招投标监管工作的通知》等4个文件，对援建项目的招投标、施工、工程监理、价款结算、资金管理、安全质量监督检查等都作了相应规定。同时，按照国家对基本建设程序的要求，制定了援建项目工作流程图。二是把援建资金纳入财政专户管理。由剑阁县财政支付中心统一为146个项目的建设单位开设专户，确保援建资金专户储存、封闭运行。三是建立“六位一体”的资金拨付体系。援建前线指挥部和剑阁县受援重建领导小组共同制定了《黑龙江省支援剑阁县灾后重建项目工程款拨付暂行办法》，规范了工程预付款和工程进度款拨付的程序、要求及需提供的资料，规定了工程价款结算的方式和结算要求，明确施工、监理、业主、项目主管部门及前线指挥部五方在工程进度确认和工程价款结算中的职责，建立起援建资金申请、审核、决定、拨付、审计、监管“六位一体”的工作机制，确保了援建资金使用的安全、高效。

由于援建思路正确，机制保障有力，使援建方与受援方坦诚相见、沟通畅通、关系融洽，真正做到了心往一处想、劲往一处使，形成了十分和谐的援建环境和氛围。

无私援建　成就辉煌

2008年至2009年，前线指挥部12名工作人员带着3800万黑龙江人民对剑阁人民的深情厚谊，时刻忙碌在剑阁的城镇和乡村。24名专家分成12个小组，分别奔赴剑阁57个乡镇开展技术指导工作，从图纸设计、技术指导、农民互助，到结对帮扶、市场服务、资金保障，构建了“六位一体”农房帮建体系。灾后一年中，黑龙江省公安厅两次派出支援警队225人，卫生厅医疗援助队三次轮换队员100人，教育厅两次选派支教队员30人，团省委选派志愿者51人，他们的足印遍布剑阁崇山峻岭，他们的事迹流传在剑阁的大街小巷。

2008年10月19日到20日，援建指挥部一次性拨付剑阁县农村居民安置过渡房补助资金2374.2万元、农村居民永久性重建补助资金8718.247万元，共计11092.44万元。

2009年9月，10万师生如期告别了板房，41个卫生项目全部完工。

2009年年底，全县44178户农村灾民永久性住房重建和14个农村灾民安置点配套设施建设全部完工，并通过多种方式培训农民工匠7000余人。

2010年4月29日，有“天下雄关”美誉的剑门关正式“开关”迎客。为让剑门关重新“亮剑”，黑龙江省投入1.5亿元援建资金，支持剑门关古镇改造、剑门关关楼及附属设施建设。

投入1.1亿元资金建设的剑门工业园区基础设施和标准化厂房已成功引进黑龙江省、广东省、重庆市等地的19家企业入驻，引进资金11亿元。

总投资1.1亿元、总面积2.6万平方米的剑门大厦（即县公共服务中心），整合重建项目共21个，节约用地60余亩，其中黑龙江省援建资金3970万元。

总投资4300万元、占地56亩的剑阁县体育中心包括体育馆和馆外体育场地，体育馆可容纳观众2500人，其中黑龙江省援建资金1140万元。

2010年9月26日，剑阁县新县城下寺镇的龙江大道、沙溪大桥通车，沙溪中学、体育馆、剑门工业园区标准化厂房及二期道路管网项目竣工剪彩。至此，黑龙江省援建剑阁的146个项目工程全部竣工，完成援建资金达15.5亿元。

黑龙江省在援建工作中形成了独特的援建模式，使得黑龙江省援建项目投资单价在1500元/平方米左右，与灾区重建平均建筑造价2500元/平方米相比低了1000元。两年多来，黑龙江省从物资、资金、技术、人才等方面给予全方位援助，取得了骄人成绩。先后派出300余人的援助队伍参与应急抢险和灾后恢复重建工作，他们为灾区带来了先进的理念和技术、创业激情和发展活力，用责任、爱心、温情谱写了一曲曲爱的赞歌。根据援建实际需要，建立前指党支部、受援办党支部、支教党支部和卫生医疗党支部，一个队员就是一面旗帜，一个支部就是一个堡垒，51名共产党员充分发挥模范带头作用，为灾区人民树立了榜样！黑龙江援建工作受到国家有关部委，两省省委、省政府，广元市委、市政府，剑阁县委、县政府及媒体的高度关注和评价，受到灾区干部群众的高度赞誉。四川省委书记刘奇葆多次在18省市指挥长会议上对黑龙江援建“无缝隙对接、无障碍合作”的做法给予充分肯定，要求在全省推广。中央电视台等新闻媒体对黑龙江援建工作进行了大量宣传报道。

三、澳利牵手　密切合作　共建利州新家园

2008年的“5·12”汶川特大地震，给广元市利州区带来了巨大损失，灾情位列国家确定的51个重灾县（市）区第13位。在没有被国务院列入省市对口援建的情况下，通过省委、省政府的关心和协调，澳门特别行政区给予了利州区18个项目、总金额达13.64亿元的援建。在“一国两制”的背景下，澳门与四川有着许多的不同，如制度、理念、项目实施和管理方式、资金运作等，但重要的是同胞情浓，有一个“一切为了灾区好”的共同心愿。通过省、市、区的充分协调，通过制度以及管理等方面的磨合，通过建设者的努力，澳门援建利州区的18个项目全部进展顺利，并全部竣工投入使用。澳援项目的实施以及项目实施带来的裂变效应，不仅加快了利州区的灾后重建进度，而且直接推动了利州区经济社会的全面跨越式发展。

援建项目落户利州

“5·12”汶川特大地震给广元市利州区造成了巨大损失。根据国家汶川地震灾区综合评估报告，利州区平均烈度超过7.36级，灾情位列国家确定的51个重灾县（市）区第13位。尽管利州区的灾情位列国家确定的51个重灾县（市）区第13位，但由于种种原因却未被列入《对口支援方案》中的对口援建范围。在这种情况下，怎样能让利州区的受灾群众重建家园？怎样让8万学生重返教室？怎样让大量与群众生活密切相关的基础设施尽快得到恢复？这些成为困扰利州区领导们的最大、最紧迫的问题。

“5·12”汶川特大地震震碎了美丽的四川大地，也震动了千里之外的澳门。澳门人迅速行动起来——血浓于水，同胞情深。震后第二天，澳门特区政府表示，全力支持四川抗震救灾，并拨出1.1亿元人民币赈灾款。2008年5月23日起，澳门特区政府先后派出三支共56人的医疗救援队赴川救灾，并调拨10余吨救急药品送至灾区。第一时间，澳门多家银行增设“赈灾捐款”窗口，澳门红十字会捐出250万澳门元并将价值1800万元人民币的救灾物资分批送到灾区同胞手中，澳门街坊会联合总会十几天便筹得超过300万澳门元的善款……澳门社会各界和广

“广元澳援体育中心”建设面积2.5万平方米，预计总投资2亿元。

大市民通过各种途径伸出了援手。

一笔笔爱心捐款，一支支救援力量，从澳门不断向四川汇聚……

2008年6月28日，时任澳门特区行政长官的何厚铧亲赴四川。严重灾情面前，受灾同胞积极的精神面貌令何厚铧深受感动。他表示，澳门特区政府将会在财政预算中列支专项资金，帮助灾区群众重建家园。

广元的灾情、利州区的灾情同样也牵动着省委领导的心。2008年7月3日，省委书记刘奇葆赴广元视察利州区灾情后，在与澳门的沟通中，希望澳门在援助四川灾区中将广元市利州区作为重点支援对象。7月19日，澳门援川重建正式启动，川澳两地援建相关工作全面展开。7月28日，澳门特区政府“支持四川地震灾后重建协调小组”成立，专职负责协调及跟进澳门在四川灾区的援建工作。8月1日，澳门特别行政区“支持四川地震灾后重建协调小组”开始运作。8月14日，何厚铧列席立法会答问大会时表示，特区政府计划在未来3至5年共拨款不超过50亿澳门元，用作支持四川地震灾后重建工作，澳门基金会也将预留5亿澳门元参与灾后重建。这是澳门特区政府首次运用政府财政支援内地，55亿澳门元援助款——只有50万人口的澳门同胞人均支援四川地震灾区超过1万澳门元。8月16日至17日，时任澳门特区政府社会文化司司长、澳门特区支持四川地震灾后重建协调小组主席的崔世安一行听取四川灾情介绍并实地查看灾情。8月

18日，崔世安一行与四川省政府进行了第三次商谈，就援建范围和项目初步达成共识，确定了首批援川重建涉及教育、医疗卫生、社会福利、文体设施和民居设施5个领域，金额达11.7亿元的17个项目全部落户广元利州区。后来，又增加到18个项目，金额达到13.64亿元。在首批援建的17个项目中，包括1个民居工程项目、8个基础设施项目、2个城镇体系建设项目、4个社会事业项目、2个社会福利项目。此外，援建公路总长度将达126.73千米，援建防洪堤约8千米，同时还将新建一座横跨嘉陵江的大桥。其中，首个援建项目——惠及1.4万户、援建金额3.08亿元的利州区"澳门爱心民居工程"在宣布当天即全面启动程序。

与此同时，澳门爱心人士也向利州区伸出援助之手：澳门何泉记置业有限公司捐资720万元，重建利州区儿童福利院和养老院；澳门博彩有限公司梁安琪个人和职工分别捐资84万元、81万元重建利州区八一小学和石桥小学；澳门中华总商会捐资361万元重建荣山镇二小……

"让灾区群众早日恢复过上正常生活，过上幸福快乐的生活"，成为澳门特区政府和澳门同胞共同的心声。

项目实施争分夺秒

在8月18日确定了首批援建利州区的17个项目后，项目实施工作就开始抓紧进行。10月9日，澳门援建利州"爱心民居工程"项目通过川澳两地专家评审。10月10日上午，澳门特别行政区运输工务司司长办公室顾问张国基一行前往利州区残疾人康复中心、敬老院等援建项目进行考察；下午到大石镇五四村了解"爱心民居工程"实施准备情况。10月28日，崔世安代表澳门特区政府与省政府签署援助灾后重建工作总体合作协议，并就首个援建项目——"爱心民居

澳援项目——宝轮中学

建成通车的澳援广元市利州区嘉陵江大桥

工程”签署单项目协议书，项目资金在11月初完成拨付。利州区澳门爱心民居建设项目建设地点主要在利州区宝轮镇、大石镇、三堆镇、荣山镇、赤化镇、盘龙镇、工农镇、龙潭乡、金洞乡、白朝乡等10个乡镇，建设性质主要是原址重建和异地新建，总建设工期为15个月。2008年10月29日，涉及教育卫生、社会福利等方面，捐建资金达1.5892亿元的宝轮中学、东城实验学校、城北职中、广元精神卫生中心、区敬老院和区残疾人康复中心等6个项目受到澳门和内地专家组成的评审组评审。2009年1月20日至21日，涉及道路交通、场镇建设、城镇居民供水等与广大群众生活息息相关的援建项目，包括西湾爱心水厂，宝轮污水处理厂，金洞乡场镇重建，盘龙镇场镇重建，宝轮镇城镇道路、河堤，大石镇城镇道路、河堤，广元—天台山—三堆公路，陵江—宝轮快速通道，宝珠—清河公路，利州区嘉陵江大桥共10个项目通过川澳专家评审。2009年3月3日，澳门特别行政区援建利州区的10个项目在成都举行了签字仪式，至此，澳门援建利州区灾后重建的首批17个项目全部签约。2009年3月26日，澳门何泉记建筑置业有限公司和广元市利州区人民政府正式签订捐建广元市利州区儿童福利院、养老院项目协议书。该项目是澳门民间援建利州区灾后重建的第一个项目。

澳援项目——广元市精神卫生中心新貌

2009年3月31日，规划投资2亿元的广元澳援体育中心签约暨奠基仪式在利州区雪峰街道办事处中博家园举行，时任澳门特区政府社会文化司司长的崔世安和四川省政府副秘书长薛康出席。至此，18个澳援项目全部进入具体实施阶段。

制度磨合无缝对接

援建以来，崔世安多次赴利州区了解、指导项目推进。2010年7月11日，作为澳门特区行政长官的崔世安又一次率特区政府代表团前往四川了解地震灾后重建项目，这是崔世安出任澳门特区行政长官以来首次访问四川，也是他震后第9次访川。7月12日，崔世安再次前往广元市，考察澳援嘉陵江大桥、澳援体育中心、利州区中心敬老院等援建项目。澳门同胞的关爱与呵护，让利州区在最困难的时候，感受到了无疆大爱的无限亲情。

一直参与援建项目全过程的利州区发展改革局局长郑启洪说："在遭遇全球性金融危机的冲击下，澳门特区政府援建目标不变、力度不减，而且工作进程加快，确实让人感动，也让每一个利州人真切地感受到了同胞的情谊。"

四川与澳门制度不同，在灾后重建中如何开展合作？

"两种制度下开展援建工作是个全新课题，没有现成经验可循。"分管港澳援建工作的四川省委常委、常务副省长魏宏说："建立灾后重建协调机制，是援建得以有序进行的关键。"香港、澳门特区政府"支持四川地震灾后重建协调小组"成立后，四川也成立了由省委常委、常务副省长魏宏牵头召集，省政府分管秘书长和省发展改革委、省港澳办主要负责同志为负责人，省监察厅、省教育厅、省民政厅、省财政厅、省建设厅、省林业厅、省卫生厅、省审计厅等部门负责人为成员的“港澳特区援助四川灾后重建协调机制”小组，全面统筹协调港澳特区援助四川灾后恢复重建工作，确定港澳特区参与灾后恢复重建的工作思路、基本原则、援助范围、援助方向、援助重点等重大事项，审定港澳特区援助项目，研究决策援助工作中的重大问题等。

2010年2月，张裕作为新任澳门特区政府社会文化司司长、澳门特别行政区政府支持四川地震灾后重建协调小组主席首次访问四川，在接受《四川日报》记者采访时说，援建四川灾区，澳门方面最关心的就是援助款是否“花得其所”：一是项目安全质量是否达到国家相关标准，二是项目实施过程是否合理合法，三是受灾民众是否真正受惠。

在谈到促成这场胜利的原因时，张裕说：“援建工作是个新鲜的工作，没有现成的经验可以借鉴。澳门和四川制度不同，刚开始合作的时候在项目推进和管理方面确实出现了一些分歧和问题。我认为对于双方来说，最重要的是沟通和理解。这一点上，通过建立灾后重建协调机制，双方互信互谅，真诚主动，规范和推进了项目建设，这是援建得以有序推进的关键”，“澳门和四川两地人民是同胞，血浓于水，援助是应该的。两地之所以能在不影响大局的前提下解决那么多问题，就是因为我们的目标一致，一切为灾区好。”

工程质量标准上也存有差异。比如浇筑的水泥表面通常有些不平整的小凹坑，内地的建筑规范中有一定的标准来衡量，而澳门的标准则要求几乎所有水泥表面平整光洁。

“澳门的巡视员经常都会到工地来检查和了解工作进度，特别是对于施工质量的要求，刚开始在我们看来甚至是有些苛求，我们也很不适应甚至有点怕。后来接触多了，才发现他们看起来固执其实很讲道理，很敬业、很认真。”一名澳援项目的管理人员讲了一个关于质量的故事，说的是浇筑的水泥表面上的一个小凹坑，行话把这种水泥表面的不平整称为“麻面”，是有一定标准来规范的，但是这在澳门的标准里要求就高出许多。“按照澳门的标准来追究这些细节，灾区根本达不到，而且不管是成本上还是进度上都不现实。后来经过解释和专家测评，认定‘麻面’不影响整个建筑的质量，澳方最终接受了‘麻面’的存在。”这名管理人员说，就这一个小小的凹坑当时已经惊动了特区政府和四川省政府高层。有了这次经验，他们后来就更注重施工中对小问题的管理，也更意识到沟通的重要性。

“澳门方面对于施工质量要求很严，在检查中他们一定要用锤子敲开混凝土柱子，仔细看里面钢筋大小如何、接口做得怎么样。”参加过澳门援建项目实施的人都深有感触。

澳门援建对援建资金“抠得很死”。如何确保这些民生工程的质量，如何确保援建资金用得其所、到位和有效，港澳与四川在灾后重建协调机制下进行协调。

——建立起一套比较完善的援助项目管理制度，通过实地考察、评估论证以及磋商会谈等形式，双方共同研究援助项目推进实施中的问题。

——出台了《港澳援助项目资金管理暂行办法》《港澳援助项目资金监督检查办法》《港澳援助项目审计工作方案》等一系列规范性文件，严格规范了项目的实施管理。针对设计、招标、施工、验收等各个环节，订立严谨的标准、程序和监察制度，不仅将部分项目捆绑招标，吸引较高质素和较大规模的工程单位承包工程，还由港澳方聘请独立的专业顾问公司对每个项目进行实地技术检查。

——川方协调机制吸纳工程、财物、造价、工程监理等专业人员，建立了联合督察的监管机制，严把工程质量关、施工安全关和资金使用关，及时发现并纠正存在的问题。

在澳援项目实施中，省委书记刘奇葆，省委常委、常务副省长魏宏等省领导亲自来广元检查项目、指导工作，省发改委、省港澳办等省级部门领导也多次到现场督促协调。

为了不辜负澳门同胞的深情，实现项目管理上的无缝对接，实施好每一个援建项目，切实给利州区人民群众带来实惠，广元市委、市政府以及利州区区委、区政府对于援建项目的实施给予了高度重视。

利州区政府首先结合澳门援建项目，在坚持功能恢复、民生优先，设施重建、基础优先，产业发展、生态优先的原则下，全面启动了受灾群众生活急需的家园重建项目，把惠及群众的公共设施重建项目、支撑经济社会发展的基础设施重建项目作为了重点实施项目来规划。区政府成立了澳援项目推进工作办公室，由区发改委、区港澳办为牵头部门，以乡镇、部门及业主单位为责任主体，前方牵动后方的操作方式推进项目；对凡属区内审批权限范围项目，一律实行绿色通道、零障碍制度；同时严肃项目工作纪律和制度，坚持项目工作问责制、限时办结制和责任追究制，确保施工秩序正常。

区政府第一时间迅速组织相关部门编制项目规划，并立足全区实际，充分论证，精心筛选，不断修改和完善，保证了援建工作和灾后重建的统一协调。

在项目实施过程中，利州区为确保援建项目的优质安全，还出台了六项具体措施：一是区主要领导亲自挂帅抓澳援项目推进和建设。二是自加压力，自查自纠，保障工程建设质量。三是创新安全监管机制、经费保障机制和建材特供机制。四是创新工作方法，派出两位工作能力强、懂项目的工作人员上挂省发改委项目处，及时了解、掌握澳援项目相关信息动态，及时沟通，保障了澳援项目建设信息及时畅通。五是按规范进度、时间、程序要求申报使用澳援项目建设资金，各项目业主、行政监管部门共同监督项目资金使用情况，保障项目资金安全。六是每月按时催收澳援项目建设进度情况信息，实现了澳援项目建设信息直报，保障澳援项目建设进度情况上报数据准确无误。

项目竣工惠及利州

如今，18个援建项目已全部竣工，不仅给利州人民带来了看得见的实惠，而且更重要的是，这些项目的竣工使用对于推动利州区乃至广元今后的发展，切实改善民生，也将起到不可估量的作用。

2009年6月，澳门援建的城镇基础设施重点项目——总投资2273万元的宝轮镇清江大道竣工通车。

惠及1.4万农户、总援建金额3.08亿元的爱心民居工程，仅用16个月全面完工，全部农户已于2009年底搬进新居。

2010年1月，由澳门何泉记建筑置业有限公司捐建的广元市利州区儿童福利院、养老院竣工并正式投入使用。该项目的建成使用，实现了广元市区先进设备养老院和儿童福利院零的突破，开创了广元市区社会福利事业发展的新局面。

2010年8月，总投资近1.5亿元的澳门援建嘉陵江大桥、西滨道二段提前5个月竣工通车。

2010年11月，澳门特别行政区援建的爱心民居工程、市精神卫生中心、宝轮中学、利州区中心敬老院、利州区残疾人康复中心等5个项目集中竣工。

2010年11月，澳门援建的利州区陵江至宝轮快速通道竣工通车。

到2012年3月，澳门援建利州区的最后项目（除澳援体育中心）竣工并投入使用。

澳援项目的实施，不但加快了利州区的灾后重建进度，而且让全区学会与国际惯例接轨，实施澳援项目带来的裂变效应，直接推动了利州区经济社会的全面大发展。把推进澳援项目与科学发展结合起来，加快奋进步伐，就是对澳门同胞最好的感恩。

四、同胞情深　八方相助　项目援建汇广元

宜宾、泸州、自贡、攀枝花市对广元的援建

发扬“自力更生、艰苦奋斗”的精神，开展省内对口支援，四川省提早谋划。2008年6月5日，省委书记、省人大常委会主任、省“5·12”抗震救灾指挥部指挥长刘奇葆在九届省委第三十九次常委会议上专门就省内对口支援作出部署，要求在“省内也要开展对口支援工作”。6月16日下午，省长蒋巨峰又主持省政府常务会议，对对口支援工作进行了研究并敲定了省内对口支援实施意见。

2008年6月17日，汶川大地震灾后恢复重建省内支援工作会议在成都召开。在这次会上，体现“无灾区帮有灾区、轻灾区帮重灾区、一个市（州）帮一个重灾乡（镇）”原则的省内对口支援机制正式确立。省政府决定：全省21个市（州）中除了6个重灾市（州）和巴中市、甘孜州外，其余13个市（州）分别对口支援13个重灾县（区）中的一个重灾乡镇；成都市在本市范围内开展对口支援工作。四川省“5·12”抗震救灾指挥部为此设立了灾后恢复重建对口支援组。

按照《省内对口支援实施意见》的安排和双方的具体协商，宜宾对口支援广元市朝天区羊

木镇，泸州支援元坝区昭化镇，自贡支援苍溪县三川镇，攀枝花支援旺苍县五权镇。为此，广元市四县三区的灾后重建全部获得了对口支援。省内对口支援期限为三年，主要任务包括对口支援住房安置、对口支医、对口支教、对口支援恢复生产和灾后重建物资。由于布局上省外、省内不交叉，对口支援覆盖了“5·12”汶川特大地震四川受损严重的所有区域，同时省内外援建期限和形式的统一可以确保各灾区的灾后重建齐头并进。

省外、省内对口支援的相继部署，吹响了全面开展灾后重建的集结号。各援建市资金到位迅速，措施得力。援建干部与灾区干部群众同甘共苦，协力奋进。截至2011年底，省内四市对广元对口援建项目已全部竣工。随着时间的推移，广元与援建四市的合作将会继续深入。大援建让灾区人民和援建者炼出生命的可贵，炼出深厚的友谊，炼出智慧和精神。“吃菌子不忘疙瘩恩”，广元人民世世代代永远铭记着这一切！

其他援建项目

香港特别行政区援助广元灾后重建项目。香港特别行政区援助广元灾后重建项目有12个，总投资37872万元，12个项目分别落户苍溪县、旺苍县、剑阁县、元坝区、朝天区等三县二区，援建项目涉及教育、卫生、社会福利等类别。具体包括：苍溪中学原址重建、维修加固，援助总投资6523万元；旺苍县人民医院原址重建，援助总投资5545万元；朝天区中医院异址重建，援助总投资2378万元；元坝区人民医院新建，援助总投资2424万元；旺苍县社会福利综合服务中心重建，援助总投资2974万元；元坝区社会福利综合服务中心重建，援助总投资2989万元；朝天区社会福利综合服务中心重建，援助总投资2998万元；剑阁县残疾人康复中心重建，援助总投资1200万元。

中国海洋石油总公司（简称“中海油”）援建广元市灾后重建项目。中海油援建广元市第一人民医院外科大楼，是四川震区灾后重建项目中最大的单位医疗项目，项目总建筑面积26567平方米，总投资概算8758.02万元。地上12层，地下1层，建筑高度为45.7米；设计大、中、小标准手术室14间，床位数401张。中海油还援建广元中学学生食堂、教学综合楼项目。2011年7月，中海油援建项目全部投入使用。

“特殊党费”援建项目。“5·12”汶川特大地震灾害发生后，全国4500多万名共产党员交纳“特殊党费”97.3亿元支持灾区灾后恢复重建，分配到广元市10.69亿元。“特殊党费”资金主要用于四个方面：一是帮助每个极重灾区（市、区）重建中学、小学各一所，帮助重灾县（市、区）重建一所中学或一所小学；二是帮助受灾县（市、区）房屋倒损农户援建住房等民生项目；三是帮助极重灾县（市、区）、重灾县（市、区）重建和修复因灾受损的村级组织活动场所、农村党员干部现代远程教育接收站等设施；四是为在这次抗震救灾中因公牺牲人员家属发放慰问金。

红十字会援建项目。项目主要为“博爱新居”“博爱中（小）学”“红十字博爱卫生院”。2010年5月17日，红十字会援建广元的397个灾后重建项目集中竣工交付使用，总投资2.27亿元，由中国红十字会总会、中国红十字基金会、台湾红十字组织和上百家企业、个人捐资援建。

残疾人康复及服务基础设施援建项目。为使地震伤员得到及时康复和为广元残疾人提供永久性服务，香港、澳门特别行政区和浙江、黑龙江省投入8700多万元在我市7个县区分别建起标准化的残疾人康复中心和综合服务设施。苍溪县残疾人康复中心由香港投资1192万元援建；旺苍县残疾人康复中心由香港投资1192万元援建；朝天区残疾人康复中心由香港投资1056万元援建；元坝区残疾人康复中心与民政项目捆绑建设，全部由香港援建；利州区残疾人康复中心由澳门投资1000万元援建；青川县残疾人康复中心由浙江省对口援建资金1100万元建设；剑阁县残疾人综合服务设施由黑龙江省援建，投资380万元。北京大学捐资100万元，为我市168名残疾人免费安装假肢。香港李嘉诚基金会支援市残疾人康复中心假肢装配站的恢复重建。香港复康会捐资100多万元，为地震伤残人员免费实施二次手术。汉堡德中友协捐赠25万余元在剑阁广坪乡小学修建了“德中爱心食堂”。广元市残疾人和残联共收到来自全国各地捐赠的轮椅、康复器材、救灾物品等价值上千万元，这些物资帮助广元残疾人渡过了难关。

大学生自愿服务西部计划。2008年，团市委积极争取 “大学生志愿服务西部计划”在我市的引进力度，积极争取全国、全省项目，目前该项目已全部覆盖到全市7个县区。志愿者们绝大多数被分配到受灾严重的乡镇、抗震救灾事务繁忙的岗位，都担任了乡镇、村（社区）、学校、部门的团委（支部）副书记，成了抗震救灾重建家园的重要生力军。他们服务在全市各乡镇、机关、企事业单位，为广元经济建设作出了积极贡献。

大力实施全国工会灾后重建就业帮扶爱心行动，成功举办广元大型招聘会。

积极开展困难职工生活救助、就业援助、医疗救助、金秋助学等帮扶行动。

工会组织对广元受灾职工帮扶项目。上级工会和社会各界对广元“5·12”特大地震中受灾职工给予了不同形式的帮扶，广元市总工会第一时间将各地捐赠的资金和物资发放到受灾职工群众手中。大力实施困难帮扶、就业援助、生活救助、医疗救助、金秋助学等工会惠民活动，累计筹集帮扶资金1100万元，救助受灾困难职工群众15200人，先后培训下岗职工和农民工5300人次，帮助4700名困难职工和失业人员实现了再就业。发放金秋助学资金700余万元，资助贫困大学生5100名。广元市加快市县工会灾后恢复重建，全市共有13个项目纳入四川省工会系统灾后重建规划，全国总工会、四川省总工会和对口援建省市工会捐赠资金5300余万元，新建市、县（区）总工会职工服务中心6个，维修加固市县工会活动阵地4个，援建朝天区二中等3所学校。

三年来，全市757个对口援建项目已全部完工，到位对口援建资金103亿元。其中浙江省援建项目547个，到位援建资金86.5亿元；黑龙江省援建项目146个，到位援建资金15.5亿元；宜宾市援建项目20个，到位援建资金5396万元；泸州市援建项目25个，到位援建资金3662万元；自贡市援建项目14个，到位援建资金1526万元；攀枝花市援建项目5个，到位援建资金2000万元。灾后对口援建的主要任务已经完成，灾区经济社会发展水平和群众基本生产生活条件明显超过了灾前水平，实现了一个大的跨越。

下篇

乘势发力促跨越

近年来，围绕加快建设灾后美好新家园、加快建设西部经济发展高地，省委、省政府就增强发展能力，转变发展方式，提高开发开放水平，保障改善民生，加强体制、机制创新，加大资金投入力度等方面作出了许多重大战略部署，努力把四川建设成为现代产业发展的重要集聚区、统筹城乡改革发展的示范区、生态文明建设的先行区。广元市委、市政府坚决贯彻省委、省政府的战略部署，围绕建设川陕甘结合部经济、文化、生态强市的奋斗目标，紧紧抓住国家深入实施新一轮西部大开发、汶川地震灾区发展振兴和秦巴山区连片扶贫开发的战略机遇期，加强基础设施建设，着力提升发展保障能力；积极调整产业结构，加快转变经济发展方式；大力实施民生工程，促进社会和谐稳定；切实保护好生态环境，努力推进低碳发展；加快社会事业发展，不断提高基本公共服务能力和水平；深化改革开放，构建有利于科学发展的体制机制，推动经济社会各项事业的全面发展。

| 第一章 |

“三个强市”启新程

三年崛起危难、砥砺前行，我们不仅完成了重建任务，而且实现了跨越发展，超进度完成市委五届九次全会提出的“一年基本恢复、三年重建家园、五年实现跨越”目标任务，灾区面貌发生脱胎换骨的历史性巨变。现在最漂亮的是民居，最安全的是学校，最现代的是医院，最宽敞的是道路，最舒畅的是民心，生产生活条件和经济社会发展水平超过震前水平。广元科学重建、低碳发展的实践，创造了抗灾重建的伟大奇迹，书写了从废墟到新生、从悲壮到豪迈、从原地起立到发展起跳的恢宏篇章，同四川地震灾区人民一起创造了令国人惊叹、世界震惊的人间奇迹。遭受世所罕见的巨大灾难，广元人民挺起脊梁，化危为机，画出了一条“提速加快—高位求进—跨越发展”的坚强曲线。重建后的广元山川依然美丽、人民更加幸福、社会和谐稳定，焕发出前所未有的璀璨光芒。

——摘自中共广元市委书记罗强《在市委六届四次全会第一次全体会议上的讲话》

灾后重建全面完成后，没有了中央的特殊政策和专项资金的支持，没有了对口援建，作为后发地区的广元如何保持持续快速发展的良好态势？早在重建中期，广元市委市政府就已开始思考谋划这样一个紧迫且重大的问题。

2010年1月19日，中共广元市委五届十二次全会提出，广元正处于灾后重建决胜期、经济发展关键期、发展动能积蓄期，随着成渝经济区和“关中—天水经济区”的规划和建设，处于两区之间的广元既面临难得的机遇，又面临更大的挑战。全市上下要立足当前、着眼长远，奋力把广元建成川陕甘三省结合部经济文化生态强市。要坚持“五个一”基本思路，即坚持加快发展、科学发展、又好又快发展“一个总体取向”，坚持统筹城乡发展“一个发展方略”，坚持深入实施资源转化战略“一个发展战略”，坚持低碳发展“一个发展路径”，坚持突出工业主导“一个发展主导”；要突出发展重点，夯实发展基础。着力建设连接西南西北、通江达海的综合交通枢纽，建设辐射川陕甘三省结合部商贸物流旅游中心，建设能源、金属、农副产品

广元全景图

加工、建材、电子机械、旅游、职教“七大板块经济”，不断提升广元持续发展能力。

2010年1月30日，在省十一届人大三次会议上，省人大代表、广元市委书记罗强表示，在灾后重建决胜之年和“十二五”规划奠基之年的2010年，广元要瞄准建设川陕甘三省结合部经济文化生态强市的奋斗目标，突出建设连接西南西北、通江达海的综合交通枢纽和辐射川陕甘三省的商贸物流旅游中心，向全省人民描述了广元立足现实、着眼长远，科学发展、加快发展的美好前景。

2010年9月，广元出台了《广元市地震灾后发展振兴规划》。该《规划》立足以增强灾区可持续发展能力为核心，以改善灾区民生为根本，以产业振兴发展为支撑，就全市七大产业发展、就业促进、生态环境建设与保护、公共服务和社会管理等事关灾区经济振兴、社会发展和民生福祉的重点工作作了安排部署，创新性提出了一系列支持政策和保障措施，为巩固灾后恢复重建成果、改善灾区发展条件、建成美好新家园提供了新动力。

2011年4月，中共广元市第六次党代会认真分析了灾后重建时期广元面临的困难和机遇，明确提出，广元作为革命老区、连片贫困地区和地震重灾区，发展不足、发展滞后仍然是本市面临的最大问题。城乡二元结构矛盾突出，统筹城乡发展的任务仍很艰巨，制约科学发展的体制机制障碍仍然较多；产业发展总体水平不高，创新能力不强，做大做强需要突破的瓶颈还较多；城乡居民收入不高，边远山区和部分地震受灾群众脱贫致富困难多、难度大，脱贫解困和

保持城乡居民收入持续快速增长的任务依然繁重；企业改革、征地拆迁等改革发展中的问题尚未完全妥善解决，维护社会稳定的任务依然艰巨。未来五年，是全面建设小康社会的关键时期，是推进广元跨越发展、科学发展的重要战略机遇期。纵观全局，总体对广元发展有利的因素很多。广元地处成渝、关中—天水两大经济区的重要连接带，随着区位条件逐步改善，广元发展的优势将日渐凸显；新一轮西部大开发战略全面启动，《汶川地震灾后发展振兴规划》和《秦巴山区连片扶贫开发规划》即将实施，广元发展面临大好机遇。全市上下务必始终保持蓬勃朝气、昂扬锐气、浩然正气，抢抓机遇，加快发展。

思想决定思路，思路决定出路。有了这样清醒而深刻的思想认识，这次会议对广元未来五年经济社会的发展方略进行了系统而深入的讨论、全面而准确的定位，为全市人民描绘了一幅激动人心、催人奋进的美好发展蓝图。

未来五年，全市经济社会发展的总体目标是：基本建成川陕甘结合部经济文化生态强市。经济总量实现新突破，经济结构不断优化，经济发展更加协调可持续；文化核心竞争力不断增强，文化事业更加繁荣；生态体系不断完善，生态环境更加优良。

——经济发展实现“五个翻番”。地区生产总值达到650亿元以上，工业增加值达到300亿元以上，地方财政一般预算收入达到33亿元以上，社会消费品零售总额达到280亿元以上，固定资产投资累计超过2500亿元，均比“十一五”时期翻一番。

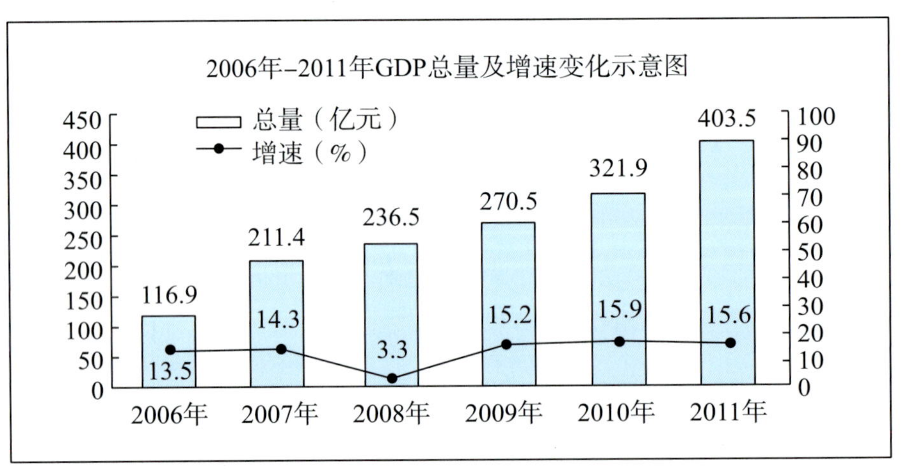
2006年-2011年GDP总量及增速变化示意图
总量（亿元）
增速（%）
116.9
211.4
236.5
270.5
321.9
403.5
13.5
14.3
3.3
15.2
15.9
15.6
2006年
2007年
2008年
2009年
2010年
2011年

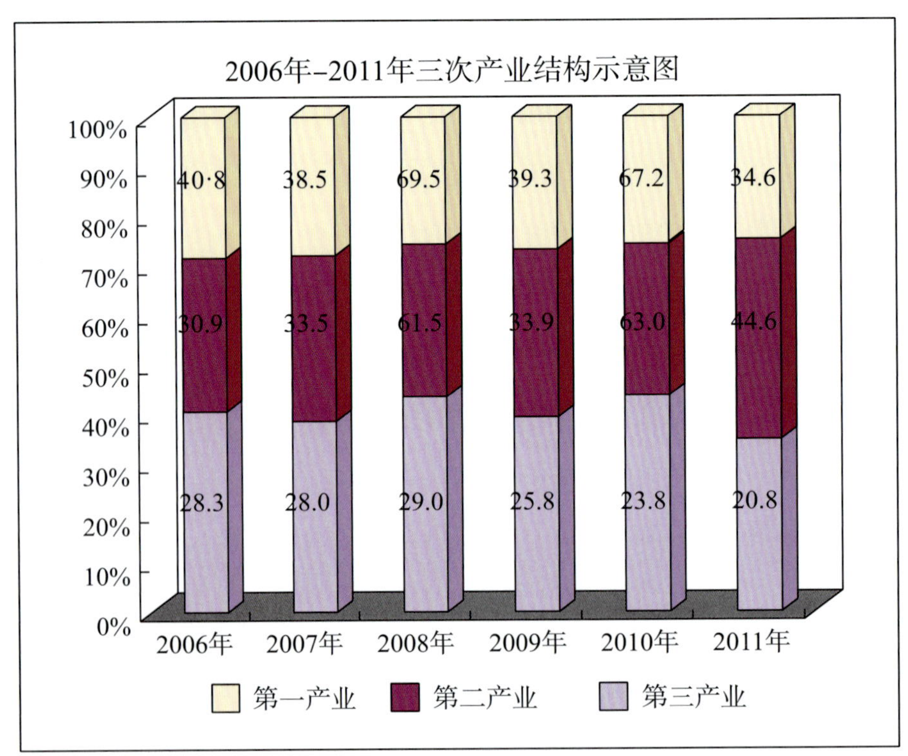
2006年-2011年三次产业结构示意图
40·8
38.5
69.5
39.3
67.2
34.6
30.9
33.5
61.5
33.9
63.0
44.6
28.3
28.0
29.0
25.8
23.8
20.8
2006年
2007年
2008年
2009年
2010年
2011年
第一产业
第二产业
第三产业

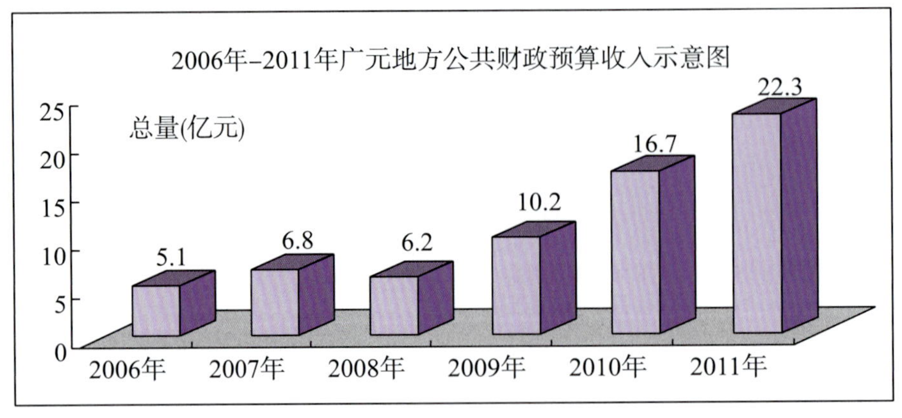
2006年-2011年广元地方公共财政预算收入示意图
总量(亿元)
5.1
6.8
6.2
10.2
16.7
22.3
2006年
2007年
2008年
2009年
2010年
2011年

——基本建成“一枢纽三中心”。加快建设铁路、高速公路、干线公路、水运和航空“五位一体”的交通体系，形成连接西南西北、通江达海的综合交通枢纽。着力构建现代物流服务体系，加速形成业态多样、功能齐备的区域性商贸物流中心；着力培育旅游精品景区和线路，基本形成区域性游客集散中心；基本建成水电、火电、天然气兼备的区域性能源供给中心。

——基本建成大城市和中国西部低碳发展示范城市。加快推进新型城镇化，把中心城区建成人口超过50万的大城市。深化低碳理念，发展低碳产业，倡导低碳生活，争创中国西部低碳发展示范城市，并努力创建国家卫生城市、国家森林城市、国家园林城市和国家历史文化名城等城市品牌。

——社会更加稳定和谐。社会与经济协调发展，努力实现城乡居民收入增长与经济发展同步。城乡基本公共服务体系逐步完善，全民受教育程度稳步提升，基本建成覆盖城乡的公共文化体系，社会事业全面进步，全市人民群众的思想素质、科学文化素质和健康素质不断提高，幸福感不断提升，人民生活更加美好。

“建设川陕甘结合部经济文化生态强市”这一宏伟目标，从此成为了全市党员干部和人民群众的精神追求与行动指南，强劲吹响了广元灾区发展振兴的号角。

2011年5月24日，广元市六届人大一次会议审议通过了《广元市国民经济和社会发展第十二个五年规划纲要》，将市第六次党代会绘制的发展蓝图进行分解、细化，落实到了重点工程、产业发展、民生事业的各个领域、各个层面、各个环节，为广元借势重建、高位求进、加快发展、奋力崛起注入了强心剂。

| 第二章 |

经济发展“加速度”

自广元建市以来，GDP总量突破50亿元用了8年时间，从50亿元到100亿元用了10年时间，从100亿元到200亿元用了4年时间，从200亿元到300亿元用了3年时间，而从300亿元到400亿元仅用了1年时间。2011年，全市生产总值实现403.54亿元，在2007年的基础上翻了一番，增长15.6%，增速居全省第4；地方公共财政收入22.77亿元，是2007年的3.4倍，增长36.1%，增速居全省第7；全社会投资500.37亿元，是2007年的4倍，比建市以来前21年的总量还多50亿元；社会消费品零售总额166.7亿元，增长17.3%；城镇居民可支配收入14635元，增长17%，增速居全省第2；农民人均纯收入4895元，增长21.3%，增速居全省第3。重建后的广元经济实现了“原地起立”到“发展起跳”的历史跨越，完成了凤凰涅槃、浴火重生的伟大历程。

一、工业经济强劲增长

如何抓住灾后重建机遇，调整经济结构，转变发展方式，提升发展质量，使广元经济驶入发展的快车道？广元坚持走新型工业化道路，坚持低碳发展，大力实施资源转化战略和工业强市战略，紧紧扭住“产业整合、项目攻坚、企业培育和园区建设”四大重点，砥砺奋进，克难前行，工业经济在2008年恢复性增长的基础上，2009年、2010年、2011年分别实现“工业超农业”、“二产超三产”和“工业超三产”的历史性跨越，三次产业比重由2007年的38.5∶33.5∶28.0调整为2011年的34.6∶44.6∶20.8。工业在国民经济中的主导地位真正确立，对全市经济的核心支撑作用明显。

总量快速扩张。2011年全市全部工业增加值达到155.79亿元，是2007年55.52亿元的2.8倍，年均增长29.43%；规模以上工业增加值达到138.7亿元，是2007年41.62亿元的3.3倍，年均增长34.78%；工业增加值占全市生产总值的比重达到38.6%，比2007年的26.6%提高12个百分点；工业对经济增长贡献率由2007年的43.2%提升到2011年的61.5%，年均提高4.57个百分点。

增速高位求进。2007年全市全部工业增速和规模以上工业增速均列全省倒数。2011年，规模以上工业累计增速达到30.4%，连续12个月保持市州第1位，增速比全省平均水平高8.1个百分点，比全国平均水平高16.5个百分点；全部工业比上年增长29.40%，增速位居全省第2位。

效益大幅提高。2011年，全市规模以上工业实现主营业收入455.88亿元，是2007年133.17亿元的3.42倍；实现利润总额22.97亿元，是2007年5.8亿元的3.96倍；实现利税总额35.14亿元，是2007年10.84亿元的3.24倍，比上年增长56.44%。资产负债率、流动资产周转率、产品销售率、企业亏损面等指标均好于全省平均水平。

投资强劲增长。坚持"大抓项目，抓大项目"，严格落实重大项目"一位联挂领导、一个责任单位、一套工作制度、一笔工作经费"的"四个一"推进机制，能士智能港、晶都新能源、五神娃太阳能热水器、雨润肉制品加工、元泰达泡沫铝、海螺水泥、海螺水泥编织袋、攀成钢焦化、领航科技球墨铸管、广元长虹电子科技整机、长虹欣锐电源、中钢川炭石墨电极（一期）、高力水泥、广旺剑阁水泥、匡山水泥、升达林业等一批亿元项目按期竣工投产；军工电子塔山湾军民结合产业园、"气化广元"、081工业园、大通焊割气体、豪运药业、中哲新材料、他山石焦化配煤等一批亿元项目加紧建设；四川和美易通投资公司天然气加工、四川格兰德科技公司智能电力产业园等一批亿元项目开工建设；中石化天然气净化厂、攀成钢焦化（二期）、中纺60万吨油脂加工及物流、中铝821厂电解铝生产线异地技改、大唐集团2×100万千瓦路口电厂、旺苍2×30万千瓦劣质煤坑口电站等一批重大工业项目前期工作顺利推进。2008—2011年全市完成工业总投资361.46亿元，占同期全市全社会固定资产投资1589.79亿元的22.73%，其中技改投资229.89亿元。2011年，全市完成工业总投资129.3亿元，同比增长29.2%，其中技改投资78.5亿元，比2003—2007年5年间技改投资总和59.63亿元还多18.87亿元，是2007年19.2亿元的4.09倍。2011年，工业投资对全市固定资产投资增长的贡献率达到111%；招商引资工业项目282个，总投资217.3亿元。"十二五"期间，我市已储备工业项目310个，计划总投资1113亿元，其中固定资产投资926亿元，工业投资仍然保持逐年递增的态势。

企业培育明显。坚持大中小并举，着力扶持重点企业发展。认真落实扶持重点企业的政策措施，采取领导挂联企业、定期分析研究、倾斜要素配置、协调解决具体问题、推动联合重组等措施，扶持重点企业不断提高企业规模和实力。坚持"三个一批"分类培育办法，认真抓好100户优势骨干企业、重点培育企业和成长型企业的发展。大力实施工业品牌战略，指导企业文化建设和管理创新。积极推动长虹电子集团和081电子集团、科创集团和中方制药、亿明科技与豪运集团、中国建材与川煤广旺水泥等企业的战略重组，推动企业改革创新。坚持以企业创新能力建设和科技成果转化为重点，不断提高企业技术创新能力和提升企业核心竞争力。目前，全市已建成081电子集团、广旺集团、长虹欣锐、海天实业、飞亚新材料等5户省级企业技术中心。加快推进广运集团、海天实业、飞亚新材料、川煤广旺水泥等企业上市培育工作。"十一五"期间我市累计申请专利854件，其中2011年申请专利335件，同比增长31.4%。2011

占地388亩、总投资11亿元的四川电子军工集团塔山湾工业园区。

年末，全市规模以上工业企业总数达301户，比2007年增加83户；产值过亿元工业企业108户，是2007年31户的3.48倍，实现总产值372.84亿元，是2007年92.5亿元的4.03倍。

当前，广元正在奋力加快建设川陕甘结合部经济文化生态强市步伐，工业作为经济发展的主力军，将以良好的发展态势和优异的成绩提供强有力的产业支撑。按照《广元市“十二五”工业经济发展规划》，到2015年，基本建成川东北天然气综合利用基地、国家先进电子产品及配套材料高新技术产业化基地、国家军民结合新型工业化产业示范基地、四川重要的优势特色农产品加工基地和四川重要的新型能源和建材基地。

——工业总量目标。到2015年，全市工业总产值达到1200亿元以上，年均增长30%以上；工业增加值达到300亿元以上，年均增长25%以上，工业增加值占全市地区生产总值的比重达到45%以上，全面确立工业主导地位。

——产业培育目标。能源化工、金属、农副产品加工、电子机械、建材等五大工业板块规模进一步扩大，实现工业总产值1000亿元以上，占全部工业的比重达到80%以上。战略性新兴产业得到较快发展，对产业结构升级的推动作用显著增强，总产值占全部工业的比重力争达到

12%左右。

——企业培育目标。加快培育一批主业突出、结构合理、竞争力强的大企业大集团。到2015年，力争规模以上工业企业总户数达到500户，其中年主营业务收入超50亿元企业3户、20亿元企业7户、10亿元企业30户、亿元企业150户；力争培育上市公司2户。

——工业投资目标。实施一批投资规模大、科技含量高、带动能力强的重大工业项目。“十二五”期间，工业固定资产投资累计达到800亿元，其中技术改造投资累计突破480亿元。

——自主创新目标。力争建成国家级企业技术中心2个，省级企业技术中心10个；培育中国名牌产品或中国驰名商标3个，国家地理标志保护产品6个，四川名牌产品和省著名商标30个。

——园区发展目标。到2015年，力争全市产业园区工业总产值达到900亿元以上，力争突破1000亿元，占全部工业的比重达到75%以上。力争把广元经济开发区建成国家级经济技术开发区，把旺苍、苍溪、剑阁3个扩权强县工业集中区建成省级开发区。

回龙河工业园区

二、“四园驱动”推进城乡统筹发展

广元地处山区，发展基础薄弱，工业化程度低，城市发展相对滞后，以工哺农、以城带乡的能力不强。2007年7月，四川省将广元确定为全省三个统筹城乡综合配套改革试点市之一，赋予该市探索贫困山区城乡统筹发展途径的任务。四年多来，广元立足市情实际，抢抓试点机遇，大力探索与实践，初步形成了实施“四园驱动”战略推进山区城乡统筹发展的路子，促进了全市经济社会快速协调发展。

着力打破二元结构、有效解决“三农”问题，统筹城乡发展的基本思路初步形成

“四园驱动”是核心抓手。按照新型工业化、城镇化和农业现代化“三化”联动的要求，围绕加快资源转化、培育支柱产业，推进优势企业向园区集中的现代工业园，构建加快发展、以工带农的强大引擎；以特色农业产业化经营为方向，建设土地向大户业主集中、项目资金向园区集中、农产品向龙头企业集中、传统农民向产业化工人转变的特色农业产业园，打造带动农村和农业加快发展的龙头和直接载体；依托丰富的特色文化旅游资源建设生态文化旅游园，不断拓展统筹城乡发展的空间；依托职教资源优势，建设新型职业教育园，提供城乡统筹发展的人才支持，为农民身份转变搭建智慧平台。通过“四园”建设，形成以园为极、连极成轴、以园带片的发展格局，驱动城乡统筹发展。

“四个转变”是发展过程。“四园驱动”促进城乡统筹发展，具体是通过促进“四个转变”

去贯穿统筹城乡发展的全过程。推进农村土地经营模式转变。按照“四园”建设规模化用地要求，推进农民一家一户分散的土地向规模化经营转变。推进农民身份转变。建设现代工业园区可将农民就近直接吸引到工厂变为企业工人，建设生态文化旅游园区后可促进农民就地在园区变成季节性用工，建设生态文化旅游园区能够吸收农民就地从事旅游服务业工作，从而促进农民身份逐步转变。推进农村生活条件转变。通过“四园”建设，园区内及周边农村的水、电、路、气等基础条件和学校、医院、服务站等社会公共服务设施快速改善；建成园区直接辐射和带动周边生态小康新村建设，使农民生活条件与城市居民差距明显缩小。推进农民生活方式转变。“四园”建设深刻影响农民的生活方式发生极大转变，新农村小区普遍建有卫生室、文化室、广播室、便民超市等配套设施建设，使农民逐渐像城里人一样生活。

“五个统筹”是基本要求。统筹城乡规划，建立城乡统筹、相互衔接、全面覆盖的“全域广元”规划体系，引领城乡统筹发展。统筹城乡公共资源配置，初步建成城乡统筹、乡村连接一体的交通体系、基础设施保障体系和公共服务体系，推进城乡公共服务渐趋均等化。统筹社会保障，逐步建立健全新型农村合作医疗、农民养老保险、农村居民最低生活保障等制度，逐步实现城乡社会保障制度统筹并轨。统筹城乡社会管理，逐步建立统一的城乡户籍管理制度，加快形成城乡贯通一体的行政和社会事业管理体制，保障城乡和谐有序发展。统筹生态建设，坚持低碳发展路径，努力建设城乡生态一体、低碳宜居的美好新广元。

立足市情，注重实效，统筹城乡发展突出了“四个坚持”的主要做法

坚持工作从局部突破。抓住统筹城乡发展中的关键点，先易后难，局部突破。着力在农村土地流转促进集约经营上突破。积极探索委托流转、转包、转租、转让、互换、入股等方式，引导农村土地向业主大户集中，对核心园区土地实行统征或统租，吸引农民土地入股，推动农村土地向“四园”集中。仅全市已建成的31个特色农业产业园区的核心区面积即达30.5万亩，带动周边90余万亩土地发展特色农业产业。着力在推进山区林业综合开发上突破。坚持“既要绿水青山，也要金山银山”的理念，以发展现代林业为方向，加快林业结构调整和林业集约开发，全市共组建林业产业化专业合作组织5910家，建成林产品加工企业21家，实现林业总产值50亿元，山区群众人均从林业上获益758元，“三集中一转变”的山区林业综合开发“广元模式”在中国西部推广。着力在推进农村金融组织创新、破解农村发展融资难上突破。发展小额贷款公司4家，新成立村镇银行和农村资金互助社5家，发展市县融资担保公司6家，建立贫困村扶贫资金项目互助社180个，农村创新金融组织融资能力不断增强。积极争取国有商业金融机构的涉农信贷，三年来支农贷款比改革前增长近3倍。着力在建立完善农村社会保障制度上突破。针对农民在建设“四园”中土地统征统租或流转到大户后的社会保障难题，全市下决心积极探索建立农民养老、医疗保险、贫困救济以及就业、特困救助等社会保障制度创新，切实解决农民后顾之忧。

坚持星火燎原式推进。在统筹城乡发展中，广元立足山区区情特征，坚持以市城区为核、以县城周边和平坝地区为点、以东西与南北交通动脉为轴合理布局“四园”，点轴互连，依次推进。各地根据自身财力和发展基础，按照总体规划布局，一年重点推进一批园区建设，几年集合形成城乡统筹发展片，从而形成统筹城乡发展的星星之火逐步燎原的格局。充分发挥园区的集聚辐射效益，以园带片，从而带动周边农村产业、基础设施、公共事业统筹发展，一园带一片，多园形成面，经过数年努力就可达到全域城乡统筹与均衡发展的目的。

坚持从改革行政管理体制入手。为切实加快统筹城乡发展的进程，广元坚持从改革行政体制入手，着力解决城乡统筹发展中的体制性障碍。改革城乡规划管理体制。建立城乡统一的规划管理体制，全市投入8600多万元编制城乡统筹发展、城乡基础设施建设、城乡生产力布局与产业发展、全市土地利用等全域总体规划和全域新农村建设规划，切实解决规划中多年来形成的重城市、轻农村和城乡分割的问题，引领城乡统筹科学发展水平明显提高。改革行政管理体制。将过去城乡规划与建管分割的林业与园林绿化、水务、城乡市政管理、环境卫生、城乡公共交通等10多个领域的部门职能进行全面整合与职能延伸，新组建了林业和园林管理、水务、城市综合管理执法职能部门，城乡一体化管理格局基本形成。创新社会管理制度，尤其是社会管理资源与工作重点向农村、基层倾斜，在全市创新村（居）务监督管理、治安联防、扶贫济困制度，构建与城乡统筹发展相适应的基层民主治理等各方面管理模式，全市文明村组覆盖面比改革前提高1.7倍，农村犯罪率大幅下降，全市成功创建全国首个“无毒害市”，维稳、综治工作连续三年考评名列全省前列。

坚持厅市合作上下联动。在统筹城乡发展中，面对政策创新难题，广元主动寻求省级有关部门的指导与支持，逐步形成了良好的厅市合作、上下联动的改革合力。在统筹城乡综合配套改革中，广元先后与省林业、劳动、科技等6个部门形成了厅市合作机制，共同破解改革难题，加大对广元的项目支持，有力地推进了相关行业统筹城乡发展综合配套改革。如与省林业厅合作，共同推进“6+3”特色林产业迅猛发展，工业原料林、森林蔬菜和优质核桃基地每年以10万亩的速度增长，全市森林覆盖率达到53.2%；与省人力资源和社会保障厅合作，率先在该市苍溪县开展统筹城乡劳动保障制度试点，改革经验在全省推广；与省科技厅合作，大力度推动该市低碳发展，共同推进广元市先后荣获“中国十大低碳贡献城市”和全国首批“低碳发展突出贡献城市”称号。与此同时，“九广合作”、市校合作深入推进，厅市合作、上下联动，有力保障和促进了广元城乡统筹发展。

四年多的山区统筹城乡发展试点，取得了阶段性成效，初步显现出五大变化

“三化”联动引领经济快速增长，统筹城乡发展带动力明显增强。近三年，全市工业园区新开发面积45.5平方千米，建设新材料、新能源、电子信息、生物医药等特色产业园区13个，承接产业转移项目473个，其中亿元以上项目156个，招商引资到位市外资金236.8亿元，全市工业增加值增长1.97倍，工业园区亿元以上企业数增加168%，广元军民融合高新技术产业化基地等3个园区获批全省首批“特色高新技术产业化基地”称号。全市农业产业园区发展如雨后春笋，带动16.3万农民脱贫致富，农民纯收入四年增长8 3%，以苍溪猕猴桃、青川黑木耳等为主的“广元七绝”特色农产品规模化生产能力大幅度提升，吸引农产品加工与营销入园企业110家，2010年实现产值32亿元，园区覆盖的农户年人均纯收入平均增长2700元以上。建成市级以上生态文化旅游园区36个，其中建成国家AAAA级景区8个，数量跃居全省第2，2011年全市接待游客总数突破1500万人次，带动农村大量劳动力转移到景区服务。职业教育快速发展，目前已拥有高等职业技术学院1所、中等职业学校24所，职业教育园区在校生规模超过7万人，近三年培养毕业职教生6.5万人，培训农民工30.5万人，全市输出劳务241.9万人次，实现劳务收入145.2亿元。在“四园”的强力驱动下，全市新型工业化、城镇化和农业现代化“三化”联动，拉动全市经济快速增长。全市工业化率由2007年的26.6%提高到2011年的38.6%，城镇化率由2007年底的20.1%提高到2011年的34.66%，全市带动城乡统筹发展的能力明显提升。四年间全市财政对“三农”投入年均增长40%以上。

农村基础设施极大改善，城乡公共服务设施差距明显缩小。坚持基础设施和社会事业项目向农村倾斜，紧紧抓住灾后重建机遇，推动农村基础条件大提升、大改善。全市新建和改造农村公路7884千米，92%的乡镇和50%的村通水泥路或油路，建成农村客运站174个，城乡互通、方便快捷的公路交通网络基本形成。建成各类水利工程4.8万处，自来水入户率达66%，农村群众饮水更加安全方便。全面完成农村用电“户户通”工程，城乡实现同网同价。农村电话入户率超过90%。实施公共服务设施项目3450个，1200多座学校、医院、福利院等拔地而起，所有乡镇建有卫生院，所有村建有卫生站，80%的乡镇（街道）建有文化站，40%以上的村和社区建有文化室。通过灾后重建和统筹城乡发展改革试点，全市农村基础设施建设水平和公共服务水平前进了15至20年，越来越多的农民过上了跟城里人一样的生活。

城乡资源配置不断优化，城乡市场一体化进程加快。以实施“万村千乡”市场工程为契机，建成标准化大型综合市场 110个，基本建成以乡镇为中心的农村商贸综合服务中心、商业配送中心，标准化农家店覆盖60%的行政村，农村消费品、生产资料、农产品收购市场等市场体系初步形成，农民和城里人一样在家门口就能买到物美价廉的商品。农村市场体系和农产品营销网络的日益完善，促进了各种要素、各种资源在城乡间的自由流动和优化配置，城乡经济融合度不断提高。

农村社会保障水平明显提高，城乡社会保障制度建设渐趋一体。初步建立了“广覆盖、多档次、城乡相衔接”的新型农村社会养老保险制度，全市新型农村养老保险试点覆盖人数达48.5万人。争取到国务院首批启动的城镇居民基本医疗保险试点市，7个县区全部列入全国39个劳动保障灾后恢复重建重点县区，建立了覆盖全体城乡居民的基本医疗保险、补充医疗保险和医疗救助制度，农村居民享受到了与城市居民平等的医疗保障权利。新型农村合作医疗参合率达98.03%，保障水平不断提高。全市五项社会保险参保率达到90%以上，城乡低保对象实现应保尽保。创新建立的“1+4”城乡就业和“七位一体”农民工工作模式经验在全国、全省推广。

生态小康新村建设步伐加快，农村生活条件明显改善。建成生态小康新村1187个，占全市建制村总数的47.7%。通过“六个一加三配套”、“五改五通”等重点建设，全面配套农村供水、供电、供气、道路、电视、电话、网络等基础设施，农村沼气入户率62.7%，农民生产生活条件明显改善。选择产业基础好、居住集中度高、公共设施完备的地区，启动了新农村综合体建设，以苍溪县元坝镇井坝村、元坝区柳桥新村为代表的山区新农村综合体建设粗具规模。狠抓农房风貌塑造和农村居住环境绿化、美化、净化，集中开展“三乱”治理，推进垃圾分类处理，农村面貌焕然一新。全市的“生态小康型”社会主义新农村建设被确定为全省6个社会主义新农村建设模式之一。

广元实施山区城乡统筹综合配套改革试点四年的实践昭示：“四园驱动”不仅是带动全市经济增长，推进新型工业化、新型城镇化和农业现代化“三化”联动的主要发展形式，更是连片山区推进城乡统筹发展的强大引擎，是欠发达地区解决城乡经济发展、社会管理二元分割矛盾的有效抓手，是解决山区农村劳动力就地转移的直接载体，只要一年一年坚持不懈地沿着这条道路走下去，点轴成片，星火燎原，贫困山区统筹城乡发展的目标完全能够实现。

三、“广元七绝”引领农业产业化之路

广元南北气候兼具，生态环境良好，土壤富含锌硒，是发展优势特色农产品的最佳区域。但广元农产品的优势和特色一度因宣传推介不力，品种、品牌杂乱，其知名度不高，竞争力不

强。2009年12月，市委、市政府决定在成都举办广元优势特色农产品展示会。展会取得了良好效果，成都市民对广元特色农产品的认可度极高，从开展到结束，人潮如涌，展出产品抢购一空，多次补货，仍不足需，终因受远距离限制，产品脱销，展会不得不提前一天结束。会后，市委、市政府要求："将广元农产品放到更大范围比较，尽快推出一批最具广元特色的农产品并重拳提升、打造。"经广泛征求各方意见，认真分析比较，报经市委、市政府批准，将成都展会上最受欢迎的"苍溪红心猕猴桃、米仓山牌富硒富锌绿茶、青川黑木耳、朝天核桃、苍溪雪梨、剑门关豆腐和广元油橄榄"七种农产品正式确定为广元最具特色农产品，并命名为"广元七绝"。"广元七绝"的推出，结束了我市农产品没有区域品牌的历史，在广元农业发展史上具有里程碑意义。

"广元七绝"区域品牌自2009年12月推出以来，推进工作顺利，发展势头良好。市委、市政府相继批准印发了《"广元七绝"品牌整合方案》，命名公布了首批"广元七绝"领军龙头企业，出台了《关于大力扶持"广元七绝"领军龙头企业发展的意见》，组建了"广元七绝"产销协会、"广元七绝"商贸有限责任公司，支持建立了"广元七绝"展销中心，将"广元七绝"列为"广元造"特色馈赠礼品，将"广元七绝"品牌打造列入了政府经济工作和

"广元七绝"

“十二五”发展规划的重要内容，四川省“十二五”规划也将“广元七绝”列入全省重点打造的区域品牌之一。打造“广元七绝”已成为全市上下的共识，成为党委、政府发展特色农业、品牌农业的重要抓手。

围绕“广元七绝”品牌打造，广元先后成功举办了“广元七绝”优势特色农产品成都展示会、“广元七绝”汇报展、中国·广元茶产业转型升级战略报告会、茶·有机·低碳国际学术研讨会等；积极组织企业和产品参加“天府四川宝岛行”、上海农博会、西交会、西博会、农交会、第四届昭化古城三国文化旅游节等宣传和展销活动，对“广元七绝”进行了商标注册和版权保护，有效地提升了“广元七绝”品牌的认知度，提高了广元优势特色农产品在全省、全国的影响力。

通过品牌整合，“广元七绝”品牌效益逐步显现。

带动了一批“广元七绝”领军龙头企业的加速发展。市政府命名了首批“广元七绝”八家领军龙头企业。八家领军龙头企业聚集在“广元七绝”品牌旗下，奋力开发产品和开拓市场，产品链条拉长，企业知名度提升，企业销售额大幅增长。川珍实业有限责任公司新增加了黑木耳冲调食品和山野菜开袋即食食品两条生产线，2011年完成销售产值1.5亿元，比上年增加17.2%。米仓山茶叶集团销售额成倍增长，新开辟了甘肃、内蒙古、广州、宁夏、北京等市场，在2011年6月的“茶·有机·低碳国际学术研讨会”上，又与朝鲜等国家签订了销售合同；米仓山茶已跻身四川十大名茶之列，国家机关事务管理局又将其列为特供茶。苍溪猕猴桃食品有限责任公司（果王食品）新开发产品7个，新开辟了浙江、江苏等省份市场。2011年，紫阳农林有限责任公司销售额比同期增加50%以上，总经理林圣亮先生预计，按照目前的势头，“十二五”末，公司销售额可望突破10个亿。剑阁国娃子食品厂、苍溪宝清果业有限公司、广元天湟山核桃食品有限公司均有不凡的销售业绩。部分企业正加速建设新的生产加工基地和加工生产线，扩大其生产规模，满足市场对“广元七绝”的旺盛需求。

带动了产业基地的快速发展。随着产品市场的打开，原材料供不应求的情况已经显现，由此带动了产品基地的快速扩张。从各县区“十二五”农业发展规划来看，都把建设“广元七绝”标准化原料基地列入了特色产业基地建设的重中之重。从产品价格上分析比较：“七绝”类产品价格普遍提升了30%～50%，农民从基地建设和产品销售中获得的收益大幅增加。在元坝紫云、苍溪东溪、朝天宣河、旺苍高阳、亭子等地调查，农民普遍反映“广元七绝”品牌对产业发展的带动使他们收益明显增加，部分农户反映收入增加1倍以上。以茶叶为例，鲜叶每斤劳务价格45元左右，比去年提高了65%以上。2011年，苍溪红心猕猴桃达17.4万亩、产量5.7万吨；米仓山牌富硒富锌绿茶达28万亩、产量0.416万吨；青川黑木耳达2500万椴袋、产量0.3万吨；朝天核桃达85万亩、产量3.2万吨；苍溪雪梨40万亩、产量16.2万吨；剑门关豆腐年销售13200万元；广元油橄榄达14万亩，产果0.045万吨。“广元七绝”产业年产值38.5亿元，“广元七绝”已成为广元市特色农业发展的主打品牌和领军产业。

“广元七绝”品牌的整合打造，提升了广元特色农产品在全国乃至更大范围的知名度和影响力，带动了全市特色企业根据市场需求持续健康发展，避免了产业发展的盲目性，提升了广元的知名度。随着“广元七绝”知名度的提升，广元的影响力和魅力也随之提升，“广元七绝”已成为广元的一张名片，被更大范围、更高层面所认可。市委、市政府以品牌建设推进产业发展的战略思考正在成为现实，打造真正具有广元本土文化、地方特色的“广元造”知名、著名、驰名品牌的目标将不再遥远。

四、旅游经济大放异彩

近年来，广元抓住灾后重建机遇，把旅游产业作为战略性支柱产业培育，作为灾后重建的先导产业和惠民产业来抓，加快推进旅游资源转化。截至2011年底，全市旅游灾后重建项目全部完成，完成总投资36亿元，比原规划的8.03亿元增加了4倍多，旅游产业获得突破性发展，连续三年获得“四川省旅游工作先进单位”称号，2011年荣获“四川省旅游工作突出贡献市”称号。广元作为四川新兴的旅游强市快速崛起，在全省旅游产业发展中占据了重要地位。

旅游灾后重建成效显著

将青川东河口建成“5・12”汶川地震灾区首个地震遗址公园、地震博物馆。新创建剑门关、昭化古城、明月峡、红军渡—西武当山、东河口地震遗址公园、鼓城山—七里峡、唐家河、天曌山、曾家山等9个国家AAAA级旅游景区。新建1家五星、6家四星级旅游饭店。建成梨

青川县青溪古城

广元市朝天区明月峡古栈道

博园、曾家山2个全国农业旅游示范点，创建1个全省乡村旅游示范县，建成青川青竹江流域、苍溪梨乡风情等6个乡村旅游带，建成剑门关、青溪古城等10个旅游城镇，建成阴平村、将军村等20个旅游村。成功举办全国红色旅游发展大会，苍溪红军渡、旺苍红军街（木门寺）、红军血战剑门关遗址和东河口地震遗址公园建设成为全国红色旅游经典景区。按照四川省旅游线路统筹发展要求，精心打造了剑门关至昭化古城段蜀道三国文化旅游线路，成为四川省示范点，并成功召开2010年四川省旅游线路统筹工作现场会。首倡并联合蜀道沿线3省11市共同启动了中国蜀道申报世界文化线路遗产工作，于2009年举办中国蜀道广元国际论坛，2011年又承办了全国政协组织召开的蜀道文化线路保护与申遗研讨会。在2012年十一届全国政协委员会第五次会议上，“中国蜀道申遗”被写入贾庆林主席所作的大会工作报告。拍摄了四川省首部反映广元山水风光的情感数字电影《昭化晓月》，在中央电视台电影频道公映。

旅游产业发展势头强劲

狠抓旅游要素建设，加强旅游培训和人才队伍建设，强化宣传促销，加强旅游行业管理和旅游市场专项治理，加强旅游安全管理，旅游产业规模不断壮大，旅游经济保持了强劲的发展势头，旅游收入从地震当年的16亿元增加到2011年的53.55亿元，恢复并超过了震前水平近2倍。

仅就2011年前三个季度看，全市旅游接待人数达1483.23万人次，其中，接待入境游6365万人次，实现旅游收入45.42亿元，分别比去年同期增长57.18%、211.07%和52.98%。当年“十一”黄金周全市旅游出现游客井喷，取得了“游客接待近百万、门票收入逾千万、综合收益超两亿”的经济效益，7天共接待游客94.21万人次，比2010年同期增长57.86%；实现旅游收入26491.93万元，同比增长59.16%；重点旅游景区实现门票收入1222.08万元，同比增长186.59%。旅游接待人数和旅游收入增幅均居全省前列。

AAAA级旅游景区建设强力推进

实施“旅游精品景区战略”，强力推进国家AAAA级旅游景区建设。为全市旅游产业发展打下了坚实的基础，产生了明显的经济效益和社会效益。

创建力度大。组织保障有力，全市上下形成了市委书记、市长定期检查，市委、市政府分管领导包片负责，创建景区所在县（区）委书记、县（区）长亲自负责，市旅游局领导驻点创建的工作格局。统筹安排资金。抢抓重建机遇，整合文化、林业、国土、环保、农业等项目资金，打捆投入景区创AAAA级。全市创AAAA级旅游景区共投入项目资金20亿元，仅剑门关景区就达4.5亿元，昭化古城、明月峡、鼓城山、天曌山、唐家河5个景区投入均达2亿元以上。激励机制形成。自2007年以来，坚持实行县区以旅游产业发展实绩申办一年一次的全市旅游发展大会机制，收到了每次会议解决一个问题、一年上一个台阶的良好效果。各县区创建AAAA级景区热情高涨，形成了你追我赶的竞争态势。

建成数量多。继2007年皇泽寺、翠云廊景区成功创建国家AAAA级旅游景区，实现全市AAAA级景区“零突破”后，广元坚持高标准规划、高质量建设、高强度推进，在短短3年时间成功创建了昭化古城、红军渡—西武当山、青川东河口地震遗址公园、剑门关、明月峡、鼓城山—七里峡、曾家山、唐家河、天曌山9个国家AAAA级旅游景区。全市AAAA级旅游景区数量达到11个，位居全省第2（成都市有15个），在全国排名靠前。省旅游局撰写专题报告将广元AAAA级景区建设提炼成“广元模式”在全省推广。

创建成效好。一批AAAA级旅游景区的成功创建，带动了一批AAA、AA级景区的创建。全市现有AAA级景区2个、AA级景区1个。AAAA级旅游景区品质显著提升，并以点连线，形成了3条成熟的精品旅游线路，分别是翠云廊—剑门关—昭化古城—皇泽寺—明月峡三国文化旅游线、曾家山—天曌山—唐家河生态休闲旅游线、青川东河口地震博物馆（地震遗址公园）—青溪古镇人间大爱感恩游旅游线。其中，剑门关—昭化古城旅游线路被省旅游局纳入全省旅游线路统筹工作3条示范线中的“样板线”，省政府于2010年11月在广元召开全省旅游线路统筹现场会，组织全省21个市州现场学习“广元剑昭线模式”。AAAA级景区的成功创建，带动了景区内和周边居民、重点旅游沿线老百姓参与旅游经营或涉旅经营，解决了大量农村劳动力就业，旅游致富的实例在剑门关、昭化古城、明月峡、曾家山比比皆是，旅游产业的经济效益和社会效益正在不断放大。

广元皇泽寺

未来旅游发展展望

“十二五”期间，广元将紧紧围绕建设川陕甘结合部经济文化生态强市的总体目标，进一步加快旅游产业发展，继续推进“中国蜀道”申报世界文化线路遗产，将剑门关蜀道建成国家AAAAA级旅游景区，加快温泉、森林度假产品建设，创建国家旅游标准化示范市，强化旅游宣传促销，提升旅游服务质量，实现旅游经济强市目标，把旅游业培育成为广元国民经济的战略性支柱产业，把广元建成国际国内知名的旅游目的地和川陕甘结合部旅游集散中心。

五、川陕甘结合部商贸物流中心建设强力推进

随着广元经济结构转型升级，西部综合交通次级枢纽的逐步形成，现代服务业有了更大的发展空间。广元市委、市政府提出了把广元建设成为川陕甘三省结合部现代商贸物流中心的发展战略，并将其作为实施资源转化战略、发展低碳经济、推进区域性经济中心加速形成的重要抓手，通过广领域、多途径、硬举措，坚持不懈地强力推进。

打造川陕甘三省结合部现代商贸物流中心，就是通过规划先行、政策引导、政府支持、市场运作的策略，以突出“大市场、大卖场、大物流、大休闲”为主线，全面实施“8×4+2”商贸流通业集聚发展战略。以现代交通枢纽建设为基础，以信息化为手段，坚持市场配置资源的主体作用，内引外连，整合优势资源，做强做大做优广元商贸物流产业，形成与广元社会经济发展相适应的统一开放、竞争有序、主体多元、业态多样、布局合理、运作有序的现代商贸物流业格局；全面发挥商贸物流业对第一、二产业发展的助推器作用，引导和促进商贸物流业高起点地健康发展，使广元的商贸物流业成为繁荣城市经济、便利人民生活、强化城市功能的现代服务业的支柱产业。力争到2015年，全市社会消费品零售总额达到近300亿元；进出口备案企业力争达到300家，实际进出口企业达到100家；实际利用外资达到1亿美元以上；实现外派劳务达到6500人以上，初步建成商业总量适度、组团结构明确、功能分区优化、物流高效集约，集商贸物流、休闲旅游、人居服务三大特色的商业体系，成为连接大西南大西北的区域性物流配送、商贸流通次枢纽中心和旅游休闲中心。

加快推进“8×4+2”战略的项目实施

以建设综合商贸体为主导，积极推进实施商贸业集群发展。到2015年，建成汽车市场、精细建材家居市场、日用工业品市场、农产品批发交易市场四大专业市场；改造建成老城中心商业区、两江商贸中心、利州广场商贸中心、万源商贸中心四大商贸中心；打造完善利东路、莲花路、水榭花都步行街特色餐饮街，两江口休闲娱乐街，则天路旅游休闲购物街以及商展中心欧洲风情街四条特色街区；规范布局老城商业步行街、通信器材专业街、电子产品专业街、南河药品药物器材批发零售街四条专业街区；包装和举办好迎春购物节、美食节、消夏啤酒节、

建材家装节四个品牌节会和汽车展销会、春季商品交易会、秋季商品交易会、妇幼老年产品展销会四个品牌展会；大力引进沃尔玛、家乐福、肯德基、麦当劳四大外资品牌和重庆百货、新世纪百货、乡村基、陶然居四大内资品牌入驻广元。加快规划和建成广元服务业集聚区，重点建成广元物流园区；加快推进电子商务平台建设。

加快构建大物流体系

以交通次枢纽建设为基础，整合现有物流资源，积极引进和发展国家级物流企业，加快物流信息化体系建设，促进国际先进物流管理技术和装备的应用，构筑起以物流园区为依托、以物流中心为支撑、以物流配送点为基础的区域物流和城市物流配送三个层次的物流体系。大力发展第三方物流，构建高效的综合物流服务体系，推动现代物流业快速有序发展，形成一物流园区（广元物流园区），四物流中心（宝轮红岩物流中心、空港物流中心、旺苍物流中心、苍溪物流中心），四配送中心（元坝配送中心、朝天配送中心、剑阁普安配送中心、青川竹园配送中心）的物流产业发展布局。同时把广元下西物流园区建成以运输、仓储、装卸、包装、流通加工、信息为一体，服务周边地区的大型区域性综合物流基地。

加快构建完善现代流通网络

加快完善农村流通服务网络。深入推进“村村农家店”建设，加快建立健全农村流通网络、连锁经营网点和物流配送体系。继续实施“双百”市场工程和农产品批发市场升级改造工程。加快建设和改造一批有特色、设施先进、功能齐备、交易规范、集散力强的批发市场。继续推进农业生产资料连锁经营，重点扶持培育大型农业生产资料流通企业，加强农业生产资料配送中心建设，降低流通成本，切实减轻农民负担。加快完善城市流通网络。充分发挥商业网

广元市下西物流园区

点规划对城乡商业网点投资的引导和对商业资源的调控作用，推动商业网点合理布局。加快完善社区商业服务网络。积极推动零售、餐饮、洗染、家政等民生性服务企业深入社区开设连锁经营网点，发展贴近居民生活的业态和服务方式。大力推进社区标准化菜市场建设和改造。加大示范工作力度，积极创建社区商业示范社区、示范企业和示范店。支持社区商业网点逐步搭载各种便民服务功能，提升社区商业服务水平，逐步形成门类齐全、便民利民的社区服务网络，满足和扩大社区居民的消费需求。

着力发展对外贸易

坚持实施“科技兴贸”战略。优化对外经贸结构，巩固传统市场，开拓新兴市场，大力培育海天实业等出口龙头企业，重点扶持一批拥有核心技术、自主知识产权的出口产品。强力实施资源转化战略，大力提升转化层次，充分依靠科技，狠抓精深加工，延长从初级资源到终端产品的产业链条，确保出口拳头产品纺织品、农产品出口稳定增长。大力发展加工贸易。加快产业园区建设，建设出口生产基地。重点发展机械电子、轻工和生物医药等新兴技术产业加工贸易，促进加工贸易转型升级，使加工贸易走向规范化、集约化。

努力扩大利用外资规模

加大外资促进工作力度，建立外资项目储备库，有针对性地选择一批适应外商投资需求的项目，积极参加国家和省组织的境内外各种投资洽谈会和促进活动，达到推荐项目、宣传广元的目的，采取多种渠道、多种方式引进外资。抓重点项目，利用我市天然气资源优势，继续把法国道达尔公司在苍溪的天然气液化项目、香港中华煤气集团在青川的油砂开发项目和香港在利州区宝轮镇纺织服装园区的污水处理项目作为外资促进工作的重中之重，积极做好投资服务，力争早日在广元落户，并以此促进和带动全市利用外资的快速发展。全力做好沃尔玛、百胜集团等世界500强企业物流商贸项目前期准备工作。

积极拓展对外经济合作

大力发展对外承包工程。帮助和指导我市外经企业与大型央企合作，重点跟踪服务广元泰和劳务公司以及中冶十九冶在阿富汗、越南矿产资源开发上的合作。积极发展企业境外投资。帮助有实力的企业到境外投资办厂，充分利用国外市场和资源，盘活企业资产。

做大做强广元会展产业

会展产业发展是第三产业成熟化和完善化的标志，是现代城市发展、地区经济发展的助推器。加快对展会、节会进行包装谋划，做到“有节过节，无节造节”。坚持“政府主导、企业主体、市场运作”的模式，积极依托广元商贸会展中心，做大做强会展业，打造西部区域性中心会展城市，重点办好春秋两季商品交易会、啤酒节、美食节、房交会，进一步增强城市活力和辐射带动功能。鼓励和支持有条件的县区策划、包装、举办本地特色的节会和展会。

六、开发区挑起工业强市的大梁

广元经济开发区诞生于2005年秋天，是广元为加速全市工业发展，对原利州、上西、袁家坝三个开发区进行改革整合后组建而成的，面积8.58平方千米，是国家2006年清理整顿开发区后全省保留的38个省级重点开发区之一。从成立以来，开发区坚持“一年一大步，三年大跨越”发展思路，突出工业强区，以服务企业、招商引资、项目推进、和谐建设为重点，全力打造“三园一区”，推进经济社会又好又快发展。

汶川特大地震发生后，特别是从2009年至2011年的三年间，开发区化危为机，抓住关键环节，突出产业重建，用实际行动挺起广元工业崛起的脊梁，创造了开发区发展最快、变化最大、群众得实惠最多的奇迹。三年间，固定资产投资93.9亿元，是2005—2008年总和的3.8倍；实施产业项目119个，是2005—2008年总和的12倍；招商引资项目114个、签约资金172.3亿元，是2005—2008年总和的2倍；征地近1万亩、拆迁1100余户，实现了和谐拆迁、和谐发展；工业总产值从1亿元增加到10亿元用了10年，10亿元增加到40亿元用了6年，40亿元增加到160亿元只用了3年；工业经济综合实力在全省43个省级开发区中排名由2007年的第31位上升到第7位，工业总产值增速排全省省级开发区第1位，工业总产值占全市1/3。

奇迹的创造，源自开发区人敢于并善于攻坚破难、跨越赶超的三大实招。

抓牛鼻子：从忙所有环节到善抓关键环节

善谋者善抓住关键，会牵者善抓住牛鼻子。走进开发区，一个个现代园区发展、一个个现代企业生产、一个个大项目建设红红火火，最耀眼的是新技术、新材料、新能源项目唱主打歌，无不诉说着火热的工业发展生机和裂变历程。

“工业航母”破冰起锚，出征开场大戏直指园区基础设施建设。塔山湾军民结合产业园动用各类机械近5000台次，挖填土石150万立方米，外运土石120万立方米，平整山包6处；川浙合作产业园动用机械4000余台次，挖填土石130万立方米，平整山包4处，一期场平用地550亩全面完成，1300亩场地平整开足马力推进；医药工业园攻坚克难，建设如火如荼……一个个片段让人心潮澎湃，一个个瞬间凝固成发展经典。园区面积由22.36平方千米扩展到41.65平方千米，规划建设了“七园一区”，成熟产业园区面积由2005年的不足1平方千米扩大到2011年的10平方千米……

筑巢引凤：从全面招商到专业选商

栽不好梧桐，何引来凤凰？“产业招商”是开发区招商引资的新思路。近年来，开发区根据产业发展现状，牢牢把握产业梯度转移、灾后恢复重建、浙江产业对口援建等机遇，大招商、招大商，围绕有色金属、电子机械、新能源、医药、食品饮料、新型建材等主导产业招商引资，突出延伸产业链条以商招商，引进一大批新技术、新材料、新能源等低碳发展项目，实现产业的缝合断层、填补空白、调整结构，集聚产业发展，提升综合竞争力。三年来，广元市带领开发区招商工作组奔赴杭州、深圳、北京等地走访上百家企业，接待300余批次近3000名客商。三年招商引资项目110个，签约资金达170.7亿元，中铝集团公司、长虹集团公司、四川军工集团、景兴纸业公司、元泰达泡沫铝业、一汽客车公司、能士智能港科技公司、每日集团、三一重工等落户开发区或项目签约。

大招商、招大商，注定带来项目发展裂变、园区发展集聚裂变，各具特色：王家营工业园重点发展饮料食品及电子产业；袁家坝工业园重点发展电解铝等有色金属、精深加工产业；川浙合作产业园重点发展资源和能源转化产业、沿海地区重点转移产业、灾后恢复重建相关产业……

灾后重建时期，面对新一轮产业大转移，开发区必须融入全省、全市招商大局，如果不能拨云见日，瞄准有前景和潜力的产业项目，不仅是思路的滞后，更是对开发区优势资源的浪费。2011年12月9日，市委书记罗强，市委副书记、市长马华与四川长虹集团公司董事长赵勇就广元长虹工业园区发展进行会谈，取得重大成果。长虹集团公司将改变广元现有彩电生产运作模式，投资新建电视整机项目，使电视年产量由去年的60万台增加到200万台，产值由现在的18亿元增加到60亿元。同时新建厂房，生产电视机配套产品，形成广元彩电生产基地和出川物流中心。

王家营工业园区

破茧成蝶：从“拉锯长跑”到“原地起跳”

面对时不我待的形势，开发区人亮出了自己的追求定位，从“拉锯长跑”到“发展起跳”——到2015年，力争实现“12345”奋斗目标：“1”是全力加速开发区跨越发展，到西部大开发第二个十年末，力争在近20平方千米的土地上打造千亿工业园；“2”是到“十二五”末，全区功能配套成熟产业园区总面积达到2万亩，其中新增1.25万亩；“3”是实施产业项目300个，完成产业项目投资300亿元；“4”是规模以上企业总数达到400家；“5”是规模以上企业工业总产值突破500亿元。

这些指标与2010年相比，分别增长4.2倍、5倍、6.3倍和4.9倍。奋力建成国家经济技术开发区，着力打造国家先进电子产品及高新技术配套材料产业化基地、国家新型工业化（军民结合）产业示范基地、承接东部沿海产业梯度转移示范园区、能源转化及利用加工新型产业园区。

缺什么补什么，开发区打造企业壮大的“孵化基地”、“资金洼地”叹为观止。将园区投资公司资产1.5亿元增加到10亿元，做强做实融资平台；包装项目从银行贷款4.95亿元；向省、市争取实施各类项目109个（含灾后重建和技改项目），争取项目资金5.2亿元；加大重点企业资金帮助和政策争取力度，积极促成银企良性互动，娃哈哈再创新高，长虹欣锐PDP和 LCD电源项目开足马力……

园区建设引发“蝴蝶效应”，不仅原来的重大项目“老树开新花”，增资扩股，强筋健骨，而且新的重大项目纷至沓来。

极目所至，“三龙”腾飞。以中铝和启明星为龙头，大力发展电解铝精深加工，延长产业链；以四川电子军工集团为龙头，大力发展军工产品和非标设备制造以及建筑机械配套设备电子信息产业集群，全力打造“国家先进电子装备制造与配套材料基地”；以娃哈哈为龙头，利用“娃哈哈”的品牌效应，大力发展食品饮料包装和原料配套产业。

目前，全区正在加速形成“七园一区”和“一园一主导产业”的发展新格局，确立有色金属、机械电子、食品饮料三大主导产业和生物医药、纺织服装、新能源、新材料、现代物流等五大重点产业，规划建设袁家坝工业园（含川浙合作产业园）、王家营工业园（含塔山湾军民结合产业园）、盘龙工业园、石龙工业园、石盘利用外资工业园、宝昭出口加工园、下西现代物流园和惠家沟居民生活配套服务区。

非凡气势，愿景诱人，领跑工业。“到‘十二五’末，工业增加值增速要超越全省省级开发区的年均增长速度，逼近40%，工业经济总量超越广元‘四县三区’的总量，逼近50%。”开发区管委会主任肖光林充满信心地说。

随着启明星、长虹欣锐、娃哈哈、电子军工集团等一批骨干企业群体的逐步成长，“广元造”品牌产品已畅销国内外，成为广元工业经济发展的“排头兵”。

第三章

基础设施大跨越

广元市把加强重大基础设施建设，作为实现又好又快发展的条件，把交通、水利、能源、通信等重大基础设施放在经济社会发展的首位。突出交通建设，加速形成区域性综合交通枢纽。坚持防洪抗旱并重，大中小微并举的原则，加强城乡水利基础设施建设和水资源保护。大力发展以水电、天然气为重点的清洁能源，加快电网改造升级和天然气管网改造，构建稳定高效的能源保障体系。完善通信信息网络体系，全面提升全社会信息化水平，加强防灾减灾基础设施建设，提高综合防灾减灾能力。

一、广元次级综合交通枢纽加速形成

交通是促进对外开放、加快经济发展、便利人们出行的重要命脉，相对其他地区来讲，广元交通尤为如此。

从历史上看，“蜀道之难，难于上青天”，就是新中国成立前广元交通困境的真实写照。新中国成立后到“5·12”特大地震灾后重建前，广元交通在国家、省、市的多方努力下，虽有较大改善，但因资金短缺、历史欠账多等因素，仍然存在交通发展滞后、通达能力低下的问题，广元经济社会发展的吸引力和竞争力受到严重制约。加之遭受震灾巨大破坏，广元交通更是雪上加霜。

从地缘条件看，广元处于西南、西北的结合部，川陕甘三省的毗邻处，四川盆地北部边缘，是四川北上西进，沿亚欧大陆桥与中亚、东亚和西亚的区域经济相连的通道，更是川北、川东北山区的区域经济支点和依托。作为四川改革开放的重要门户、发展外向型经济的桥梁和纽带，它具有内连外引、向内吸纳和向外辐射的特殊区位优势。

广元正是在这样的条件下，正视历史、瞄准当前、着眼未来，把准了交通发展的大势，抢抓了灾后重建、扩大内需、新一轮西部大开发等重大机遇，立足于把劣势变优势、把优势变强势，响亮提出了要建设“西部综合交通枢纽广元次级枢纽”，即：以构建安全、方便、快捷、高效的立体交通运输网络和交通经济圈，构建广元次级综合交通枢纽为奋斗目标，以“打开通道、构建枢纽、完善路网、提升功能、支撑发展”为基本思路，打好干线公路升级改造、农村公路通达深度攻坚战，提升交通运输服务能力和水平，推进科技进步和信息化建设，提高安全监管和应急保障能力，通过公路、铁路、民航、水运等多种运输方式协调、互动、立体发展，为建设川陕甘结合部经济文化生态强市提供便捷、安全、高效的综合交通运输支撑体系。

震后三年来，全市交通建设累计完成投资267亿元，其中，高速公路建设完成投资152亿元，地方交通建设完成投资115亿元。如今，广元全市交通运输实现了跨越发展，已全面超过震前水平，基础设施保障能力明显增强，运输服务水平明显提高，安全监管和应急处置能力整体提升，初步实现了将重灾区交通建设成为科学重建、科学发展样板的目标。

如今的广元，交通建设如火如荼：

高速公路建设全面提速。广巴、广陕、广南高速公路建成通车；广甘高速公路，广南、广巴连接线建设快速推进；广陕、广巴连接线开工建设。截至2011年底，全市高速公路通车里程达到301千米。

干线公路建设快速推进。新改建国省干线公路800多千米，完成投资28.53亿元。

农村公路建设迅猛发展。新改建农村公路7800多千米，完成投资73.9亿元。全市224个乡镇实现通油路水泥路，2499个行政村实现100%通公路，1374个村通油路水泥路。

码头场站建设步伐加快。亭子口航电枢纽和苍溪航电枢纽建设进展顺利。广元港开工建设。南河客运站恢复重建完成。新改建县级汽车客运站9个、农村汽车客运站130个、乡镇客运码头92座、农村桥梁246座，乘车难、过河难的问题得到有效缓解。截至2011年底，全市公路总里程达15663千米，等级公路9944千米，高级、次高级路面6680千米，公路密度达到每百平方千米96千米。如今，广元全市已有和在建绵广、广巴、广陕、广南、广甘5条高速公路，宝成、广巴、兰渝、成西客运专线4条铁路；广元机场灾后全面恢复通航；运费最低廉的嘉陵江河道，可使1000吨级船队直达上海。广元市的水、陆、空立体交通网络正在加快形成，广元连接西南西北、通江达海的综合交通枢纽正在加速形成，“蜀道难”变“蜀道通”使广元魅力倍增、活力大显。

如今，广元境内有了九大标志性的重点交通工程：

广陕高速公路——京昆高速公路（北京至昆明）在四川最北的一段，北接陕西省的宁强至棋盘关的西汉高速公路，途经中子、宣河等地，止于广元市嘉陵江，南接广元至绵阳的绵广高速公路。

广甘高速公路——兰州至海口高速甘川界至广元段，起于姚渡镇将军石（甘川界），接在建的武都至罐子沟（甘川界）高速公路，经孟子沟、木鱼等地，接绵广高速和广南高速。

绵广高速公路——京昆高速公路（北京至昆明）在四川最北的一段，全长135.5千米，起于绵阳市，止于广元市，北接广陕高速公路，打开四川北大门，南连成绵高速公路。

广南高速公路——兰州至海口高速公路（G75）的组成部分，起于广元市罗家沟，止于南充市秦家沟，路线全长201千米。

广巴高速公路——连接广元至巴中，全长138千米。

广元港——作为千里嘉陵江第一港，规划从广元城区千佛崖至苍溪县涧溪口，一共196千米，分为昭化港区、利州港区、苍溪港区，重点规划了红岩作业区和张家坝作业区。

广元盘龙机场——简称广元机场，2000年9月建成通航。目前通航城市有北京、杭州、广州。

宝成铁路——沟通中国西北、西南的第一条铁路干线。北起宝鸡、南至成都，全长669千米。宝成铁路横穿广元，有广元、剑阁（沙溪坝）、青川（竹园坝）三站点。

兰渝铁路——北起甘肃省兰州市，经榆中县等地，然后向东经四川广元市（利州区）、苍溪县、阆中市、南部县到南充市（顺庆区）。预计2013年4月广元至重庆段先期开通，2014年全线通车。

展望“十二五”，广元交通发展将突飞猛进、彻底“变脸”。

到2015年，缩小与县区、毗邻地市、周边四大中心城市的时空距离，基本形成城乡一体、出行便捷、以广元城区为中心的交通运输网络；交通基础设施建设取得全面突破，交通运输服务效率和水平显著提升，科技进步和信息化水平明显提高，资源节约型、环境友好型行业建设取得明显进展，安全监管和应急处置能力显著增强。

到2015年，全市公路总里程达到1.8万千米，高速公路力争达到588千米，占全省的1/10；二级以上公路里程达到1500千米。同时，“十二五”期间，还将开工建设广元至平武、绵阳至苍溪至万源的外出通道，并协调争取青川至文县到九寨沟高速公路或二级公路、京昆线绵阳至广元至川陕界高速公路扩容项目立项。全市境内将有14条出境通道。届时，国省干线公路将连通全市主要城镇，通过其强大的集散功能，推动经济又好又快发展。

“十二五”期间，全市农村公路将按每年新增1500千米的速度推进，到“十二五”末，通村公路硬化率将达到75%，要连通断头路，使之形成农村路网，切实解决群众的行路难。同时，要在每年实施6至9座渡改桥（人行桥），切实解决群众的过河难问题。

到2015年，内河航运体系基本建立。嘉陵江渠化完成，主航道基本达到Ⅳ级，通行能力得到提升，里程达到198千米；广元港货运作业区建成投产，内河港口集装箱吞吐能力实现零的突破，达到6.5万标箱。实现广元港重要客运作业区开工。将广元内河航运基本建成融入成渝经济区，联动川陕，对接西北的唯一内河口岸。完成渡改人行桥公益性渡口建设，提升公益性渡口的硬件设施水平。

到2015年，运输枢纽站场体系基本建成。国家运输枢纽客、货运站场建设开工8个，建成5个，累计达到客站4个、货站2个；新（改）建县级客运站11个，县级货运站开工6个、建成3个；建成农村客运站98个和招呼站200个。基本形成以国家公路枢纽站场为龙头，县乡站场为

川陕高速公路棋盘关

节点的道路运输站场体系。

二、重点工程建设“添翼”广元赶超跨越

2011年，广元市列116个（含省列14个）重点项目计划投资252.6亿元，全年实际完成投资252.6亿元，占年投资计划的100%，同比增长10.9%，投资额净增加24.8亿元。从各批次项目完成情况看：35个竣工投产项目完成投资63.1亿元，占年度投资计划的102%，其中广陕高速公路、海螺水泥（二期）等33个项目实现了竣工投产；45个加快建设进度项目完成投资171.7亿元，占年度投资计划的100%，其中兰渝铁路、广南高速公路、广甘高速公路、广南广巴高速公路连接线、苍溪航电枢纽等31个项目完成或超额完成年度投资任务；21个争取开工项目完成投资17.8亿元，占年度投资计划的94%，其中广陕广巴高速公路连接线、广元港、嘉陵江梯级电站、苍溪220千伏输变电工程等20个项目实现了开工建设；15个加快前期工作项目中有9个项目进展顺利，其中，武引二期剑阁灌区工程、苍溪嘉陵江大桥已开展初步设计，西安至成都客

西部大开发重点水利工程、总投资168亿元的亭子口水利枢纽工程正在加快建设。

运专线可研及初设已获批复，广巴铁路扩能、振申高性能泡沫玻璃砖、杜里坝小区市政基础设施建设等6个项目完成可研编制。

亭子口水利枢纽工程　打造当代都江堰

2010年6月28日，四川省人民政府举行新闻发布会——在川东北“再造一个都江堰灌区”，将苍溪亭子口列为龙头工程。电站总装机容量110万千瓦，年发电量30亿度。该工程建成后，可为三峡水库库尾的重庆港每年减少输沙量6400万吨，对嘉陵江和长江中下游的防洪具有显著作用。可为广元及下游的南充、广安、达州、重庆5市12个县的340万亩粮田提供水源，结束“靠天吃饭”，从根本上解决嘉渠灌区农田灌溉和人畜饮水问题。

亭子口水利枢纽工程位于广元市苍溪县境内，距苍溪县城15千米，是嘉陵江干流开发中唯一的控制性工程，也是2009年西部大开发新开工18项重点工程中唯一的水利工程。是以防洪、灌溉及城乡供水、发电为主，兼顾航运，并具有拦沙减淤等效益的综合利用工程，是国务院《关于加强长江近期防洪建设的若干意见》中确定的为完善长江防洪体系将于近期开工的6大

防洪水库工程之一，也是四川省灾后恢复重建项目和拉动内需重点项目。总库容42亿立方米，调节库容17.5亿立方米，控制灌溉面积340万亩，可以解决缺水人口63万人的饮水问题，改善嘉陵江上游航运，拦截来自嘉陵江流入三峡水库的泥沙0.61亿吨，是减轻重庆港区和三峡库区泥沙淤积的重要控制工程。

亭子口水利枢纽工程总投资158.94亿元，装机容量110万千瓦，于2009年11月正式开工，2010年1月23日大江成功截流。计划2013年首台机组发电，2014年全面建成投产。目前，川东北地区还没有大的骨干电源。亭子口电站投产后，能对川东北地区工业经济、居民生活等的用电需求形成有力支撑。亭子口水利枢纽建成后，配合嘉陵江下游各梯级电站实现联动发电，相当于在不新建电站的基础上为全流域多增了18万千瓦的水电装机。

亭子口既是一个特大型水利工程，同时又是嘉陵江渠化工程中最重要的一部分。嘉陵江全江渠化以后，将缩短航道里程56.2千米，四川境内682.2千米航道将达到三、四级通航标准，其运力将增长4倍，可以从广元直达上海。

亭子口灌区形成后，将为嘉陵江沿线的苍溪、南充、广安、重庆新增灌溉农田292.14万亩，为灌区城镇工业和生活用水及农村近200万人饮水安全提供水源保障，从根本上解决灌区农田灌溉和人畜饮水问题。工程建成后，可将上游150—200千米范围内的河道通航能力提升至500吨级，设计年过坝能力为332.1万吨。建成后，库区蓄水将通过渠灌与南充升钟水库“连通”，从而有望在川东北“再造一个都江堰灌区”。

亭子口是嘉陵江全江渠化的龙头。亭子口竣工后，旖旎的嘉陵江风光更有条件获得旅游开发，嘉陵江渠化后将形成新的旅游景观——15个首尾相连的高峡平湖，一条江上有如此多的人工“湖泊群”，这在世界上也是少见的。从上一级到下一级经过升船机或船闸，那也是一种难得的体验。同时，可将嘉陵江沿岸7个城市的防洪能力由2至5年一遇，提高到20至30年一遇。

海螺水泥：年产值可达17.6亿元、税收2亿元

广元海螺水泥项目，是广元市朝天区于2008年成功引进的海螺集团新型干法水泥生产线，总投资18亿元，选址广元市朝天区大巴口新型建材工业园。该园位于朝天区朝天镇大巴口，当地石灰石资源丰富，交通便捷，距离川陕高速路口约300米。该项目规划建设2条日产4500吨新型干法水泥熟料生产线、年产500万吨的水泥粉磨和18千瓦纯低温余热发电项目以及必要的生产生活辅助设施。若条件成熟，可规划城市垃圾处理设施。项目同步规划，分期建设，计划总投资约16亿元。

2010年3月12日，该项目一期工程投产。2011年7月30日，塑编项目一期投产。这意味着，海螺水泥项目将形成年产优质水泥500万吨、发电1.54亿度的产能，年产值可达17.6亿元、税收2亿元，能提供就业岗位1000余个，并带动物流等相关产业发展。截至目前，海螺水泥项目已累计生产优质水泥394万吨，实现产值近15亿元、税收3000万元，配套建设的9千瓦余热发电项月已累计发电0.71亿度。

广元海螺水泥有限责任公司成立于2008年7月，公司注册资本4.8亿元，是安徽海螺集团公司旗下的安徽海螺水泥股份有限公司的全资子公司。

兰渝铁路　百年梦圆

兰渝铁路是国家“十一五”规划的重点工程，是一条连接西南、西北的大动脉，北起甘肃兰州，途经甘肃省定西、陇南和四川广元、南充，终至重庆市合川、北碚。铁路全长820千米，项目估算总投资774亿元，计划建设工期6年。2008年9月26日在兰州开工，预计2013年4月广元至重庆段先期开通，2014年全线通车，通车后，从兰州到重庆只需要6.5小时。 经铁路部门初步测算，兰渝铁路建成后，兰州至成都、重庆的铁路运费将降低约1/3，而时间缩短约2/3，具有极大的经济社会效益。

建设中的兰渝铁路

兰渝铁路广元段长150千米，概算投资131亿元，于2009年3月开工，至2011年底已累计完成投资580623万元，占计划投资的44.4%。目前，整个工程建设推进顺利，长5716米的明觉寺隧道顺利贯通，广元嘉陵江双线特大桥梁已顺利合龙，预计2012年底路基工程结束。

兰渝铁路作为国家确定的灾后重建先导性、支撑性基础设施项目之一，将为灾区发展振兴和经济社会发展提供长期运力保证。

“气化广元”奠基广元低碳发展

“气化广元”清洁能源项目是广元市大力实施资源转化战略，依托天然气资源优势，推进低碳产业的重大产业工程。项目总投资11亿元，在广元市利州区回龙河工业园区建设2套24万吨/年天然气综合利用装置及辅助设施，包括天然气联合处理厂、输气管线、液态轻烃加注站及配套项目等，日处理天然气200万立方米，年产液态轻烃（LNG）48万吨。项目建成后，预计年可实现销售收入18亿元，税收3亿元以上，解决500人就业。

同时，该项目业主还将配套建设中石油盘龙末站和中卫—贵阳输气管线盘龙分输站至回龙河工业园区的输气管线，在全市境内规划建设32座LNG加气站。输气管线和LNG加气站全部建成后，项目总投资将达16亿元。该项目建成后，可实现年产值22.8亿元，年实现利税4.73亿元，带动解决就业3600人以上。该项目被评为2009年度感动广元十大事件之一。

2009年11月19日，由华油天然气股份有限公司投资建设的“气化广元”项目签字仪式在广元利州宾馆隆重举行。“气化广元”项目从项目洽谈到签约、启动，不到3个月时间就正式上马了。目前，该项目一期工程正加快推进，2012年6月30日前将竣工投产。

三、“两化”互动强劲推进三江新区加快建设

加快推进“两化”互动发展是省委、省政府着眼全局和长远发展作出的重大战略部署，更是广元又好又快发展的现实选择。广元作为西部欠发达地区，推进“两化”互动是加快发展的必由之路，必须把握客观经济规律，以“两化”互动发展为突破口和新动力，培育新的增长极，探索革命老区、贫困山区在“后重建时期”实现追赶跨越的发展之路。2011年7月，广元市委、市政府立足被列为全省统筹城乡综合配套改革试点市的优势，紧紧抓住国家重要战略机遇，作出了规划建设三江新区的重大战略部署。

三江新区位于白龙江、嘉陵江、青竹江三江交汇处，涉及利州区、元坝区、广元经济开发区两区六镇五乡（利州区盘龙镇、宝轮镇、赤化镇、三堆镇，元坝区昭化镇、红岩镇、大朝乡、沙坝乡、明觉乡、射箭乡、朝阳乡），建设规划控制范围北起三堆镇，东接盘龙镇，西至赤化镇，南到红岩港，面积约357.4平方千米，其中建设开发用地面积约79平方千米。

新区区位优势凸显。新区地处成都、重庆、西安、兰州四大都市圈的腹心交汇地带，是衔

接成渝、关天经济区的重要节点。随着兰（州）渝（重庆）铁路、成（都）西（安）客专、广（元）达（州）铁路扩能改线，广（元）巴（中）高速以及广元港等一批重大交通项目陆续建成运营，广元机场航线不断拓展，一个四通八达的水、陆、空立体交通网络基本建成。

新区自然资源富集。区内土地、水、森林、旅游、农副产品资源丰富，森林覆盖率达60%以上，环境容量巨大，水能资源十分丰富。亭子口水利枢纽建成后，正常蓄水位水库面积达109平方千米，150千米的回水长度大部分在新区内，航运、旅游、水产养殖等产业发展条件十分有利。

新区发展基础坚实。区内宝轮镇是广元市最大乡镇与全国试点小城镇示范镇，镇区人口近10万，商贸物流等服务业发达。三堆镇是省小城镇建设试点镇，工业基础良好。昭化镇是古蜀道上的千年古镇，旅游资源丰富，旅游产业发展粗具规模。近年来，随着建材、医药、纺织、陶瓷工业园的规划与建设以及剑门关—昭化5A级景区的开发和打造，一批有实力、上规模的企业逐步落户区内，新区已经具备加快发展的良好条件。

截至2012年，新区开发建设取得了显著成效：

——规划编制已基本成型。新区战略发展规划已经编制完成，2011年10月市委常委会和市政府常务会议已审查通过。新区空间战略总体规划2012年春节前已经市委市政府审定通过。2012年4月上旬新区空间发展战略规划将正式出台，10月底前控详规和相关专业规划将全部正式出台。

——工作机构已经组建。2011年省编委批复成立了广元市统筹城乡工作委员会，挂三江新区规划建设指挥部牌子，两个机构一套人马，市委副书记王菲任指挥部党委书记，市政府副市长陈凯任指挥长。市编委核准20个行政编制、4个工勤编制，人员已全部到位开展工作。

——项目编制已初步完成。为实现三江新区建设目标，编制了“十二五”新区投资项目近400个，总投资逾1200亿元，其中108国道改线、垃圾处理厂、自来水厂、污水处理厂、三江防洪河堤、城镇道路等新区骨架性重大基础设施项目120个，投资超400亿元。

——投融资平台已快速搭建。2011年12月底，市政府斥资10亿元组建了广元市三江新区投资建设有限公司，公司货币现金3亿元，实物资本7亿元，为新区重大基础设施项目实施提供了投融资保障。

今后，新区开发建设将紧紧围绕“三年基础、五年雏形、十年规模、二十年成型”的目标，立足“把新区建成川陕甘结合部的优势特色和新兴产业集聚区、秦巴山区统筹城乡发展示范区、广元现代山水低碳新城区”的定位，按照“以路为轴、沿江推进、组团布局、带状开发、点状开花、工农互动、城乡相融、产城一体”的规划建设思路，坚持“攻重点、破难点、抓示范、出成效”，着力攻克“两大重点”（重大基础设施和重大产业项目建设），全力破解“两大瓶颈”（土地和资金），努力形成新区“两大体系”（基础设施骨架和产业体系），扎实推动新区开发建设，力争到2015年，新区生产总值比2010年翻两番，达到55亿元，工业总产值达到80亿元，居住人口达到20万人以上；到2020年，地区生产总值比2015年翻一番，达到140亿元，工业总产值达到220亿元，居住人口达到25万；到2030年，地区生产总值达到500亿元，居住人口达到66万。

到那时，一个城市功能健全、都市气息浓郁、产业特色鲜明、山水风光优美的宜居宜业宜游现代化新城区将拔地而起、完美展示在世人面前！

到那时，三江新区将一定是广元境内经济社会发展速度快、水平高、辐射力强、协调性好的活力之区、魅力之城！

到那时，再造一个产业广元、城市新核的总目标一定会实现！

| 第四章 |

生态强市添新韵

一、低碳发展领跑后发地区

广元市地处四川北部山区，属革命老区和“5·12”汶川特大地震重灾区，全市人均GDP只有全国平均水平的1/3。近3年多来，广元经过扎实有效的努力，初步探寻出了一条符合低碳要求、具有广元特色的后发地区经济发展新路子。经济社会发展均取得了历史性突破，综合实力得到显著增强，先后荣获“2009低碳贡献城市”、“2010全国低碳发展突出贡献城市”称号。

立足市情，顺应形势，抢抓机遇，较早提出低碳发展思路

“5·12”汶川特大地震后，1200多亿元的重建资金涌入地震重灾区广元，为广元发展注入了强劲动能。面对重大发展机遇，选择什么样的发展思路十分关键。广元按照科学发展观的要求，利用灾后重建契机，在后发地区较早提出了“低碳重建”与“低碳发展”。这一思路主要是基于以下四种形势而提出的：广元工业化、城镇化水平较低，在现有工业企业中60%以上企业的科技含量低，大多属于高污染、高耗能企业，节能减排和污染治理的压力十分巨大；地震发生后，大量的废旧建筑需要拆除，大量的地质灾害需要治理，大量的灾后重建项目需要建设，灾后重建碳排放的需求与环境保护、节能减排之间的矛盾十分突出；广元是长江上游生态保护区、秦巴山区生物多样性功能保护区，建设长江中上游生态屏障和生物多样性功能保护区是对广元科学发展的严峻考验；广元经济结构不合理，如何逐步实现产业结构的有序进退，淘汰落后产能，加快结构调整，增强发展动能，是广元实现持续快速发展所必须解决的首要问题。

2008年11月，广元举办的“中国高校书记校长地震灾后广元行”活动拉开低碳发展序幕，随后举办了多场报告会，邀请国内外知名专家作有关低碳发展的专题报告，为全市低碳发展借力引智，聘请知名专家学者为广元低碳发展进行高水平科学规划。2009年8月，广元与中国社科院可持续发展研究中心、世界自然基金会联合举办了“低碳重建与企业发展（中国·广元）国际论坛”，聘请了一批低碳经济发展顾问，形成了“低碳重建与企业发展国际论坛广元共识”。在此基础上基本确立了以清洁能源优势为支撑，以资源高效利用、循环利用和生态广元建设为重点，以项目建设和产业发展为载体，以技术和制度创新为动力，以节能减排、增加碳汇为目标，从政府主导、市场引导、公民意识着手，全力推进低碳发展的总体思路。

明确目标，创新制度，实化举措，努力开创低碳发展新路

广元不可能像发达地区一样投入大量的资金进行技术研发、设备更新和产业转移，然而广元也具有很多的后发优势，其中以丰富的清洁能源禀赋和良好的生态环境最具代表性。基于这样的优势，广元提出了以“三个创建”为抓手，以“六项制度”为保障，促进实现“三个低碳化”为目标的“三创促三化”低碳发展路径，努力争创中国西部低碳发展示范城市。

以“三创”为抓手。一是大力创建“国家森林城市”，积极培育优良的生态绿色环境。良好的生态环境能够促进二氧化碳的吸收，有效增加碳汇能力和环境承载能力。作为嘉陵江上游的生态屏障，良好的生态环境是广元低碳发展的优势和基础。2009年初，广元提出并全面启动“三年建成国家森林城市”工作，实施了城区绿化、城周绿化、两网绿化、森林保护、生态旅游、村镇绿化等十大工程，提升生态环境质量。二是强力创建“低碳产业园区”，积极壮大低碳产业支撑。低碳产业是低碳发展的核心，是实现发展的支撑和动力。通过创建低碳产业园

青川县板桥乡房屋使用太阳能

区，促进园区企业和相关单位在技术设备改造更新、节能降耗等方面进行大量投入，逐步实现园区低碳化，再由园区这个“点”扩展到相关产业、相邻地区这个“面”，起到示范带动作用，壮大低碳发展的产业支撑。三是努力创建“西部低碳宜居城市”，积极倡导人民群众低碳生活。创建“西部低碳宜居城市”既科学合理，又令人振奋，这既是一张城市名片，也是对低碳发展各项工作的整体考量，特别是能够激发人民群众积极参与创建活动的热情，进而提升人民群众低碳认识水平，树立低碳生活理念，推进低碳生活方式。

以推进“三化”为目标。一是推进市域能源结构低碳化。低碳能源结构是实现低碳发展的重要基础，广元结合资源优势和特色，通过对天然气、水能、风能等清洁能源的大力开发，以及对工业、交通、建筑等重点用能领域的节能降耗，从供能和用能两个层面入手，实现能源结构低碳化。二是推进产业结构低碳化。低碳产业是实现低碳发展的核心，广元以加快发展新型工业，做大做强“五大”产业基地；严格能耗和排放约束条件，设置项目准入门槛；加快淘汰高污染、高耗能设备工艺，推进企业低碳调整；加快技术研发提升，形成低碳化产业基地等四条路径，实现产业结构低碳化。三是推进城乡居民生活方式低碳化。充分发挥媒体的平台作用和舆论引导作用，向公众宣传普及相关低碳知识理念，引导市民逐步形成主动节约资源和能源、减少消耗和排放的消费意识和习惯，倡导节约、自然和环保，使生活环境更加宜居、生活方式更加低碳。

以“六项制度”为保障。通过政策引导企业和个人积极融入低碳发展的框架中来，进而推动低碳发展进程。近年来，先后出台了以严格项目引进标准为内容的《工业发展招商项目低碳

评审制度》，以督促低碳发展目标落实为内容的《低碳发展目标责任评价考核制度》，以明晰低碳发展目标及路径为内容的《低碳发展实施意见》，以规范碳交易市场为内容的《碳交易管理规范细则》，以低碳企业、低碳园区评价管理为内容的《低碳认证管理办法》，以倡导大众低碳生活为内容的《低碳生活公约》等六项制度。这六项制度的确立，从多个层面对公众行为和发展方向进行了约束和规范。

树立理念、突出导向、彰显特色，低碳发展成效明显

2009年至2011年，通过“三创促三化”的不断深入，广元低碳发展取得了阶段性成效。

灾后重建彰显低碳特色。在灾后重建过程中，广元率先提出并实施低碳重建。大力推进“低碳产业园区建设”，三年灾后重建中投入资金43.5亿元，新开发工业园区45.5平方千米，建成新材料、电子信息、生物能源等低碳产业园区13个，工业增加值增长1.97倍，园区内亿元工业企业增长1.7倍。在重建中推广建筑节能技术和材料，推进现有建筑节能改造，对新建的463个住房和公共建筑项目严格按照节能50%的标准进行设计、修建，在市城区安装LED灯和普通节能灯4万盏，建成了一批节能减排示范小区。在龙门山地震断裂带推广建设具有川北民居风貌，抗震能力强的木结构、轻钢结构住房6万余户（套），户均减少用砖2.5万匹、节约资

广元城区天然气储配站灾后重建工程竣工，低碳发展和“气化广元”迈出坚实步伐。

城市绿道　低碳出行

金3万余元，节约标煤39.2万吨，减少二氧化碳排放97.7万吨。在生态修复和重建方面，完成林草植被修复59万亩，大力实施退耕还林、天然林保护等林业生态工程，道路、水系绿化率达到90%以上，全市森林覆盖率达到 53.2%，城市建成区绿地率达到39.6%，全市生态系统固碳能力达到1244万吨。

产业结构突出低碳导向。坚持三次产业协调发展，严格执行项目环评制度，对环评不达标企业一律不予审批，对产能落后、排放不达标和减排落后的小炼焦、小水泥等企业，实施关闭55家、整合转产79家、完成工业企业“煤改气”317家。三年新引进招商企业497家，全部符合低碳发展要求，其中70%的工业项目属于低碳发展产业项目。坚持优先发展清洁能源、电子机械、旅游等低碳产业，先后被命名为国家先进电子产品及配套材料产业化基地、国家循环经济产业示范园区、中国食品产业发展重点园区、四川省重点支持和发展的能源基地。着力构建煤电建材企业的循环产业链条，加大对炉渣、粉尘等废弃物的综合利用，初步形成循环经济发展模式。震后全市综合治理利用固体废物430万吨、废气120余万吨，2010年全市工业固体废物处置利用率达到97.8%。广元海螺水泥、启明星等多家企业采用了余热回收发电技术，10多家企业正在申报CDM项目。大力发展绿色农业，推广测土配方技术，减少普通化肥施用量，减少环境污 染和温室气体排放。2010年，全市万元GDP能耗下降6.12%，化学需氧量、氨氮和二氧化硫排放量分别同比下降2.09%、0.64%、 0.89%。碳交易项目得到突破，已实施“世博绿色出行”碳中和项目低碳公交卡等5个碳交易项目。2012年4月，成立了四川省首家环境交易所，目前，全市申报和已被受理的碳交易项目总额达1.75亿元人民币。

能源体系富有低碳特征。截至2011年底，加快发展水电能源，全市水电装机达87.57万千瓦、风电装机3万千瓦、生物质能源发电装机6万千瓦，清洁能源装机占全市总装机量的

92.4%，年发电量占总发电量的92.6%。装机110万千瓦的嘉陵江亭子口水利枢纽工程正加快建设，2011年底在建装机121万千瓦。2008年启动“气化广元”清洁能源行动，中石化、中石油在我市元坝气田、九龙山气田、龙岗西气田正加快建成产能总投资近30亿元的天然气综合利用项目。全市城镇天然气用户达11.52万户，气化率达 72%，年减少二氧化碳排放11.5万吨。建成农村沼气29.6万口，入户率达50%。加快太阳能、风能、地热能开发利用，全市清洁能源生产生活占比达到95%，其中，天然气、沼气等清洁能源在全市一次能源消费结构中的占比达到20%，全市城市清洁能源使用率达73%。单位能源消费碳排放量0.52吨碳/吨标煤，比全国平均水平低13.3%。

生活方式崇尚低碳理念。广元将8月27日确定为“广元低碳日”，大力开展“倡导低碳生活，建设低碳城市”系列主题活动。积极开展低碳生产生活方式进社区、进企业、进机关、进学校活动，培养市民养成良好生活习惯，减少碳足迹，增强了节约用电、用水、垃圾循环利用等自觉意识。截至2011年底，城市100%的出租车、96%的公交车完成油改气，农村正全面启动节能灯PCDM项目。树立绿色交通理念，投放了5000辆便民自行车，在城区规划建设了20多千米绿道。大力推广CNG，全市公共交通“气化”实现全覆盖，年用气量17万立方米，以汽油为基准，减少二氧化碳排放4230吨、二氧化硫128吨、一氧化碳906吨。

广元低碳发展对后发地区转变经济发展方式的启示

通过三年多的实践与探索，广元按照中央和省委省政府要求，结合实际落实科学发展观，初步走出了一条低碳、绿色的快速发展之路，同时用事实证明，后发地区也完全能够走低碳发展之路。

坚持以科学发展观为指导大胆决策，是后发地区推进低碳发展的前提。在全球气候变化危机、能源危机和金融危机叠加的严峻形势下，低碳发展正逐步成为国际社会的共识，符合世界发展的现实需要，符合人类可持续发展的良好愿望，是实践科学发展观的有力体现。面对加快发展需要和所面临的环境承载压力，不能因经济欠发达就在快速发展中以牺牲环境为代价，必须放眼世界与未来，进行科学研判、敢于大胆决策，虽是后发地区，依然可以走低碳重建、低碳发展之路，给子孙后代留下绿水青山，实现可持续发展。

抓好全民宣传教育克服“三个误区”，是后发地区推进低碳发展的基础。低碳发展最典型的认识误区有三个：低碳发展是发达地区的事；低碳发展就是“不发展”、“慢发展”；低碳发展是降低生活水平，回归“原始社会”。针对这样的认识误区，广元组织开展了一系列的宣传教育活动，普及低碳知识，倡导低碳理念，为广元低碳发展奠定了思想基础。实践证明，低碳发展并非只是发达地区的事，后发地区走低碳发展之路，也不是“慢发展”，更不是“不发展”，而是科学发展、跨越发展、又好又快发展。

充分发挥自身优势突出地域特色，是后发地区推进低碳发展的突破。充分挖掘特色资源，发挥自身优势，突出地域特色，这是后发地区扬长补短，发挥比较优势，实现后发地区低碳发展的突破口。后发地区要解决贫困问题，地震灾区要恢复重建，必须坚持发展“第一要务”。但如何发展，走什么样的发展路径至关重要。后发地区工业化、城市化起步晚，经济模式和工业体系尚未完全定型，产业向低碳经济调整和转型具有成本低、阻力小、动作快的优势。广元立足自身独特的环境优势和资源禀赋，选择“三创促三化”的低碳发展路径，既具有广元特色，又符合科学发展规律。

制定正确的政绩考核机制，是后发地区推进低碳发展的有力保障。建立健全科学合理的考核体系，形成正确的政绩考核机制，全面准确地考核评价干部的工作成绩，能够充分调动干部工作的积极性和主动性，保障各项决策部署的贯彻落实。广元建立了科学的《低碳目标责任评价考核制度》，把低碳发展的执行力度和成效纳入政绩考核范畴，极大地激发了各地区各部门贯彻落实低碳发展各项工作部署的积极性和创造性，为低碳发展取得显著成效提供了有力保障。

二、发挥组团特色建设“四宜”广元

近些年来，广元加大主城区建设力度，根据市城区地处嘉陵江、南河河谷地带，城市发展用地主要是沿河谷带状分布的平坝和浅丘的自然条件，将城市空间结构定位为“一心两翼”的“人”字形带状组团结构（“一心”，即中心城区组团，包括11个功能片区；“两翼”，即由元坝、荣山两镇区组成的东翼元坝组团和由宝轮、昭化两镇区组成的西翼宝昭组团），按照“拉大城市骨架、拓展城市空间、完善城市功能、改善人居环境、提升城市形象、促进经济社会发展”的工作思路，抢抓灾后恢复重建有利时机，强力打造宜居、宜业、宜商、宜游的“四宜”新广元。

强力打造“宜居”环境，让大山大水变青山秀水

紧紧依托城市山环水绕的自然特征，大力实施城周绿化工程，深入开展国家森林城市创建活动，建立起了我国西部规模最大的国家级城市湿地公园——南河湿地公园，主城区建成西城香樟大道、东坝桂花人道、南河女贞大道、嘉陵梧桐大道等城市特色林荫大道，城市道路绿化率达98%以上，人均公园绿地面积达9.97平方米；结合市城区风貌塑造，投入2000多万元，实施南河夜景照明工程，形成沿江河两岸的灯光与水面交相辉映的优美景观，让南北特征兼具的大山、大水变成了青山秀水，城市青山环抱、市域绿水环绕的生态网络基本形成，每年的空气质量优良天数为364天，被评为省级园林城市和森林城市。下一步，将继续以保护城市生态环境为前提，构建以“四山（南山、黑石坡、天台山、牛头山）四水（嘉陵江、南河、清江河、白龙江）”为主体的生态系统，新建上寺盘电航工程，城区水面将达到7平方千米以上。到2020年，建成区绿化覆盖率达到45%以上，人均公园绿地面积达到11平方米，真正把广元建成生态宜居的“园林城市”。

全力搭建“宜业”平台，让安居、创业两不难

为提升城市人气，吸引更多的人才到广元安身、创业，一方面，全面实施“三个万套（万套廉租房、万套安居房、3万户棚户区改造）”工程，强力推进保障性住房建设，保障性住房建设速度位居全省前列。“十二五”期间，规划建设公租房1万多套，着力解决新就业职工和引进的特殊人才的“安身”问题；规划建设经济适用房和廉租房1.2万多套，解决低收入人群的居住难题。另一方面，结合组团城市的特点和全市产业发展思路，在中心组团的袁家坝、来雁、盘龙、大石等片区规划建设工业园区，引进规模以上企业100余家，初步形成了有色金属、机械电子、食品饮料三大主导产业和生物医药、纺织服装、新能源、新材料、现代物流服务业等五个重点产业，就业、创业的机会明显增加。“十二五”期间，将坚持“职住平衡”原则，重点加快“三江新区”（即嘉陵江、白龙江、青竹江三江流域的宝轮、昭化组团）规划建设，力争到2020年再造一个“产业广元”。“三江新区”，必将成为“青春广元”集聚更多年轻人的新“硅谷”。

竭力创造“宜商”条件，让“川北门户”变“交通枢纽”

结合特殊的地理位置，广元将城市性质定位为“连接我国西北西南地区的综合交通枢纽”，加强对内交通连接和对外交通组织，变“门户”为“通道”，竭力优化“宜商广元”交通环境。对内，灾后重建两年多来，重点加强组团连接，投资近20亿元，新改扩建城市道路50多千米、桥梁4座，澳援嘉陵江大桥、西滨道二段等一大批重点工程全面完工，率先在全省地级城市中建起了便民公共自行车交通系统，电子路北延线、南河天成大桥等重点项目正加快建设；2011年，重点抓好“城市一环路”建设，到2020年，中心城区道路总长将达到724千米，“三环四横多联络”的自由网格状道路网系统全面形成，城市通行能力将得到全面提升。对外，建成“四干（宝成线、兰渝线、西成客专、广达线）两支（兰渝铁路连接广元天然气化工园区的专用铁路、广元港专用铁路）一枢纽（广元铁路枢纽）”铁路网，构建“五线（广绵、广陕、广甘、广南、广巴）三横（木马高速、绕城高速、金旺高速）”高速公路网，完善“三环五横八射线”干线公路网，形成“一港一航道”内河水运通道，建设“一场一区多航线”航空港，加快形成半小时到县区、1小时到毗邻地市、2小时到周边四大省会城市（成都、西安、重庆、兰州）、8小时到全国各地的通畅、便捷、高效、安全交通圈，真正把广元建设成为连接西南西北的综合交通枢纽。同时，依托荣获“2010年度十佳品牌节庆活动奖”的中国·广元女儿节、荣获“2010年度中国十佳品牌会展中心”的广元国际商贸会展中心，打造老城商业中心（商业步行街、南北街、鼓楼、城市之鑫、永隆商城等购物中心）和东坝利州广场商业中心，继续在中心城区加快规划和建设上西、下西、宝轮三大区域性物流园区和红岩港水运物流中心，到2020年，中心城区仓储用地达340公顷，占城市建设总用地的4.9%，商贸物流产业得到进一步发展壮大。

倾力建设“宜游”城市，让城市变成景区、把景区建在城市

作为全国优秀旅游城市，独特的女皇文化、三国文化和红军文化让广元独具魅力。广元坚持“让城市变成景区、把景区建在城市”的思路，倾力打造“宜游广元”品牌。一方面，全面升级改造了国家AAAA级景区皇泽寺、千佛崖，剑门蜀道风景名胜区被命名为国家级“双遗产”风景名胜区，重新打造三国重镇——昭化古城，依托南山打造出了南山湿地公园，在红四方面军“九华岩之战”遗址新建了红星公园；另一方面，在重要街道、重要节点建起了凤凰楼、利州广场、廊桥等景观性精品建筑，风貌塑造后的利州东路平桥段以其琴台楼榭、山水相映的特色跻身“四川最美街道”前20强，以武则天母亲杨氏在利州“江潭感孕”为载体新建的“两江亭”建成后将成为中心城区又一景观性标志建筑。同时，我们着力在中心城区打造“五大特色风貌区（嘉陵、昭化两座古城景观风貌区，东坝、南河等五大核心景观风貌区，袁家坝、土基坝两大工业主题景观风貌区，下西、上西两大物流门户景观风貌区，南山、天台山等四大山地景观风貌区）”，建设摩尔天城、凤台宾馆等4个五星级宾馆及一批三星级以上宾馆，打造多条以地方特色为主的美食街区，配套建设一批休闲娱乐场所，进一步完善旅游接待设施。让女皇故里处处是风景，处处让人流连忘返，成为川北重要的旅游目的地。

三、生态文明小康新村建设促进“三农”大转变

2009年至2011年，广元立足贫困山区实际，先后启动实施7个示范片建设（其中省级2个、市级1个、县区级4个），每年按示范村、重点村、一般村三类启动实施200个村4万户的生态小康新村建设。特别是灾后重建以来，按照“全域、全程、全面小康”和“三打破、三提高”的要求，高起点、高标准、高规格、全方位开展农村灾后重建，着力建设生态文明小康新村。坚持规划先行，把生态小康新村与灾后重建、连片扶贫开发、基础设施建设、重点工作、城乡环境综合治理、提升农民素质有机结合，突出住房重建、产业重建和设施重建三大重点，截至2011年底，全市高标准、高质量打造了19.6万户灾后重建农房，共建设各类生态小康新村1187个（其中达到示范村标准的有360个），有33万农户基本达到生态小康户标准，占总农户的45%，初步形成了“生态产业型”、“庭院经济型”、“乡村旅游型”三种发展模式。

如今的广元，“最美的是农村”，新农村建设使农村主导产业快速推进、村落民居特色建设与基础设施不断完善、公共服务逐步配套、机制体制不断创新。农村居民生存环境跨越20年，发生了天翻地覆的变化；农村基础设施跨越20年，书写出战天斗地的壮丽诗篇；农村教育文化跨越50年，展示出精彩辉煌的巨幅画卷；农村产业建设体现出绝地逢生的超常发展。

新村建设的成功，源于广元干部群众的创新实践和超常付出

抓住关键，确保农房重建选址与房屋结构设计符合新农村建设的要求。以坚持有利于生产发展、有利于社会管理、有利于提高群众生产生活水平“三个有利于”为前提，注重当前与长远、分散与集中、统建与自建“三个结合”，注重“田园风光、错落有致、特色鲜明”，将农房重建与优化城镇体系空间布局和产业布局、提升产业化水平等统筹起来，通盘考虑，科学规划，在群众自愿的基础上，适度向灾后重建规划的重点集镇和村庄集中。同时分类指导，大力调整农房结构。打破农村单一的传统砖混结构建房模式，大力引进新材料、新工艺、新技术，采用预制木结构、轻钢结构、钢木结构、全木结构及穿斗木结构住房，注重风貌塑造，既彰显“小青瓦、白粉墙、人字顶、木门窗”川北民居特色，又大大缩短了建房工期，降低了成本，较好地将新农村建设的要求落实到了农房重建中。

科学规划，确保新农村建设在灾后重建中得到提升跨越。始终把农村灾后恢复重建作为一次改善农村面貌、提升村民幸福指数、实现农业农村发展起跳的重大机遇，立足通过农村灾后重建实现新农村建设目标。规划的主轴就是要求灾后重建与新农村建设有机结合，让新农村贯穿灾后重建的始终。规划的原则就是按照新农村建设的标准，做到高起点、高规格、超前性规划。规划的主要内容涵盖我市以生态小康新村为载体的新农村建设的“四新一建”，即发展

澳门爱心民居工程——广元市利州区群心村

新产业、营造新家园、培育新农民、打造新环境、建设好班子，确保灾后重建全面、全方位展开。规划的项目涉及统筹城乡、现代农业发展、生态环境建设、低碳重建等方面，确保农村灾后重建按规划建设新农村不走样。

整体推进，准确把握新农村建设的总体目标。

新村建设整体推进。各地按照“三打破、三提高”和“四注重、四提升”的要求，从优化农房规划布局、提升农房建筑风貌造型上着力，制定了新农村农房建设规划，改变了农村乱建、随意建、按风水建的陋习，严格推行按规划布局、按规划修建。各地加强对新农村村落村庄和农房建筑风格设计的分类指导，既注重体现不同地区、不同经济条件下农房风格的多样性，又注重村落村庄农房布局与周边环境的协调统一；既注重适用现代文明成果，又注重体现当地民风民俗；既注重农房外貌的设计，又注重内部功能的配套。

基础设施建设整体推进。地震造成大量基础设施严重损毁，严重影响灾区群众的生产生活。广元坚持把重建基础设施，尽快恢复灾区群众基本生产生活条件放在突出位置，争分夺秒加快水、电、路、通信等基础设施重建进度，大规模、大力度开展农村基础设施建设，为有力提升农村基础条件、全面夯实农业综合生产能力和可持续发展能力奠定了坚实基础。三年重建，不仅如期完成了灾后农村基础设施恢复，而且抓住机遇，开工上马了一批重大基础设施项目。总投资157亿元的亭子口水利枢纽工程项目开工建设，投资11亿元的昭化电站工程项目

正抓紧实施，投资10余亿元的苍溪航电工程和投资近亿元的剑阁下寺调蓄雍水工程全面开工，投资9.6亿元的上石盘航电枢纽工程开工建设，投资1.6亿元的嘉陵江市城区段堤防工程全面完工。村村通硬化路工程全面铺开。首批实施了大中型养殖场沼气工程7处、4500立方米。截至2011年底，整合资金投入13.37亿元，新建和整治渠道850余千米，修建各类供水工程5.5万余处，新增和恢复蓄引提水能力约6000万方。新建蓄水池980口，整治山平塘1180口。开工整治病险水库54座。建设高标准农田10.3万亩，实施沃土工程312万亩次。建成农村通乡油（水泥）路636千米、通村公路1111千米。新建户用沼气池2万口。新增各类农机具2.98万台，全市农机总动力达220万千瓦。

产业发展整体推进，实现了农业增产增收的好成绩。优势特色种植业发展持续加快：通过大力调整农业内部结构，推动优势特色种植业向适宜优势区域集中集聚发展，优势特色种植业基地建设成效明显。苍溪县建成中国红心猕猴桃和雪梨之乡，青川县建成中国重要的黑木耳基地县，白龙湖库区建成中国油橄榄生产基地和白龙湖银鱼等有机水产品养殖基地，旺苍县建成四川重要的有机富硒富锌绿茶基地，朝天区建成中国核桃之乡和高寒山区露地错季蔬菜生产基地，剑阁县建成优质烟叶生产基地。截至2011年底，全市实现水果产量39.4万吨、增长5.4%，茶叶4161吨、增长9.32%，中药材6万吨、增长2%，蚕茧5005吨，烟叶18.1万担。畜牧产业持续健康发展：新建各类畜禽生态养殖小区65个、畜牧科技示范养殖园区10个，畜牧业实现产值95亿元，增长22.6%。现代林业加快发展：新建工业原料林20万亩，新发展核桃基地20万亩、黑木耳2440万棒，实现林业产值70.8亿元以上，增长34.8%。我市“三化一转变”山区林业综合开发模式受到省委、省政府的充分肯定并在全省推广。水产业发展取得新突破：水产品总量达

2010年青川县青溪镇阴平村

到5.6万吨，总产值12亿元，增长10%，渔业为全市农民人均增收达40元以上。

公共服务整体推进。按照城乡统筹发展理念，广泛开展以村级组织活动场所和便民服务中心、农民培训中心、文化体育中心、卫生计生中心、综治调解中心、农家购物中心（即“1+6”）为主要内容的村级公共服务活动中心建设，加快农村教育、卫生、就业和社会保障、人口计生、文化、体育、信息化等事业发展，使更多的公共产品和公共服务投向农村，促进基本公共服务均等化。目前已建成“1+6”活动中心1446个。

组织建设整体推进。全市2400多个村新建村级活动室1100多个，加固维修1000多个，基本达到村村有活动阵地，严格实行村务公开制度，加强以村党组织为核心的村级组织配套建设，全面推行“四议两公开一监督”工作法，村级组织的凝聚力、战斗力增强。

创新机制，聚合社会各方力量共同推进。

加快土地制度改革。截至2011年底，全市土地流转面积总计达到110万亩，占耕地总面积的44.8%。在全省率先完成集体林权制度改革，完成集体林确权面积1374.45万亩，确权率达99.8%。苍溪县成为全国100个林改工作先进县之一。全市农村集体土地所有权登记发证16822宗、发证率97%，农村集体土地使用权登记发证38.27万宗、发证率52.55%。城乡涉水事务一体化发展格局初步形成，小型农田水利产权制度改革面达80%，建立用水协会188个，管理灌溉面积9.8万亩。农业政策性保险效果良好。

创新投融资机制。充分发挥政府投入“杠杆”作用，配套优惠政策和激励措施，构建“项目资金为导向、农户投入为主体、财政投入为补助、社会资金为补充”的新农村建设多元投入长效机制。2011年，新农村建设总投资181429万元：一是财政直接投入12250万元，其中省级财政投入1350万元（苍溪县850万元、元坝区500万元）、市级财政投入100万元（利州区100万元）、县级财政投入10800万元。二是整合涉农资金投入48950万元，其中中央和省级40550万元、市级3950万元、县级4450万元。三是社会资金投入120229万元，其中金融机构投入16649万元、龙头企业及业主投入30075万元、农户自筹及其他（含投工投劳）73460万元。

创新农业经营机制。充分发挥市场的主体作用，完善“龙头企业+专合组织+农户”的利益联结机制。至2011年底，市级以上重点龙头企业累计达85家，实现年销售总收入71.69亿元，增长26.26%。龙头企业共建标准化基地113.64万亩，比上年新增8.64万亩。新规范发展农民专合组织109个，农民专合组织总数达到846个，成员农户8.48万户，实现销售收入20.51亿元，有效组织千家万户开展标准化生产，促进农产品流通。

创新工作推进机制。推行“一项重点工作确定一名领导牵头负责、1—2个责任单位牵头承办、多个单位协同配合”的攻坚克难工作机制；开展乡镇之间、部门之间“四比”竞赛机制，有效推动各项建设。着力构建“五个一”的生态小康新村建设工作机制，做到“一个规划统、一套班子抓、一个部门帮、一个龙头带、一个协会联”，从而形成加快新农村建设的保障机制。

新村建设的成效正在日益显现

新村建设促成了自然村落向幸福家园的原地起跳。全市共建立具有新型社区性质的农村集中居住点848个，建生态小康新村600多个，有1.8万户农村居民告别边远山区搬进和谐的社区生活。生产生活条件的改善，使农村居民从此告别了“日出而作，日落而息”的传统生活方式，享受现代文明。

新村建设促成了传统农村向现代农村的历史巨变。灾后重建让农村基础设施跨越20年。2009年至2011年，整修震损水库494座、重建各类微型水利工程6785处、恢复中小型灌区渠道525千米、新建渠系1057千米、新建蓄水池1800口、恢复水方2.3亿方、改善灌面50万亩。有效推动了基本农田实现高标准建设，建设高标准农田103.16万亩。农村公路基本实现100%乡镇通油路水泥路，100%的行政村通公路，50%的行政村通油路、水泥路。有效推动了生态建设实现超常发展。三年重建，人工造林15.6万亩、封山育林19.3万亩、飞播造林1.4万亩。全市森林覆盖率达53.1%，比震前提高了近2个百分点，共治理水土流失面积520平方千米。青山绿水、房在景中、居在村中、人在画中、优美和谐，构成了广元新农村的鲜明特色。

新村建设促成了传统农业向现代农业的成功跨越。2009年至2011年底，全市共投入46.4亿元，累计规划建设现代农业示范园区41个，核心园区总面积达到41.8万亩，覆盖89个乡镇、18.2万农户，农民人均纯收入达6600元以上，比非园区农民人均纯收入高出2000元以上。通过

苍溪梨乡

加快园区建设，带动了现代农业产业基地发展，支撑了新农村建设，促进了统筹城乡发展。其中，11个园区被认定为全省首批现代农业万亩示范区，苍溪县被认定为国家现代农业示范区，苍溪县、旺苍县、朝天区先后被命名为全省现代农业（林业）产业基地强县（区）。截至2011年底，全市有市级以上重点龙头企业85家，建核心示范基地105万亩，带动农户43.65万户，占总农户的65.15%，农产品加工企业产值占工业总产值的38.7%。新规范发展农民专合组织109个，其中新增省级示范专合组织8个，农民专合组织总数达到846个，成员农户8.48万户，实现销售收入20.51亿元，增长30.8%。农业产业化经营组织带动农户面达66.23%，农产品加工产值占全市工业产值的40%，有力提高了农民的组织化程度。新建无公害农产品基地20万亩、有机农产品基地15万亩、绿色农产品基地11万亩。通过开展优势农产品品牌整合，已形成“广元七绝”和“剑门关森林土鸡”等优势农产品品牌。围绕快捷、高效、安全、方便的现代物流体系建设，震后新建了永隆农产品批发交易中心、川陕甘农产品批发市场2个大型交易批发市场，青川山珍市场、朝天核桃市场、旺苍茶叶市场、剑阁药材市场、苍溪苗木药材市场、苍溪小家禽市场6个特色农产品市场。2011年，第一产业实现增加值83.8亿元，增长4.4%，增速居全省第4位；农民人均纯收入4894.75元，增长21.3%，增速居全省第3位。农村劳动力转移就业86.9万人，实现劳务收入72.28亿元，增长24.04%。农村经济发展实现了质的飞跃。

新村建设促成了传统农民向新型农民的迅速转型。结合新村建设，大力开展现代农业知识与技术培训，通过劳务输出外出务工，或就近在龙头企业、专合组织及其业主的带动下，从事特色种植业、养殖业，许多农民已成为具有科技文化知识、具有一技之长、从事现代农业的新型产业工人。大力推动乡村旅游业发展。截至2011年底，全市新建6大乡村旅游带、面积2200平方千米，新发展农家乐2500户（其中星级农家乐600户）、乡村旅游景点30个，形成了“小桥流水、绿树成荫”的新时期田园风光，吸引八方游客，更让一批具有特色优势的农户在从事第三产业的活动中成为新型产业工人。

走进如今的广元新农村，一幅充满生机与活力的美好画卷尽现眼前：宽阔的柏油路，两边精心种植着绿树青草，盛开着醉人的鲜花，一派欣欣向荣、生气蓬勃的景象；生活在这片希望田野上的男女老少，无不怡然自得，他们脸上洋溢着幸福的笑容，让人真切地感受到地震的阴霾早已消散殆尽！

新村建设的主要经验

新村建设的成功，广元创造了“坚持一个思路、抓住三个重点、创新四个机制、抓好五个结合”，以产业园区为载体整体性推进生态小康新村建设的主要经验。

坚持一个思路，以产业园区为载体、成片成带整体性推进生态小康新村建设。广元山区山地、丘陵占面积90%左右，低产田地占耕地面积80%以上，农业生产仍然以分户经营为主；农民居住比较分散，大多以自然村庄和农家院落为主，基础设施建设难度大。自然灾害易发多发，农村贫困范围广、程度深、原因复杂，自我发展能力弱。围绕脱贫致富奔小康目标，广元不断地探索符合山区实际的新农村建设实现途径，先后经历了以“户办工程”为主的扶贫新村、以“庭园经济”为主的示范新村、以生态为特色和小康为目标的生态小康新村建设三个探索阶段；与此相对应，先后经历了以户为主、连户推进、整村推进三个发展阶段。省委、省政府作出新农村示范片建设工作安排以来，广元逐步探索确立了以产业园区为载体、成片成带推进生态小康新村建设的具体思路。坚持“建园区促新村、兴产业促增收”，在集合要素、集聚产业、集装配套、集约发展上下工夫，通过大整合、大建设、大发展，加速形成一批优势突出、特色鲜明、辐射带动力强的现代农业园区、现代工业园区、生态文化旅游园区、新型职业教育园区，努力形成“产业发展集中成园、农房建设聚居成点”的产业园区与新村建设联动发展新格局。2011年，全市已建成现代农业园区41个、现代工业园区13个、生态文化旅游园区19个、新型职业教育园区2个，直接覆盖280多个、辐射带动700多个生态小康新村建设，初步呈现出生态产业、生态农家成片成带建设的新农村发展模式。

抓住三个重点，始终突出规划引领、村落建设和园区发展。一是抓规划引领，贴近山区实际。为系统安排、全面指导新农村建设，广元在深入调查、反复研究、听取各方意见的基础上，制定印发了《关于以产业园区为载体整体性推进生态小康新村建设的意见》，对新农村建设作出整体性工作安排，提出了“把握‘三个阶段’、划分‘三大类区’、突出‘四个依托’”的要求。以县区为单位，集中开展全域、全程、全面小康建设新农村“1+3”规划设计。依托高等院校和科研院所，高标准、高起点编制现代农业园区规划，明确产业重点和新村布局。以村为单位，开展村庄院落及聚居点建设布局规划和风貌风格设计。以户为单位，完成了农房单体设计，为农户无偿提供各个类型、多种风格房屋样式共计30余套设计图。逐步形成纵横贯通、全域覆盖的规划体系，做到规划引领、科学推进。二是抓村落建设，改善人居环境。按照省委书记刘奇葆提出的秦巴山连片扶贫地区坚持民生优先、把新村建设放在新农村建设优先位置的要求，以民居村落建设、改善人居环境为重点，立足“三打破、三提高”，坚持集约节约、宜居宜业，宜聚则聚、宜分则分，相对集中、适度规模，因山就势、错落有致，区分重点特色乡镇、中心村、聚居点和散居农户不同类别，新建改建并举，分类组织实施。结合灾后农房重建和危旧房改造，实行统规统建、统规联建、统规自建。巩固灾后农房重建和镇村体系建设成果，本着缺啥补啥、提升建设水平的原则，完善功能设施与风貌塑造同步推进。组装配套生产生活基础设施，坚持改水、改土、改厨、改圈、改厕“五改”，做到通气、通硬化路、通电、通电话、通电视“五通”。集中建设村卫生室、便民中心、村级组织活动场所、供排水、垃圾收集处理等公共服务设施。极大地改善了农民生产条件和居住环境，为改变传统落后的生活习惯和生产方式创造了基础条件。三是抓园区建设，夯实产业基础。立足山区特色、绿色、生态资源禀赋优势，注重发挥“两个带动”作用，坚持龙头企业、农村专合组织、标准化规模基地“三位一体”，集聚要素，建设园区，推进农业产业化经营，转变农业发展方式。

加快建设现代农业、工业、生态文化旅游、新型职业教育等产业园区，推动特色农产业基地向现代农业园区集中、农产品加工企业向现代工业园区集中、农户向聚居点集中。通过大力发展畜牧、林业、果蔬三大优势主导产业和猕猴桃、木耳、核桃、烟叶、茶叶、油橄榄等六大特色产品，以“广元七绝”为主的现代种植业、以生猪和“剑门关土鸡”为主的现代养殖业发展明显加快。

创新四个机制，有效破解新农村建设的难题。一是创新投入机制，突破资金瓶颈。以产业园区和生态小康新村建设为平台，以新农村建设规划为引领，统筹整合土地资源、扶贫开发、以工代赈、沃土工程、水利建设、移民搬迁和交通、林业、社会事业、基层组织建设等各类涉农项目资金，由分散投入转向集中统筹。确保全市每年整合各类涉农项目资金10亿元以上，集中投入生态小康新村和农业园区建设。增加市、县（区）财政投入，发挥杠杆作用。市政府每年对考评的20个生态小康新村建设先进村，采取以奖代补形式一次性奖补每个村100万元。采取“一事一议”，充分调动农民出资出劳积极性。加大招商引资力度，鼓励企业、业主、个体积极投入园区建设。二是创新工作机制，构建组织保障。加强组织领导，强化目标责任。构建市、县（区）、乡镇、村四级联动领导责任制，建立横向到边、纵向到底的目标考核体系，对各级各部门按职能要求落实责任和目标任务，从市到县区、乡镇、村直至建卡规划的建设农户，都明确分年度目标任务，实行逐级考核、评价，并纳入年度工作奖惩。三是创新竞争机制，增强建设主动性。对园区布局和新农村建设示范片、示范村的选择，实行公开竞争，运用群众主体参与方式，有效解决新农村建设“干不干、干什么、怎么干”的问题。规划建设项目经村民代表大会表决通过后参与公开竞争，充分调动和激发广大农民群众的主动性、积极性和创造性。四是创新管理机制，扩大基层民主。围绕农民需求、根据农民意愿、依靠农民力量，搞好村民自治，特别是健全村民“一事一议”和村务公开制度，发挥农民主体作用。形成农民群众自主投入、自主建设、自主管理新机制。

抓好四个结合，力求取得新农村建设的综合成效。广元地处秦巴山区，属连片扶贫开发项目实施区，承担着贫困人口脱贫致富、实现全面小康的双重历史任务。全市上下强化以民为本执政理念，把扶贫攻坚作为新农村建设的基础性工作，突出“解五难、抓产业、建新村”，结合“挂包帮”活动，坚持保障和改善民生优先，切实解决增收难、饮水难、出行难、上学难、看病难等问题，改善人居环境、培育主导产业、发展社会事业。抓住国家实施秦巴山区扶贫攻坚的政策机遇，整合扶贫开发项目资金，增加投资强度，推动贫困村向生态小康新村跨越。一是与灾后恢复重建有机结合。结合灾后重建开展新村建设规划，在基础设施、产业发展、农户建房方面合理布局，统筹配置学校、医院等公共服务设施。把灾后农村永久性住房重建作为新村建设突破口，相对集中、因地制宜打造出一批充分体现生态特色、地域特征和传统民俗文化特点的村庄院落，有条件的地方建设新农村聚居点和综合体。二是与农房拆迁安置有机结合。随着新型工业化、城镇化步伐加快和国家对西部地区重大工程的加速建设，拆迁安置日益增多。广元采取就近、方便、集中安置办法，引导拆迁安置户适度集中居住，规划建设新型农村社区、聚居点和综合体。三是与城乡环境综合治理有机结合。突出新村环境整治和房屋风貌塑造，深入实施“清洁城乡工程”，加强生态建设和环境保护，绿化、美化、净化人居环境，集中展现新村建设新风貌。合理布局，精心点缀，用智慧编织出美丽的城市绿网。创新管理，精心养护，用汗水浇灌着可爱的绿色家园。四是与提升农民素质有机结合。随着新村建设的推进，农民的居住条件和环境大幅度改善，生活方式、生产方式也发生着深刻的变化，这就要求不断提升农民综合素质。广元在新农村建设过程中，注重农民的素质教育。不断增强农民的文明意识，以适应新的环境和新的生活方式的变化。不断提高农民的文化素质和生产技能，以适应新的生产方式的要求。

今后，广元将紧紧围绕建设川陕甘结合部经济文化生态强市总体目标和2020年实现全域全程全面小康奋斗目标，用10年左右的时间，整体性推进生态文明小康新村建设，确保到2020年全市90%以上的村建成生态文明小康新村、95%以上的农户建成生态文明小康户，把广元建设成为秦巴山区生态小康新村示范市，与全国、全省同步实现全面小康。

| 第五章 |

民生事业大改善

近年来，广元市扎实推进民生工程，着力解决群众最紧迫的现实问题，在改善民生中，使群众得到更多实惠，不断提高群众的幸福指数。坚持就业优先原则，加大就业政策支持力度，千方百计稳定和扩大就业。进一步完善社会保障、社会救助、社会福利，发展慈善事业，实现新型农村社会养老保障全覆盖，健全城乡居民基本医疗保障体系。大力推进贫困地区连片开发，加快贫困群众脱贫致富步伐。着力提高住房保障水平，进一步加大保障性住房建设力度，重点解决城镇低收入家庭住房困难。

一、扶贫开发　有力助推山区脱贫解困

怎样抓住灾后恢复重建与灾后发展振兴机遇，抓好扶贫开发，促进山区脱贫解困？广元走出了一条特色之路，创造了在全省乃至全国较有影响的经验。

广元坚持一手抓灾后恢复重建，一手抓扶贫开发，坚持连片开发、整体推进、综合治贫，全力构建专项扶贫、行业扶贫、社会扶贫“三位一体”的大扶贫格局。把扶贫开发主战场放在受灾较重贫困村和集中连片的贫困村，以村为单位实现整村推进，坚持做到“政策倾斜到村、项目安排到村、资金投放到村、技术支持到村、对口帮扶到村、社会帮助到村、组织保障到村”，探索出一条从“贫困村”到“扶贫新村”到“生态小康新村”的扶贫开发特色模式。先后建立和完善了贫困首扶机制、多元投入机制、绩效考评机制、对口援建机制和对口帮扶机制；创造了“户办工程建家、三村建设连片”的苍溪模式。在贫困村设立村级互助资金支持贫困户发展，朝天区曾家乡高寒山区跨村连乡、跨乡连片、整村推进、综合治贫，以“马口样本”为代表的贫困村灾后自力更生重建家园等广元经验在地震灾区和全国推广。

自2008年至2011年底，全市累计投入各类扶贫资金近44509.02万元，完成规划的220个扶贫新村建设和710个灾后贫困村恢复重建（其中包括震后35个返贫村），培训农村青壮年劳动力

并转移就业2.69万人，开展农村实用技术培训15万余人次，农民人均年纯收入从3164元增加到2011年的4895元。

主要措施

坚持“三个瞄准”。即瞄准贫困户、重点贫困村和重点贫困区域。扶贫开发要始终瞄准尚未解决温饱问题的4.37万绝对贫困人口和基本解决温饱但不稳定的26.25万低收入贫困人口，始终瞄准10年规划中尚未建设的178个重点贫困村，始终瞄准北部高寒山区、升钟、宝电、亭子口移民区等重点贫困区域，从稳定改善基础条件入手，重点培育增收产业。到2011年，基本解决绝对贫困人口的温饱问题，实现1.2万生存环境恶劣农户异地移民搬迁，使低收入贫困人口的生产生活条件明显改善，温饱问题得到巩固，自我持续发展能力得到提升。

树立“一个观念”。即大扶贫的观念。改变过去就扶贫抓扶贫，把工作的重点由要点项目、分点计划转向围绕革命老区经济社会发展全局和市委、市政府的工作思路，跳出扶贫抓扶贫，充分发挥扶贫开发（革命老区）领导小组的领导、综合、组织、协调等职能，发挥扶贫项目资金的引导和黏合作用，放大扶贫效应，扩大扶贫成果。

突出“三个重点”。按照“一体两翼”的扶贫战略，坚持整村推进、连片开发、产业支撑。一是突出产业发展这个重点。根据中央新农村建设的“二十字方针”，把生产发展放在首位，所有启动建设的扶贫新村，都要拿出不少于30%的扶贫资金，重点用于特色产业培育发展。要依据全市产业总体布局，结合各地实际，按照户成园、组成片、村成带、乡镇成规模的基本思路，坚持一村一品、一乡一业，突出发展生猪、烤烟、工业原料林、蚕茧、猕猴桃、中药材、茶叶、核桃、食用菌、水产品等特色产业，培育农民增收的骨干产业项目，建好龙头加工企业的原料基地。二是突出基础条件建设这个重点。启动建设的扶贫新村，必须配套安排一定比例的资金，重点用于村组道路、连户路、微水池、沼气、人工井、改田改土等改善农户基本生产生活条件的基础设施建设，确保村组道路畅通，户与户道路连通，生产用水基本保障，生活用水达到安全饮用标准，人均有半亩以上稳产高产基本农田。三是突出人居环境改造这个重点。通过沼气项目建设，引导农户改厨、改厕、改圈配套，实现环境优美、村容整洁。与此同时，加强贫困村文化活动、教育卫生等社会事业和基层组织的建设，改善上学难、就医难的状况，培养良好社会风气，构建政治民主的和谐农村。

抓好“两种培训”。提高农民综合素质，是逐步减少农业人口，使农民成为市民的重要基础性工作。通过统筹社会办学力量，一是抓好农民工输出前的技能培训。通过统筹劳务扶贫和阳光工程资金，对农村18—45周岁初中文化以上的青壮年劳动力，开展非农技能培训，同时加强进城常识和维权知识的培训，提高他们外出务工的择业能力、就业水平和自我保护能力。二是抓好农业实用技术的培训。围绕特色产业，确定培训内容，突出科技含量和技术，使每一个在家的劳动力都能掌握1—2门种养技术，成为农业生产的“明白人”。

搞好“两个试点”。一是搞好扶贫到户贷款试点。任何愿意承接扶贫贷款任务的金融机构，均可发放扶贫贴息贷款。扶贫到户贷款除坚持用在贫困村、扶持贫困户的基本原则外，要积极支持直接带动贫困户增收脱贫的能人大户、个体经营户和产业发展示范户。只要是直接或间接扶持农户解决温饱、带动农户增收的项目，无论是种植业、养殖业、林果业、劳务输出、服务业、加工业、交通运输业、商业还是其他项目，都可以给予支持。二是搞好贫困村村级发展互助资金试点。贫困村村级发展互助资金试点，是为缓解贫困农户发展生产所需资金短缺问题，积极探索、完善财政扶贫资金管理使用新机制，提高贫困村农户自我发展、自我管理、互助经营和持续发展能力而开展的一项全新工作。通过建立互助资金，把财政扶贫资金由“死”钱变成“活”钱，把“小”钱滚成“大”钱；通过“民选、民评、民管、民有、民享”的群众参与式模式，使互助合作社真正成为农民家门口的“银行”。

完善“七个机制”。一是完善贫困首扶机制。坚持扶贫开发始终瞄准最贫困人口、最贫困的村和最贫困的区域，对贫困村中的绝对贫困农户，按每户不低于2000元的补助标准安排扶持项目，帮助他们发展生产、改善生活、解决温饱；对贫困村中的低收入人口，优先安排扶贫项目，优先使用扶贫资金，通过扶持，逐步改善其生产生活条件，形成自我持续发展的能力。二是完善统筹项目整村推进机制。以贫困村为载体，把新村扶贫、劳务扶贫、产业扶贫、村道扶贫、扶贫试点等扶贫项目配套安排到贫困村，并通过扶贫资金的引导和黏合作用，把各类涉农项目资金，教育、卫生、通信等社会事业发展项目资金，水利、交通、能源等基础设施项目资金，农业、林业、畜牧等产业发展项目资金集中打捆安排到贫困村，按照项目组装共建、资金打捆使用的要求，形成合力。三是完善竞争比选机制。总结扶贫新村竞争入围成功的经验，逐步把竞争机制引入各类扶贫项目的选择确定中，充分发动群众参与，社会监督，切实把知情权、决策权、监督权交给基层，还给群众。四是完善互助合作机制。借助贫困村村级发展互助资金试点项目实施的契机，及时总结推广成功经验，力争在所有当年启动的扶贫新村中安排一定的资金，建立互助合作社，通过互助合作，支持贫困村群众发展生产、改善生活，提高其自我发展、自我管理的能力。五是完善跟踪服务机制。扶贫、财政、行业主管部门，要分别对项目管理、资金使用、工程标准、质量、产业技术培训进行跟踪检查、指导服务，确保项目按规划内容建设，资金按政策要求使用，工程高标准、高质量完成。同时要指导贫困村对建成的公益项目、产业项目制定村规民约，加强后续管理，力求长期发挥效益。六是完善贫困村避灾保险机制。对贫困村农户的房屋、林木、种、养产业项目，通过与相关保险公司衔接，量身定做，鼓励农户积极参与财产和人身保险，逐步建立长效保险机制，在遇到自然灾害时尽量减少群众的损失。七是完善绩效考评机制。根据各地项目建设的标准、质量、进度、项目资金监管、扶贫效果等情况，严格考核，利用增减下年度项目资金计划的手段奖优罚劣。

深化社会扶贫工作。积极动员各级、各部门、各企事业单位、民间团体、民营企业、私人业主广泛参与扶贫开发。继续开展浙广合作，拓展合作领域，通过优化投资环境，把广元建成浙江和东部发达地区产业转移首选的承接地；继续加大对广元新村扶贫、劳务培训转移、移民、特色产业、干部交流、贫困学生救助等方面的支持力度。继续加大中央国家机关，省级机关，市、（县）区级机关定点帮扶的力度，积极做好中央国家机关、省级机关定点帮扶工作的组织、协调，主动上门汇报工作，争取更多的项目、资金和其他方面的支持。继续深化市、县（区）级机关定点帮村工作，进一步完善领导联片、部门帮村、干部包户制度，做到每个部门有领导分管，有人员落实，有具体措施，有帮扶成效。鼓励民间团体、民营企业、私人业主采取捐资、助学、帮村、建路、修桥等形式投身扶贫事业，回报社会。

特色工作及主要成效

坚持扶贫与重建结合，全面提升农户自我发展能力。按照“安居优先，基础为主，产业支撑，整村推进”的重建要求，实行“编制一个规划、推广一种模式、形成一套机制、弘扬一种精神、强化一个保障”的工作方法，推行“项目组装、政策牵引、统筹推进、合力共建”的重建模式，通过“力量整合、政策激励、技术指导、项目补助”等多种途径，统筹重建资金，采取 “村民自建为主、政府以奖代补”的投入方式和规划、筹资、采购、施工和质量“五统一”的管理办法，最大限度地避免了人、财、物的浪费，创造了自力更生、重建家园的奇迹。全国扶贫系统贫困村灾后恢复重建现场会在广元召开，以马口为代表的贫困村灾后重建经验得到国务院扶贫办领导的认可并推广。

发展支柱产业，不断壮大产业品牌。始终坚持把培育特色产业，增加农民收入作为核心内容。在产业发展中，按照“户成园、组成片、村成带、乡镇成规模，一乡一品，一村一业”的基本思路，坚持龙头带动、政府推动、协会促动、农户主动、多级连动，通过科技运用推广，重点把传统农业改造成优势特色产业。目前，生态蔬菜、土鸡、茶叶、生猪、烤烟、蚕桑、优质干鲜果等产业已粗具规模，项目农户户均有1亩以上稳定的增收经济园。通过扶贫开发培植起来的曾家反季节蔬菜、苍溪红心猕猴桃、青川山珍、朝天核桃、剑门土鸡等已成为享誉省内外的知名品牌。

开展劳务扶贫，促农培训脱贫致富。从2008年至2011年，全市劳务扶贫在发挥已有培训基地作用的同时，充分动员社会办学力量，培训农村青壮年适龄对象参加非农职业培训近2.7万人，实现转移就业2.34万人，占86%。参加培训的农民有6580人取得了中级职业技能等级证，有12956人取得了初级职业技能等级证，培训后转移就业的农民比培训前年收入增加3000元以上。

强化定点帮扶，拓宽整合扶贫资源。加大了中央国家机关、省级机关定点帮扶工作的组织协调力度，广泛开展市、县（区）级机关定点帮扶工作，采取领导联片、部门帮村、党员（干部）包户的帮扶措施，收到明显成效。2009年至2011年，中央国家机关为帮扶县区直接投入资金606万元，引进资金75.6万元、项目20个、技术1项，资助困难学生405人，举办培训班5期，培训1479人次；省级各帮扶部门派出帮扶人员78人，其中厅级30人、处级24人、科级24人。先后有1309人次到帮扶地区考察调研。部门直接投入42383.6万元，引进资金143745.6万元，引进项目237个、技术1项，修建校舍10所，资助困难学生4760人，举办培训班48期，培训7537人次。市机关帮扶工作，不仅带给了贫困地区项目、资金、技术、人才，更重要的是带给了他们信息和全新的观念，转变了机关工作作风，密切了党群干群关系，受到被帮扶地干部群众的普遍欢迎。

农户自我发展，互助资金有力支持。从2006年开始试点贫困村村级互助资金项目，到2011年底，7县区累计试点项目村180个，其中地震后160个。建立贫困村扶贫互助社180个，入社农户23511户，占常年在家农户的64.33%，贫困户入社6612户，占贫困户的78%，社员自愿组建互助小组4057个。互助资金总额达到2915.45万元，其中财政扶贫资金2163.60万元、农户交纳互助金577.91万元、其他来源资金73.98万元。据统计，截至2011年底，累计借款13398人次，累计发放借款4258.96万元，其中贫困户累计借款3962人次，发放借款844.75万元。有效弥补了生产资金的不足，支持了贫困村的经济发展。特别是在“5·12”汶川特大地震灾害后，广大干部群众将互助资金与灾后恢复重建紧密结合起来，在3年重建期间共发放借款4148.42万元，占总借款的97.40%，极大地支持了农户灾后产业的恢复重建，深受试点村广大贫困群众的欢迎。同时得到了国务院扶贫办、省扶贫移民局等部门的认同。2009年8月，“全国贫困村互助资金项目现场暨培训会议”在旺苍县召开，28省（市）参加了会议，将该做法推向全国。2009年至2011年，先后有20多个国家和省外的领导、学者、代表来广元考察学习。

开创新农村金融，支持贫困地区农村发展。旺苍县率先开展农村小额人身保险试点（简称扶贫小额保险）工作。充分发挥贫困村互助社管理组织架构优势和商业保险保障服务优势，增强互助社社员抵御风险的能力，降低互助资金运作风险，国务院扶贫办和中国人寿保险股份有限公司合作，按照“公司让利+农户缴纳+政府补助”三方相结合的方式，试点险种为《国寿农村小额扶贫贷款借款人意外伤害保险》和《国寿农村小额扶贫贷款借款人定期寿险》，两款产品捆绑销售，保险费40元/年，投保人为互助社社员。试点项目以探索财政金融统筹协调支持“三农”发展机制创新为着力点，促进金融机构加大对“三农”可持续的有效资金投入，进一步改进和提升农村金融服务，弥补农村地区金融服务空白，努力满足多层次、多元化的“三农”金融服务需求，促进农业增产、农民增收和农村经济发展，深受农户好评。

二、就业援助　点燃困难群体的新希望

近四年来，广元紧紧围绕受灾群众更快、更多、更好就业这个重点，着力抓思路创新，抓特殊政策促就业，抓全市就业援助，抓公益性岗位开发，抓实名制管理，抓基层平台建设，抓小额担保贷款发放，竭力帮助更多城乡劳动者更快、更好实现就业，全市就业局势总体稳定。

截至2011年底，全市共帮助37.8万名受灾群众实现就业，累计登记3149户零就业家庭做到动态消除，实现了省委、省政府确定的“户户有就业”目标。

积极创新就业援助思路。通过分析研判抗震救灾和灾后重建各个阶段、各大节点的形势，提出了“突出一个主题、抓住两个重点、打好三大战役、实现四个转变”的就业援助思路，即突出“助您就业，我们在一起”这个主题，抓住政策引导、政府帮扶两个重点，打好2008年6—9月受灾劳动者就业、2009年2—3月失业返乡农民工就业和7—9月大学生就业等“五大群体”就业的三大战役，实现由集中突击援助向经常性驻点援助、单一劳务输出向多途径援助就业、围绕企业需求招聘向围绕受灾劳动者需求招聘、一般输出转移向依托政策援助输出转移四个转变。全市建立了灾后专项就业援助目标管理机制，把受灾劳动者就业纳入目标考核的重要内容，将劳务输出、就业培训、跟踪维权等分解成量化指标，作为硬性任务下达各县区政府和市级有关部门。

全力帮助极重灾区群众就业。青川县是地震极重灾区，地震造成当时5.8万城乡劳动者失业、失地、失去生活来源。2008年6月，市上成立了8个就业工作组，急赴青川驻点开展专项就业援助，狠抓宣传发动、政策咨询、信息发布、求职登记、培训登记、供需对接、签订协议、组织输出等“链条式”就业援助。到6月24日，共组织省内外企业320多家，举办各类招聘会51场，帮助青川9000余人实现就业。6月25日，开展第二阶段为期三个月的经常性驻点援助，覆盖青川所有乡镇。通过调查摸底、加强对接、拓展途径、跟踪服务等方式，帮助4.85万名受灾劳动者实现就业，稳定了青川的就业局势。

扎实开展专项就业援助。地震灾害发生后，重点对受灾群众开展专项就业援助。按照灾后专项就业援助方案，通过落实特殊就业政策、开发公益性岗位、对口就业援助、实施以工代赈、定向技能培训、定期举办招聘活动等方式，帮助灾区劳动者实现就业。金融危机发生后，重点对失业返乡农民工开展专项就业援助。通过灾后恢复重建、基础设施建设、以工代赈项目、工业重点工程、林业产业培育、加强劳务合作、落实创业扶持政策等渠道，帮助返乡农民工异地实现就业和就地就近就业。大学生就业形势严峻时，制订援助方案，开展择业指导，通过落实扶持政策、设立援助资金、建立定期招聘和就业见习制度、落实机关事业单位空岗等措施，帮助高校毕业生在城乡基层、中小企业、非公有制企业、骨干企业和科研项目单位实现就业或自主创业。

到2011年，成功完成了连续三年每年援助失业返乡农民工就业15万人和援助大学毕业生就业5000人的目标。

实施专项就业援助，广元注重了建立机制、营造氛围、提升服务。在建立机制上，着力完善就业联席会议制度，建立目标管理、资金保障、督察督办等一系列工作机制，加速形成全市上下共同努力、各相关部门各司其职、政府与企业和劳动者联动配合的就业工作新格局。在营造氛围上，大力宣传积极创业、自谋职业的个人和积极吸纳就业的用人单位等先进典型，组织援助受灾群众就业、失业返乡农民工就业、大学生就业市县联动大型招聘会，形成全社会关注、关心、支持就业的良好舆论环境。在提升服务上，2009年广元建立了全国首家求职用工寻呼台3333099、发行了全省第一份定期发布求职用工信息的期刊——《广元就业》、建成了覆盖城乡的广元就业服务网站“三位一体”就业信息服务平台，帮助劳动者与用人单位快速多元达成对接，降低了求职用工成本，提高了就业服务效率。截至2011年底，使1100多家用人单位找到需要的劳动者，3.6万多名受灾劳动者实现就业。

认真落实特殊政策促进就业。“5·12”地震灾害和金融危机发生后，国家和省政府先后制定了一系列特殊政策。广元采取召开企业负责人座谈会、新闻发布会、市级部门督办会和组织进行巡回检查指导、定期督办通报等方式，以“五缓四降三补两协商一核销”为核心内容，认真落实地震灾后和金融危机特殊政策，有力地支援了困难企业。截至2011年底，全市为160多户企业缓缴五项社会保险3.36亿元；为1023家企业降低四项社会保险费率1950万元；为172户困难企业落实三项补贴909万元；申报核销112户企业7769.49万元，省厅已审批16户企业376.2万元。同时，深入企业开展稳岗指导协调工作，通过有效调班、轮休、缩工时、培训、落实职工经济补偿金等措施稳定岗位，有力地支持了企业渡过难关，确保了岗位稳定。

大力开发公益性岗位促进就业。充分发挥公益性岗位的作用，既解决灾后公共服务的需要，又就地就近解决就业困难劳动者就业。在公益性岗位开发中，坚持申报时严格审核，使用时实地查看，对应聘人员实行公开、公平、公正、公示招聘。建立抽查制度，定期不定期对上岗人员的工作情况进行抽查；向社会聘请监督员，公开举报投诉电话，对工作量不饱和或已完成任务的岗位及时进行调整。

全面实行实名制管理促进就业。为确保就业和社会保险特殊政策兑现到个人和企业，广元狠抓了专项就业援助实名制管理。主要是把好五道关：一是明确实名制内容。对公益性岗位、零就业家庭、有组织的劳务输出、职业技能培训等实行实名制管理，做到姓名、身份证号码、住址、联系电话“四对号”，确保享受政策的受灾对象真实、准确。二是建立健全实名制工作制度。制订公益性岗位开发及岗位补贴和社保补贴、企业吸纳就业援助对象、职业技能培训、灵活就业人员社保补贴申报管理等办法，明确了援助对象、工作程序、办理时限和办理责任人。坚持实名制工作责任追究制，对弄虚作假行为，查实后严格按有关规定处理。三是建立实名制基础台账。对已享受就业特殊政策的企业和个人、办理了《四川省地震灾区就业援助优惠证》的受灾劳动者、实现异地和就近就地就业人员，将他们的年龄、性别、文化程度、技能、就业意愿、培训意向等情况逐一登记造册，层层审核，分级把关，建立台账，录入微机动态管理。四是实行实名公示。要求基层劳动保障机构对申报人员按规定、按程序全面核实，在辖区内予以公示，经公示无异议后及时上报审批，办理符合政策规定的人员享受特殊政策待遇，确保兑现到人。五是加强监督检查。组织开展实名制专项检查，向社会聘请监督员，公开举报投诉电话，对反映的问题及时查处，限期整改，确保灾后专项就业援助取得实实在在的成效。

着力创新小额担保贷款机制，实现创业带动就业。广元以推进小额担保贷款工作为突破口，积极鼓励创业并带动就业。2009年7月下发了《关于进一步推进小额担保贷款促进就业再就业工作的通知》（广府办函〔2009〕218号），进一步明确了小额担保贷款的发放对象、贷款额度、贷款贴息、贷款方式、操作程序和工作措施，从政策、制度、机制上确保深入推进小额担保贷款工作。市政府决定小额贷款担保资金不足由国投公司解决，从而有效解决了长期以来小额贷款担保的瓶颈制约。9月底，在元坝区召开了全市创业促就业现场会，会议传达了省财政厅小额担保贷款会议精神，并对下一步工作进行了安排部署，推动了广元创业促就业工作加快发展。各县区结合政策规定及当地实际，建立政府各相关部门工作协调机制，推行“创建信用社区+开展创业培训+发放担保贷款”联动机制，创新“贴息与担保”并存的贷款模式，简化贷款程序，优化创业服务，小额担保贷款推动创业带动就业工作取得新突破。截至2011年底，共发放小额担保贷款59504万元，扶持自主创业人数11911人，助推创业带动就业38260人。

切实制订《基层劳动保障公共服务建设五年发展规划》。为进一步提高劳动保障公共服务能力，有效促进劳动保障事业发展，根据全市基层劳动保障公共服务建设发展现状及要求，广元出台了《基层劳动保障公共服务建设五年发展规划》，决定从2009年起，用5年左右的时间，建立起与统筹城乡劳动保障相适应的管理制度和服务体系，全面提升劳动保障经办能力，加快实现劳动保障服务的“规范化、标准化、人性化”目标。在县以下构建“三级机构、四级网络”，即在县区建局、乡镇（街道办事处）建就业和社会保障服务中心、社区（村）建就业和社会保障服务站、社区居民小组（农村村民小组）根据需要聘用劳动保障协理员，形成县区局、乡镇（街道办事处）服务中心、社区（村）服务站三级机构，建成县区劳动保障局、乡镇（街道办事处）就业和社会保障服务中心、社区（村）就业和社会保障服务站、居民（村民）小组劳动保障协理员的四级服务网络。

三、社会保障　织牢困难群体“安全网”

“5·12”地震以来，广元以健全制度、规范管理、创新发展、狠抓落实为着力点，从解决领导关切、群众关心、社会关注的问题出发，深化实化细化各项工作，开创了社会救助工作新局面。全市社会救助工作由原来的单项突破、重点拓展，发展到了整体推进、形成体系、不断创新、全面落实的新阶段，基本建立了覆盖城乡的新型社会救助制度框架和政策体系，为广大困难群众编织了牢固的“安全网”，切实保障了城乡困难群众基本生活权益，有力地维护了社会稳定。

开拓创新，积极健全救助机制。建立了第三方信息比对机制，据实核准了低保对象领取养老金、退休金、经营收入等情况，健全了低保对象有进有出、补助标准有升有降的动态管理机制。建立了城市低保与促进就业联动机制。按照“保障基本生活，鼓励劳动自救”的原则，在完善准入渐退、劳动能力鉴定、低保就业帮扶、信息定期比对和部门协作“五大”保障机制的同时，围绕城市发展、社区服务、产业和企业发展，开发就业岗位帮助就业；通过设立专门服务窗口、提供免费技能培训、开展专场招聘会、制定《援助计划书》等措施，全方位提供就业服务。这些都有效促进了法定年龄内、具有劳动能力的低保对象实现就业。建立了社会救助和保障标准与物价上涨挂钩联动机制。根据2011年7—12月的居民基本生活费用价格指数，对城市低保对象、农村低保和五保对象分别按城乡低保标准的10%发放了临时价格补贴，即每人每月24.5元和11元，全市共为城乡低保对象发放补贴资金2800余万元。同时，还出台了价格调节基金征收管理办法，保障了联动机制的有效实施。逐步实现了各项社会救助和保障标准的提高幅度与经济发展速度、居民收入增长水平基本同步的目标，使低收入群众基本生活水平不因物价上涨而降低。

通过完善机制，救助工作实现了三大转变，即救助方式由单一救助向多层次救助转变、救助类型由“输血”式救助向“造血”式救助转变、救助工作由民政单独实施向部门齐抓共管转变。

最低生活保障制度日臻完善。一是保障标准不断提高。城市居民最低生活保障标准从2007年的165元/月，提高到2011年的245元/月，提高了49%；农村居民最低生活保障标准从2007年的693元/年，提高到2011年的1320元/年，提高了91%。二是保障面不断扩大。城市低保对象从2007年的100448人，扩大到117171人，扩大17%；农村低保对象从2007年的102395人，扩大到171949人，扩大68%。三是补助水平不断增长。城市低保对象累计月人均补助水平从2007年的81元，增长到187.9元，增长132%。农村低保对象累计月人均补助水平从2007年的23元，增长到86.5元，增长276%。四是资金投入逐年增加。城乡低保资金累计发放总额从2007年的11138万元，增加到2011年的45286万元，增长306%。

城乡医疗救助成效明显。自2005年建立医疗救助制度以来，广元坚持“救急、救难、公平、简便”的救助原则，以修改完善救助办法为基础，以加快信息化建设、开展“一站式”救助服务为重点，以扩大资金规模、不断提高救助水平为目标。简化程序，提高效率，推进网络化、精细化管理，有效发挥医疗救助在医疗保障体系中的底线作用，切实为全市城乡困难群众提供方便、快捷的救助服务，有力地缓解了困难群众看病难问题。2011年，城市医疗救助年人均救助水平从2007年的51元，提高到202.6元，增长297%；农村医疗救助年人均救助水平由2005年的87元，提高到231.6元，增长166%。年发放城乡医疗救助金从2005年的1521万元，增加到7002万元，增长360%。

新型农村合作医疗保险运行良好。从2005年开始启动试点，到2008年在全市实施，广元将其纳入“为民办十件实事”和“十大惠民行动”的重要内容，始终以扩大受益面，提高参合农民受益水平为目标，采取各种有效措施，不断提高新农合基金使用率和参合农民住院实际补偿比，取得了“农民得实惠、医院得发展、政府得民心”的成效。参合农民的筹资标准从2005

年的人均30元提高到2011年的人均230元，其间经历了30元、50元、80元、150元到230元五个阶段。补偿方案根据筹资标准的提高也不断完善。2009年前，各县区按照“以收定支、量入为出、收支平衡、略有节余”的原则，结合本县区实际均不同程度调整和完善补偿方案。在分析历年来运行情况后，2010年全市开始统一实施补偿方案。具体办法是：统一费用补偿模式，继续实行大病统筹和重大非住院疾病补偿以及门诊家庭账户补偿模式；调整补偿标准，全市基本统一参合农民在新农合定点医疗机构住院补偿标准，统一补偿起付线，统一补偿比例，统一封顶线；提高住院补偿封顶线，参合农民每人每年个人统筹补偿金额最高限额为10万元；提高中医补偿比例，在市内定点医疗机构住院治疗的中草药饮片其报销比例提高到85%；对市、县、乡级的自付药品比例作了限制；简化报账程序，农民出院后在定点医疗机构可及时结报。实施新农合至2011年，全市共有417余万人次得到医疗补偿，补偿费用达48805 余万元。截至2011年，全市新农合参合人数 228.25万余人，参合率达98.03%，较2010年提高近5个百分点，超出省定目标95%3个百分点。2011年，共有340余万人次享受补偿，受益面达90%以上，个人报销比例高达10万元。2011年，全市在县乡定点医疗机构住院补助的参合农民占总补助人次的75%，其中在乡镇卫生院占40%。农民住院看病基本实现“小病不出乡、大病不出县”。2012年，农民个人住院最高报销比例封顶线调整至25万元。农民群众医疗负担逐步减轻，因病致贫、因病返贫的状况得到极大缓解。

临时生活救助补充有力。为妥善解决城乡困难居民由于各种突发性、临时性特殊原因造成基本生活出现的暂时困难，广元于2011年建立了临时生活救助制度。该制度在把本市城乡低保、低收入家庭纳入救助范围的同时，将在广元的外来务工人员一并纳入了救助范围，并明确了市县两级财政分别按当地城乡居民总人数每人0.5元和1元的标准纳入财政预算，使低收入家庭得到及时有效救助，充分发挥了“托底保障”的作用。2011年全市共救助9655户，累计发放救助金653万元，切实解决了低保及低保边缘群体临时性、突发性特殊困难，如因重大疾病、车祸、火灾等突发事件，使低收入群众能够渡过难关，不至于陷入基本生活难以为继的困境，有力地维护了城乡困难群众基本生活权益。

四、保障房　实现“居者有其屋”

近年来，广元坚持把保障性住房建设作为一项重要的民生工程来抓，不断加大廉租房、经济适用住房、公共租赁住房等保障性住房建设力度，切实解决城市中低收入家庭的住房问题，保障性住房建设速度居全省前列。截至2011年底，全市累计建设各类保障性住房58634套，已竣工分配入住5.1万余套，低收入家庭住房困难问题得到有效缓解。

强化措施，全力推进保障性住房建设。一是加快建设保房源。针对“5・12”特大地震后部分城镇中低收入家庭房屋垮塌无力修建和租赁居住情况较多的实际，广元强力抓好“三个万

环境优美的春馨苑保障性住房小区

套”保障性住房工程建设。投入21亿多元在全市启动了“万套廉租房”建设，在市城区启动了“万套安居房”建设，规划启动“万套棚户区”改造。城区金鱼山、春馨苑、郭家坡、雪峰等保障性住房项目相继建成，截至2011年底，全市累计开工建设廉租房8712套、经济适用住房25495套、公共租赁住房3812套、限价商品房743套，为解决城镇低收入家庭住房困难问题打下坚实的基础。二是拓宽渠道增房源。积极探索在房地产开发项目中配建适量保障性住房，出台了《广元市开发住宅楼盘配建经济适用住房暂行办法》，规定房地产开发项目按总套数的5%配建经济适用住房，分散安置低收入住房困难家庭，进一步增强了保障性住房房源，避免出现新的“贫民窟”。三是棚户区改造重民生。2010年至2011年，广元采用净地带规划方案拍卖、公开竞争招标、打包竞争谈判、城建BOT、指定国有企业五种模式，共规划棚户区改造点30个，总投资近200亿元，先期启动了15个棚户区改造项目建设。截至2011年底，全市完成各类棚户区改造19870余户，完成农村危房改造6866户。

强化土地资金保障，确保保障性住房顺利建设。广元始终坚持在土地和资金上优先考虑保障性住房建设，廉租住房、经济适用住房和公共租赁住房用地实行划拨供地，保证保障性住房用地占到房地产用地指标的50%左右。对未能按时落实保障性住房用地的县区，暂停其房地产开发项目用地审批。在投入机制上，严格执行国家税费优惠政策，对保障性住房建设减免行政事业性收费和政府性基金。市政府除将住房公积金增值收益、土地出让收入的10%、中央代地方发行的债券收入、融资贷款全部用于廉租住房建设外，差额部分全部纳入市和县区政府财政预算，目前已累计投入廉租房建设资金约7亿元。

强化建设过程监管，确保保障性住房建设质量。一是严格设计标准。廉租房户型面积每套严格控制在50平方米内，经济适用住房控制在60平方米左右，公共租赁住房控制在40-60平方米内，限价商品房控制在90平方米内，保障性住房周边的配套设施及时配套建设，确保与保障性住房同步竣工使用。二是优化审批程序。各县区政府和市级相关部门按省市人民政府要求，建立保障性住房绿色审批通道，简化程序，特事特办，限时办结，千方百计确保按时开工。三是加强工程质量监管。各县区政府和市级相关部门对保障性住房工程加强程序监督和实体监督，进行随机抽查和全市交叉检查，确保工程质量。

强化制度建设，加强保障性住房管理。建立了公开、公平、公正的准入制度、分配制度以及有序的退出机制、社会物业管理机制和综合环境配套机制，相继出台了《广元市廉租住房管理暂行办法》《广元市经济适用住房管理办法》《广元市经济适用住房配建管理办法》《广元市安居房管理暂行办法》《关于加快发展公共租赁住房的实施意见》等相关规定，确保了将符合保障条件的家庭全部纳入保障范围。为规范保障性住房的分配管理，实行“三审三公示”制度，并建立保障性住房分配监督机制，在分配住房过程中由市纪委、监察、民政、建设等部门和人大代表、政协委员及群众代表全程参与摇号，保证了住房分配公平、公正。对符合保障条件的家庭全部建立住房保障档案，根据收入、居住变动情况适时进行调整，使保障性住房分配管理工作逐步走向规范化，确保真正有住房需求的低收入家庭住上保障性住房。

| 第六章 |

社会建设促和谐

广元市牢牢把握最大限度激发社会活力、最大限度增加和谐因素、最大限度减少不和谐因素的总要求，健全完善“党委领导、政府负责、社会协同、公众参与”的社会管理格局。全面推进“社会矛盾化解、社会管理创新、公正廉洁执法”三项重点工作，不断提高社会管理科学化水平。充分发挥新闻媒体和互联网表达民意、舆论监督的作用，通过网络问政、信访接待、干部下乡等多种方式，广泛了解民情民意，最大限度化解社会矛盾纠纷，最快速解决群众合理合法诉求，保持了社会的安定有序。

一、“三通四联两倒查”群众工作上水平

2009年至2011年，广元坚持把群众工作置于社会管理更加突出的位置，积极探索新形势下加强和改进群众工作的新途径新办法，创新形成“三通四联两倒查”的群众工作机制，构建起渠道畅通、科学规范、高效有序的群众工作体系，进一步密切了党群干群关系，从源头上预防和化解了一批社会矛盾，促进了社会和谐稳定。全市自2008年以来连续三年荣获综治工作全省一等奖，群众上访、集访和越级上访大幅下降。

“三通四联两倒查”群众工作机制即，进一步畅通群众网络诉求渠道、畅通民生求助渠道、畅通领导干部接访渠道，密切联系困难群众、深入联系基层、紧密联系工作实际、切实联系分管部门，倒查领导机关和领导干部对群众工作落实不力的责任、倒查责任单位该办不办与矛盾上交的责任，不断夯实现代社会科学管理根基。

构建“三通四联两倒查”群众工作机制的立足点就在深入落实以人为本、执政为民要求，要求全市党员干部特别是各级领导干部要真诚倾听群众呼声，真实反映群众愿望，真情关心群众疾苦；要与群众面对面交流，了解群众所思、所忧、所盼，促进惠民政策落实，帮助解决灾后重建实际问题，最终实现党心与民心的交融。

构建“三通四联两倒查”群众工作机制的落脚点就是加强和创新社会管理，促进公平正义，理顺社会情绪，化解社会矛盾，最大限度激发社会活力，最大限度增加和谐因素，促进经济社会和谐发展。

构建“三通四联两倒查”群众工作机制的着力点就是要不断完善干部群众真情互动的平台，让群众舒解心结，让干部接受教育。

构建“三通四联两倒查”群众工作机制的关键点就是要让党员干部“接地气、鼓士气、增底气”，转变作风，提高能力。干部必须与群众心连心，围绕群众转、带领群众干。作风要在做好群众工作中养成，形象要在解决好群众实际问题中提升。

如何落实好这一机制呢？广元着力抓好了三个方面的工作：

以“三通”为重点，着力惠民生保民安

着力惠民生保民安是社会管理的根本，而畅通群众诉求渠道和民生救助渠道则是实现惠民安民的关键环节。广元以“三通”为重点，既“架天线”，又“接地气”，确保广大群众话有处说、怨有处诉、困有处帮、难有处解、事有处办。

畅通群众网络诉求渠道，切实做好网络信访工作。2008年7月，广元率先在省内成立市互联网管理中心，实行市、县一体化管理体制。建立完善书记市长信箱、市级部门信箱和县（区）委书记县区长信箱，建成综合性门户网站——广元新闻网，并开设“市民留言”和“有话对网络新闻发言人说”栏目。及时开办“建言献策”论坛，把人民网“地方领导留言板”和其他网站开辟的“有话对市州书记说”等栏目作为社情民意平台的补充，纳入书记市长信箱同步办理。全天候收集整理国内网站新闻、论坛、博客、播客、QQ群、手机短信等涉及广元的信息，并分类办理。加强和完善网上群众来信、网上领导批办工作制度，保证及时回应，妥善处理，按时办结。建立完善互联网重大舆情应对处置联席会议制度和工作机制，对民生重点和网络舆情发现、研判、协调、处置、引导、跟踪、总结、培训实行一体化管理，确保反应迅速、应对及时、处置有效。2009年至2011年，书记市长信箱办理群众来信4.98万件，办结率99.8%。涉及广元的8000余件群众诉求贴文、3500多条“建言献策”意见和建议得到官方实名ID回复。群众网上发送锦旗、感谢信3000余条次。

畅通“1+N”民生热线求助渠道，联通群众生产生活。民生热线是党委政府了解社情民意、解决群众急难愁问题的快速通道。为第一时间了解掌握社情民意、解决群众最急迫的困难，广元及时将原12345“市长热线”改设为“民生热线”，实行24小时人工接转服务，市级部门和县区建立了相应民生热线网络，逐步建立起快速高效、规范有序、联动联处的“1+N”民生热线工作运行体系。按照“民呼我应、民需我助、民愿我为、民忧我解”的工作理念，民生热线突出服务民生主题，着力解决群众反映的水、电、气、交通等急难问题；按照“有电必接，有接必办，有办必果，有果必复”的工作要求，努力构建“打得通、联得动、办得快、效果好”的民生热线工作格局。2009年至2011年，市、县（区）、乡（镇）三级共接到群众热线68527件（次），办结率达98.2%，其中直接解答44%，交办处理56%。

畅通领导干部接访和下访渠道，着力构建“大调解”格局。推进领导干部大接访、大下访工作，是直接面对面倾听群众意见呼声、解决群众正当诉求的最有效方式。广元深入开展“书记、市县区长大接访”和职能部门“开门大接访”活动，深入开展领导干部包案下访、约访回访等工作，主动深入基层，深入群众，与人民群众面对面、手拉手、心连心沟通。特别是面对“5·12”汶川地震遇难学生家长要求追责的强烈诉求，市委书记、市长多次到群众家中解释解答政策、疏导情绪，大年三十还到受灾群众家中和他们一起吃年夜饭，最终化解了他们心中的积怨。坚持预防和化解并重、排查和调处并行，推动人民调解、行政调解、司法调解与信访工作协同联动，完善矛盾纠纷“大调解”格局，集中解决容易引发信访突出问题和群体性事件的矛盾纠纷及苗头隐患，集中化解长期积累的重信重访问题，集中解决群众反映强烈的热点难点问题。2009年至2011年，市委、市政府领导144人次接待群众2300多批（次），化解问题3000多件，县区绝大多数信访矛盾实现在辖区内化解；全市2000多名领导干部主动下访，成功调处信访问题4000多件（次），其中市县（区）党政领导带案下访、包案化解疑难信访问题

民生热线解民忧

167件。

以“四联”为核心，增强服务群众本领

增强服务群众本领是社会管理关键。社会管理是党和政府的职能责任，群众工作是领导干部的必备能力。广元以“四联”为核心，推动各级领导干部以身作则，在改进群众工作、创新社会管理中充分发挥示范引领作用，不断增强群众工作实效。

密切联系困难群众，进一步增进干部群众感情。深入开展领导挂点、部门包村、干部帮户活动，特别对困难群众开展了“一对一”结对帮扶活动。市、县（区）党政领导班子成员每年结对联系一个问题较为突出的村（社区），结对帮助一户城乡特困居民或移民困难户，结对资助一名以上特困学生；市、县（区）部门结对联系一个村（社区），领导干部结对帮扶一户城乡特困居民或一名特困学生。全市党员干部深入农村，与困难群众认亲结对，尽全力在经济上帮扶、生活上帮助、思想上帮教，重点开展群众安居、产业发展、基础设施改善和劳务输出等扶贫工作，2009年至2011年，累计帮扶困难群众8000余户3万余人，资助和救助困难学生和留守儿童4万余人（次）。

深入联系基层，进一步解决群众反映的问题。深入开展党员理想信念教育和“三心一弘扬”活动，各级领导干部主动到问题较多、矛盾突出的地方倾听群众呼声，了解群众疾苦，帮助解决困难，重点解决群众反映的热点难点问题和合理合法诉求。进一步完善党员领导干部调查研究制度，每年至少撰写两篇以上高质量调研报告，全年下基层调研不少于60天。各级党员干部结合开展“创先争优”、“挂包帮”等活动，带着课题和问题深入基层、深入群众进行调查研究，形成专门调研报告。建立完善党员领导干部走访慰问制度，尽最大可能关心群众生产生活困难，帮助解决群众反映和上访诉求中的突出问题，及时协调解决重点疑难复杂问题，做到困难在第一时间解决、问题在一线发现、矛盾在基层化解。

紧密联系工作实际，进一步记好领导干部民情日记。进一步完善党员领导干部联系基层制度，以“民情日记”为载体，每年都集中组织两次以上机关干部下访活动，针对性地开展“知民情、懂民意、帮民需、排民忧、解民难”主题实践活动，干部行走田间地头、深入群众当中，问政于民、问需于民、问计于民，不断提高联系和服务基层发展的能力和水平，切实帮助群众解决好生产生活困难。认真制定和落实“民情日记”行动方案，及时发现普遍性、倾向性、苗头性的问题，找出有效的解决办法，真正把实现好、维护好、发展好群众的根本利益落实到具体工作中，谋划好发展的长远之计和根本之策。

切实联系分管部门，进一步督察职能部门群众工作实效。扎实推进分管负责制和首问责任制，各级党政领导既抓分管领域的发展，又负责分管领域的群众工作，对群众反映的问题和诉求实行“包案”处理。建立分管部门和行业问题排查调处督导制度，加强对行业内涉及民生发展的事项进行指导、检查、督促，确保“案结事了、息诉息访”。以督察和暗访为“利剑”，深入开展机关效能建设和作风建设，切实转变领导班子、行业部门服务基层服务群众作风，共解决涉及宗旨不强、作风不正、落实不力等问题397个，涉及社会稳定和群众诉求的问题663个，行业部门群众观念、工作作风、行政效能等大幅提高。

以“两倒查”为保障，落实群众工作责任

群众工作无小事，既体现领导干部的能力，也检验领导干部的作风。在进一步做好群众工作预警机制、依法查处违法上访等工作基础上，严格实行领导干部责任“两倒查”机制，从严追究群众观念淡薄、漠视群众利益和群众工作不力的责任。

逗硬倒查领导机关和领导干部对群众工作落实不力的责任。坚决落实群众工作责任，对领导干部定期接访、干部下访、矛盾纠纷排查化解、畅通诉求渠道、稳定风险评估、非正常上访处置等九个方面作出了硬性规定，进一步明确了信访工作逐级负责制和“一通报、二约谈、三诫勉、四处理”的责任倒查制度，对群众诉求办理情况按办结率、办理率、满意率进行每月排名通报，并对问题突出部门主要领导警示谈话。实行绩效任用挂钩，考核结果与领导班子评价和干部奖惩任用挂钩。加强对领导干部“四联”工作的督促检查，对“四联”范围内的问题不及时了解、处理，造成较大或重大后果的，追究联系领导和相关责任人责任。

逗硬倒查责任单位该办不办、矛盾上交的责任。进一步落实群众工作责任，强化“属地管理、分级负责”，“谁主管、谁负责”的群众工作逐级负责制，将群众信访工作处置情况、源头防范、风险评估、积案化解率和息诉息访率纳入目标考核，实行每月一通报、每季度一讲评、年终兑现奖惩。加大工作督察督办和奖惩力度，对因履职不到位，工作失职失责造成新的矛盾纠纷和对群众合理诉求该办不办、能办不办、矛盾上交，造成重复越级上访或集访，甚至酿成群体性事件的按照责任分工，依法依纪逐级追究有关责任单位和个人的责任。发现不落实的事，处理不落实的人。今年以来全市已追责处理干部13名。

二、网络问政搭起干群交流“直通车”

“5·12”汶川特大地震以后，广元市以书记市长信箱、建言献策论坛和广元官方微博为主体，构建网络社情民意和网络舆情一体化管理机制，通过网络社情民意渠道倾听民意，汇聚民智，化解民怨，消解民忧，促进科学发展，社会关注度高、反映良好。

广元网络问政的发起

广元是“5·12”汶川特大地震的重灾区。在抗震救灾、灾后恢复重建的进程中，为让广大民众更好地表达诉求，广元在全市范围内设置了99个民意收集点，及时收集整理社情民意。随着投诉、求助、咨询、建议等的成倍增长，传统民情通道已经不能满足群众愿望。许多网民喜欢借助互联网发表意见和看法，网络上的各种论坛便成为公众发表意见的平台，也成了社情民意的晴雨表。如何利用网络及时回应社会关切、加强舆论引导，防止地震灾区的一些局部问题演变为全局性问题、个人偏激言论扩散为非理性社会情绪，成了全市党员干部亟待研究解决的重要课题。

2008年6月21日，广元市委书记罗强召集有关部门专题研究互联网管理工作。会议决定成立市互联网管理中心，负责网络舆情的收集、整理、研判和引导工作。7月1日，广元市互联网管理中心按新构架搭建网络社情民意平台。7月25日，开通了书记、市县区长信箱和“建言献策”论坛。2009年1月，广元市在门户网站开设市民留言板和“有话对网络新闻发言人说”窗口。2010年10月，把人民网“地方领导留言板”和其他网站“有话对市州委书记说”等网民留言并入书记市长信箱平台办理回复。2010年12月，开通“微广元”腾讯官方微博和“凤之城”新浪官方微博。2012年3月，开通“广元组工”腾讯官方微博。

书记市长信箱是全市最大的网络社情民意信息平台，每天收集社会舆情信息50—80条。群众有投诉、求助、咨询，都喜欢到这个平台去寻求解决；有意见和建议也喜欢到这个平台去交流。市委、市政府诚请网民随时就自己关心的问题参与发言讨论。对网民意见和建议，县区和部门实名ID回复。办理完毕的帖文，管理员用红字标注为“已回复”。网民在微博中反映的问题，管理员也要交相关部门办理并网上回复。目前，这些直通车全线畅通，运转良好，延伸区域和终端用户量持续增长。

广元网络问政的主要做法

主动运用，积极创新网络问政机制。广元市委多次研究网络建设和网络社情民意平台建设工作，并把“重视网络舆情就是坚持党的群众路线”写进五届十二次全会决定。先后下发了《关于领导干部坚持网络问政工作的通知》《关于完善“三通四联两倒查”群众工作机制进一步做好新时期群众工作意见》等5个文件。建立、完善了《广元市书记市长信箱管理规程》，探索创新高效、科学、规范管理模式。对办理过程中欺上瞒下、敷衍搪塞、弄虚作假、失职渎职行为，严肃问责。对市本级700余名县级领导干部进行了“网络问政和计算机操作10项技能”培训考试，把应对网络舆情及网络问政工作纳入县区和部门全年目标考核，实行扣分制度。创新互联网管理体制，实行一体化管理。网上舆情，以广元市互联网管理中心名义监督处置；信箱信件，以书记市长信箱办公室名义管理；综合协调，以广元市互联网管理领导小组办公室名义组织；突发事件新闻发布，由广元市网络新闻发言人对外公布。宣传、引导、处置、办理、评估，在一个中心指挥、协调，解决了网络问政、网络舆情管理“两张皮”、“多张皮”问题。

主动服务，全力解决群众合理合法诉求。把千方百计解决群众利益诉求作为网络问政的核心，从源头上把群众所急、所盼、所需、所愿解决好，做到“民有所呼，我有所应”，“上网访民意，下网解民忧”，“能办的事马上办，不能办的事要给说法”。暂时没有条件解决的，也要给群众解释清楚。如果是应该通过诉讼、仲裁、行政复议等法定途径解决的诉求，信访人却寄希望于通过书记市长信箱干预的，书记市长信箱办公室就会告诉信访人相关法律知识和诉求途径，教育引导其在法律的框架下解决问题。2009年至2011年，广元市书记市长信箱办公室办理群众投诉、求助、咨询6万余件，回复率100%，办结率99.8%。在全国各大论坛涉及广元市的8500多个网民诉求贴文和市内“建言献策”论坛的3810条意见和建议得到官方ID回应。2009年，部门实名ID回复率为76.3%，2010年为82.4%，2011年为94%。人民网、四川在线等留言板中的网民留言，书记市长亲自回复，办结率达100%。

主动宣传，不断壮大网络正面声音。充分发挥新闻网站的主力军作用。各新闻网站、政府网站按照各自定位，发挥优势，突出重点，在重点工作、重大活动、重要节点宣传上，有声势、有气势、有影响力。在信息公开、政民互动、公共服务等方面，有栏目、有内容、有关注度。每年刊载正面宣传新闻2万余件、信息总量10万余条。积极利用政务微博进行实时发布。运用新的传播技术，率先在全省开展直播“全国专家博主广元行”、“‘5·12’三周年网民走进新青川”等活动。市委市政府感恩祝词通过微博传递并在成都春熙路、天府广场超大电子显示屏滚动播出。带头发起微博晒灾区巨变宣传活动，并将微博接力棒传递给四川省其他各个灾区。腾讯“广元宣传日”超过2000万人收听。努力形成论坛宣传常态化格局。用网民容易接受的语言和方式编辑有关广元的经济建设、民生改善、旅游文化、人文地理等平面媒体新闻信息，常年坚持在强国、发展、百度、麻辣、天府和大话利州等主要论坛发布，每年近万条。对市内重大活动，在人民网、新华网、新浪、网易、腾讯等论坛上开设话题，如“全国百名女记者走进广元灾区”、“2011中国·广元女儿节”等，以跟帖形式全程图文发布，每年三四十个。加强同网站沟通与协调，绝大多数话题被置顶或首页显示，增强了宣传效果。

主动监管，正确引导网上舆论。针对监管研判的舆情请有关部门“零时差”处置。做到24小时监管和人工搜索，并及时分析、研判、处置，为化解网络炒作热点或由此引发的现实突发事件赢得时间，争取主动。2009年至2011年，共发出舆情处置通知书上千余份，编印网络舆情日报、专报1200多期，编发季度、年度舆情分析报告15期，电话通知督办上万次，提供突发事件、群体性事件预警210次。针对重大决策问题请有关部门负责人为网民解疑释惑。书记市长多次在人民网、新华网、新浪网等访谈节目中与网民面对面交谈。市内网站广泛开展在线访谈活动。广元电视台专门开办了以书记市长信箱信件内容为话题的《真情面对面》访谈栏目，市级各部门与群众代表就热点话题面对面交流和沟通。针对舆情平台研判的热点问题请有关部门举办网民座谈会。在向网民代表介绍相关工作的同时，注重听取网民的意见和建议，并限时全部给予公开答复。针对容易引发网络话题的行业、职业请有关单位协助开展网民体验活动。如“我当一小时环卫工人”、“我当一日交警”、“网站版主走进警务公开”等活动，先后有60多名网民参与体验。针对重大宣传战役请县区配合做好网民实地考察活动。先后6次组织300多名网民、50多名全国专家博主到4县3区、经济开发区参观考察灾后恢复重建成效。针对重要事件设置主题请网民实地调研。2011年10月，焦点访谈曝光朝天工业集中区问题后，及时针对网络错误思潮，设置“工业强区、产业富民”主题，开展“朝天，我见证”网民调研活动，引导了舆论，统一了思想。2012年3月，邀请网民参与物价部门对“广元凉面”成本测算，平息了网络不断出现的热议凉面涨价的舆情浪潮。针对重大民生问题邀请网民代表参加新闻发布会，3年共邀请20多位网民参与。如2011年3月9日，有关部门邀请3位网民参加“广元城区供水问题”分析会，并参加市政府新闻发布会，网民同记者一起向新闻发言人提问，电视同步播报。针对网络文明诚信问题请行业协会引导网站网民自律。广元率先在全国成立“网络志愿者协会”，率先在知名网站论坛发出“做文明诚信网络公民”倡议。积极开展“建文明网站，做文明网民”活动，连续两年对40多名获“建言献策好建议奖”网民给予奖励。通过积极向上的活动，许多意见领袖和网民走进网络志愿者协会，有的成为广元得力的网络义务宣传员。同时，广元严厉打击网络谣言。对造谣、诽谤、恶意攻击党和政府的言论，由公安部门依法查处，是公职人员的，还给予纪律处分。

统计数据表明，2008年，各大论坛涉及广元市的负面信息比上年下降45%，2009年底所占比例已经呈现较低水平，目前继续保持低水平。以四川省最大的麻辣社区论坛“群众呼声”栏目为例，2011年12月2日随机抽查前5页，涉及负面信息为“零”。

广元市网络问政的社会反响

每年千余群众感谢信。市委市政府利用网络平台，化解群众急难困苦，密切了党群干群关系，赢得了群众信任，也树立了党委政府真情服务群众的形象。群众纷纷来信，“感谢市委市政府的决策，让我们普通百姓可以和书记市长零距离交流”、“我的信件当天发出，当天有关人员就到我家看望，困难也解决了，我感谢共产党”、“抱着试一试的态度提出发展公交车的建议，没想到被你们采纳，为你们的务实作风叫好”。群众认为，网络问政拉近了距离，减少了环节，提高了效率，加大了监督，是看得见摸得着的大实事。

全国多省市学习借鉴。广元网络问政制度化、常态化的实践经验被国内、省内许多地方学习借鉴。上海、河南、安徽、江苏、新疆、陕西等省和德阳、达州、雅安、宜宾、广汉等省内兄弟市州前来学习取经、咨询或索要文字资料、图片和管理制度等。

专家学者关注和肯定。网络问政“广元模式”，受到中央党校党建部副主任戴焰军，著名媒体人、时事评论员曹景行，人民网舆情监测室副秘书长单学刚等专家学者的关注与认可。人民网观察员雷强专程到广元调研，并在人民网发表《网络问政以“协同”促进“认同”》评论文章。2011年12月3日，中宣部舆情信息局副局长孙瑜高度评价广元市互联网管理和网络问政工作：“领导重视、措施得力、工作扎实、成效显著。”

中央省市媒体全面报道。《人民日报》、人民网、新华社、新华网、《中国青年报》、搜狐网、腾讯网、新浪网、凤凰网、《四川日报》、四川电视台、四川人民广播电台、《华西都市报》、四川新闻网、四川在线等媒体持续关注和报道。2011年“两会”期间，人民网专访广元市委书记罗强。新华社刊发《四川广元网络问政零距离沟通社会》。2011年8月16日，广元市委书记罗强被邀出席人民网“全国网络问政与社会创新管理”高端论坛，第一个发表了题为“坚持网络问政，真情服务群众”的演讲，演讲内容得到与会专家和媒体一致好评。2011年10月，《五位一体聚民意，躬身为民促和谐——广元市创新社情民意调查机制的实践与体会》作为新时期群众工作典型经验在全省通报推广。2011年12月22日，《人民日报》、人民网重点报道《 四川剑阁：民有所呼，我有所应 》网络问政事例。《四川·广元网上留言快速办理，春耕用水不再发愁》被人民网评为2011年网络问政暨网民留言办理优秀案例。2011年12月25日，“微广元”在2011年中国优秀政府网站推荐及综合影响力评估中，获得“2011年度中国优秀政务微博”称号。“微广元”评为中国优秀政务微博的评语是：“正是你们的开拓创新和勤奋努力，2011年才当之无愧称得上中国政务微博元年，你们的成功为我国政务微博的发展树立了标杆。”2011年12月底，“微广元”被腾讯微博评为“微博问政先锋奖”。2012年1月19日，《人民网地方领导留言板》地市级领导留言量、回复量、回复率TOP50排行榜出炉，广元市委书记罗强、市长马华办理网民留言回复率名列全国前茅。

2012年1月31日，广元市政府新闻办召开网络问政新闻发布会。《人民日报》、人民网刊发《广元发布2011年网络问政排行榜》，《四川日报》刊发《广元公开网络问政排行榜，更透明方式为民办事》，四川新闻网刊发《首开全国先河，四川广元公开通报网络问政情况》等报道。新华网、搜狐网、新浪网、网易网、新民网、红网、中国互联网协会、《华西都市报》、《成都商报》等近百家媒体纷纷转载报道。新华网刊发《广元网络“连心桥”当多搭！》网评文章。中国共产党新闻网刊发《网络问政四川“广元模式”可推行》评论文章。

三、倾力大调解　全心保平安

2009年以来，广元市以深入推进“社会矛盾化解、社会管理创新、公正廉洁执法”三项重点工作为切入点，以“平安广元”建设和构建落实大调解体系为抓手，进一步夯基础、深排查、细化解、强整治、重防范、建机制，全面落实社会治安综合治理各项措施，切实加强和创新社会管理，有效化解社会矛盾，为全市经济社会又好又快发展营造了和谐稳定的社会环境。

平安建设给力广元和谐稳定

全面深化平安细胞建设。将“天网工程”向居民小区、城郊结合部、农村地区延伸。推进军警民联防联治，构建以巡防民警为骨干、专兼职治安巡逻队和保安人员为主要力量，其他群防群治队伍为补充的网格化巡防格局。强化对重点区域、重点部位和重点时段的巡逻防控。加强机关单位、学校、企业的安全保卫工作，全面推行内保单位治安等级化管理，极大地挤压了犯罪空间，有效减少了违法犯罪。针对灾后重建重点工程多、施工单位多、治安问题频发的情况，在全市重点工程开展“平安工地”创建活动，收到明显效果。以平安边界、平安乡村、平安社区、平安市场、平安企业、平安医院、平安校园、平安军营（目标）、平安景区、平安家庭为载体，深化了平安广元创建活动。新一轮省级平安县区创建率达100%，人民群众对社会治安满意率达95%，平安建设知晓率达96%，广元成为全省最平安的地区之一。

强势开展严打整治行动。以“打黑恶、反盗骗、创无毒、扫丑恶、治乱点”为重点，先后组织开展了“春季攻势”、“百日会战”、“夏季会战”和“清网行动”等专项行动，将入室盗窃、盗窃摩托车和诈骗等多发性侵财犯罪等突出治安问题作为打击的重点，对涉及灾后重建、重点工程建设等领域的违法犯罪以及黑恶犯罪、严重暴力犯罪做到快侦快破，加强对重大工程、大型企业、学校周边、交通干线、旅游景区突出治安问题的重点整治，深入开展“扫黄打非”、打击传销和盗窃破坏“三电”设施和油气田及输油气管道、非法安装使用卫星电视接收设施和“黑网吧”等专项整治，收到明显成效。加强危险物品和公共复杂场所的治安管理，严格道路交通、消防和安全生产管理，强化对互联网和手机不良信息的监控管理。通过开展“无毒害市”创建活动，严厉打击了毒品违法犯罪。“清网”追逃战绩显著，荣获全省“金牌奖”。从2011年6月起，组织开展了为期半年的集中打击整治“高利贷”违法犯罪专项活动，累计摸排涉及“高利贷”违法犯罪线索273条次，立“高利贷”引发的刑事案件138起，查处涉及“高利贷”的治安案件57件，整治了一批治安乱点，破获了一批刑事案件，抓获了一批犯罪人员，保持了严打高压态势。

不断加强和创新社会管理。把加强社会建设和创新社会管理纳入“十二五”经济社会发展规划和工作目标，制定了《加强和创新社会管理的实施意见》。把社区“网格化”管理作为加强和创新社会管理的切入点，将工作重心逐步转移到社会管理和服务民生上来。积极推行“以证管人、以房管人、以业管人、以网管人”模式，建立流动人口管理服务站和综合信息平台。坚持刑释解教人员出狱出所“必接必送”制度，社区矫正覆盖率达90%以上，对易肇事肇祸精神病人等特殊群体实行预警管理。把党组织、综治组织建立在非公有制经济组织中。建立网上虚拟人口户籍管理制度和网络社区“分时、分类、分级”巡查机制。市委组织部和市司法局率先在法律服务行业建立党委，属全国首创；剑阁县积极探索实践“网吧实名制”管理，被公安部确定为全国试点单位；利州区加强社区服务管理，被中央主流媒体充分肯定；旺苍县在乡镇按照“12341”模式成立义务消防队，在全省推广。苍溪县在农村推行“平安大喇叭”，在重点工程实行“三长负责制”；青川县出台了惠及民生的“十大救助”制度；元坝区采取“六合一”方式转变乡镇职能；朝天区深化“平安工地”建设服务重大工程项目等做法和经验，正在全面推广，全市社会管理创新工作整体推进，服务管理社会能力明显提升。

大调解体系构筑起和谐社会的“解压阀”

三年多来，全市通过加强大调解工作机制建设，凝聚了化解社会矛盾纠纷的合力，以日常排查调处与阶段性集中化解相结合，主动超前化解了大量社会矛盾纠纷，为维护社会和谐稳定发挥了“解压阀”作用。2009至2011年间，全市共调处各类矛盾纠纷68292件，调处成功率达91%。

强化组织保障机制。市、县区、乡镇（街道）三级都建立了大调解工作领导小组，建立了大协调中心，完善了市、县区、乡镇、村（社区）、社（小组）五级大调解工作体系。延伸调解触角，全市主要车站（码头）、规模性市场（商场）、经济开发区（工业园区、旅游景区）和重点城镇小区、农村院落建立了调解窗口，“五进”活动实现了全覆盖。在各级行政部门、企事业单位、社团建立了大调解组织，落实了专兼职领导、工作人员，形成了纵到底、横到边、全覆盖的调解组织网络，基本做到了“哪里有人群，哪里就有调解组织；哪里有矛盾，哪里就有调解工作”。开展市（县、区）委书记、市（县、区）长大接访和各级领导干部下基层包案调处活动，及时、高效化解各类矛盾，为群众解难。

强化经费保障机制。按《关于构建“大调解”工作体系有效化解社会矛盾纠纷的意见》（广委办〔2009〕158号）精神，市县区财政把大调解工作经费和调解补贴纳入财政预算，强有力的经费保障，调动了调解员的调解热情，促进了大调解工作的开展。

强化联动配合机制。制定了《关于进一步完善人民调解、行政调解、司法调解衔接联动工作机制的实施意见》，完善了大调解联动工作机制。通过立足行业性、专业性、区域性调解组织的建立，加强人民调解、行政调解、司法调解衔接联动，总结推广了剑阁县道路交通事故纠纷联动调解“3+4”（人民调解、行政调解、司法调解相互作用及保险、财政、民政、卫生四大部门通力合作）工作机制。建立了专项领域大调解工作联席会议制度，在领域和行业建立起了无缝衔接、条块联动的协调机制。出台了《广元市预防及处置医患纠纷暂行办法》（广府发、〔2010〕42号），建立了医患纠纷人民调解委员会。

强化宣传培训机制。全市开展了多层面、多形式、多角度的大调解集中宣传和经常性宣传活动，提高全社会对大调解工作的认知度，使广大人民群众树立“调为先、和为贵”意识，培养了以调解处理矛盾纠纷的习惯。注重典型宣传。2010年，我市有32名个人和9个集体被省委、省政府表彰为大调解先进个人和先进集体。2011年，市委、市政府表彰奖励了46个大调解工作先进集体、55名先进个人，命名了10名调解能手。全市县区委、政府共表彰奖励大调解工作先进集体110个、先进个人112名，命名了70名调解能手。全市有针对性地开展了大调解业务培训活动，提高了调解员队伍的业务能力和工作水平。

强化创新工作机制。创新探索大调解工作体系、机制、制度建设，就涉农纠纷、医患纠纷进行调研，对矛盾纠纷呈现的现状、特点、成因、应对措施等进行了探索性研究。开展了社会矛盾纠纷排查化解“攻坚破难”专项行动。市法院与市司法局为加强沟通协调、畅通司法渠道、促进人民调解与司法调解，出台了《关于加强法官律师工作沟通协调的意见》。市公安局自主研发了《公安行政调解信息管理系统》，全面实现了公安行政调解案件流程管理。该系统2011年获省公安厅社会管理创新优秀成果奖。全市司法系统把“三案攻坚”与“争当人民调解能手”活动有机结合，不断深化人民调解工作。市人力资源和社会保障局加强劳资纠纷调解力度，与市总工会联合出台了《关于加强劳动争议调解工作的意见》，创立了“阶梯式”调解模式，在化解劳资矛盾纠纷，推动行政调解方面收到了显著成效。市保护消费者权益委员会紧紧围绕服务民生、服务灾后恢复重建、服务“三农”、服务经济社会和谐发展目标，通过先试点探索，后全面推广的方式加大“一会三站”建设，扎实做好消费投诉处理工作。

社会建设的有力推进，有效促进了群众诉求表达机制的不断健全完善、信访秩序的规范有序，全市连续三年保持了“非访零进京、到省零集访”的好成绩，大批影响稳定的隐患得到有效预防和及时化解，群体性事件均在初始阶段得到及时稳妥处置。

| 第七章 |

文化强市谱新篇

自灾后重建以来，广元在推进物质家园建设的同时，大力开展精神家园建设，从重建伊始开展感恩教育活动，到2010年1月提出建设川陕甘结合部“文化强市”奋斗目标，到2012年1月召开市委六届四次全会，出台了《关于深化文化体制改革 加快建设川陕甘结合部文化强市决定》、制定文化发展战略，都始终将建设社会主义核心价值体系、繁荣文化事业、发展文化产业、推进文明创建等贯穿灾后恢复重建和发展振兴的全过程，做了大量富有特色、卓有成效的工作，极大地提升了广元的文化软实力和区域发展核心竞争力。

一、文化事业大繁荣　文化产业大发展

走进今天的广元，无论你徜徉旅游景区、山乡新村，还是漫步在城乡广场、商业街区，都可以真切触摸到广元文化发展的强劲脉搏，更会在不知不觉间喜爱上这个因文化而厚重、因文化而生动，日益焕发独特魅力和健康活力的“凤之城”。

发展公益文化事业满足人民群众文化需求

公共文化项目建设大力推进。广元市优先划拨公共文化项目建设土地，优先安排公共文化服务项目建设资金。无偿划拨黄金口岸用于“广元文化艺术中心”建设；将市艺术剧院由差额拨款调整为全额拨款，并一次性增加20个事业编制。近年来，总投资6亿余元，重建了255个公共文化服务设施，新增建设面积17万平方米，公共文化基础设施的建设规模、发展水平优于震前10至20年，实现了“一乡（镇）一站（综合文化站）、一村（社区）一室（文化活动室）、一人一册（图书）”的农村文化建设目标。全部实现了市、县（区）有文化馆、图书馆“两馆”的目标，市博物馆、市美术馆、市非物质文化遗产保护中心等机构也即将成立。截至2011年底，全市先后创建了全国文化工作先进地区1个，国家级文化先进县2个，省级文化先进县1

个；全国民间艺术之乡3个，省级文化先进乡镇22个，省级特色文化之乡9个；全国文化工作先进集体（站）3个，全国服务基层服务农民先进集体3个；特级文化站7个，一级文化站13个，二级文化站15个，三级文化站10个；市级小康文化村93个。3人获国家人事部、文化部“全国文化工作先进个人”称号。

全面开展文化资源保护利用。全市文物保护单位共排危45处，转移文物150件，收集地震文物5000余件，实施灾后文物重建29处，建成青川县东河口地震遗址。对全市非物质文化遗产资源开展了大范围、全方位的普查工作。公布了第一批、第二批市级非物质文化遗产代表作25项，公布县级非物质文化遗产代表作127项。“川北薅草锣鼓”专辑在中央教育电视台播放，“唤马剪纸”被《人民日报》《光明日报》等12家报刊作了专题报道，“李家唢呐”专辑在四川电视台播放。《广元日报》开设了非物质文化遗产专栏，广元电视台对市级名录以上的项目进行录制展播。

群众文化活动丰富多彩。实施“送文化‘三百’工程”，保障了基层群众的基本文化权益。以“信息服务”为引领，为基层群众提供优质、便捷的文化信息资源服务。以“馆（站）办活动”为抓手，促进文化服务单位开放服务。形成了大型文化活动旬旬有、日常文化活动天天有、文艺表演队伍处处有的群众文化活动格局。以“广元女儿节”为龙头，全市节庆文化、主题文化、社会文化、旅游文化精彩纷呈、高潮迭起。诞生于广场文化活动、由群众自编自演的舞蹈《老妈妈》获“首届中国老年文化艺术节”舞蹈类唯一金奖和“首届中国农民文艺汇演”金穗奖，并代表四川参加CCTV舞蹈电视大赛取得优异成绩，还先后参加了中央电视台《我要上春晚》栏目、省宣传文化系统元宵节茶话会、2012年央视春节联欢晚会演出。

广元本土作家作品

舞蹈《老妈妈》荣获“首届中国老年文化艺术节”金奖、“首届中国农民文艺汇演”金穗杯奖，并参加2012中央电视台春节晚会演出。

文艺作品创作机制日益健全。建立精品创作负责制，制定系列精品创作奖励办法。2009年设立“广元市文化奖”和“中国作家剑门关文学奖”两项大奖。这是广元建市以来，对文艺精品创作扶持、奖励采取的一项重大举措。“广元市文化奖”设立了先进文化个人奖和优秀文化成果奖。“中国作家剑门关文学奖”由市委、市政府与《中国作家》杂志社联合设立。首届“中国作家剑门关文学奖”颁奖典礼于2011年9月26日在北京人民大会堂隆重举行，受到社会各界广泛关注和好评。建立艺术展演创作基地。在景观廊桥建成长210米的书画展示长廊以及380平方米的集展览、创作于一体的栖凤桥画廊，为广大市民提供了良好的文化娱乐场所，为艺术工作者提供良好的艺术展演和艺术创作环境。2012年4月23日，召开了全市文学艺术界联合会和作家协会第三次代表大会，进一步凝聚了建设川陕甘结合部文化强市的力量，为广元文学艺术繁荣发展奠定了基础，指明了方向。

对外文化交流和人才培养全面加强。每年度举办全市文艺骨干培训班，对全市文艺爱好者免费进行文学、音乐、舞蹈、美术、书法等艺术培训。先后邀请了阿来、熊召政、陈忠实等全国著名作家来广元创作采风、讲学，作曲家朱嘉其对全市音乐爱好者进行歌曲创作培训，著名编导陈莉、马东风对文艺晚会策划、舞蹈编排进行指导。组织部分作者赴省内外学习、观摩艺术创作、演出活动。积极举办市级各类艺术赛事，组织参加国家、省级有关艺术赛事，搭建文化艺术交流平台。2011年，成功举办了川陕甘鄂四省毗邻四市中国画联展。2012年，正在积极筹备即将在广元举办的第十四届四川省戏剧小品比赛。切实抓好院团队伍建设，加快推进艺术院团体制改革，签约、招聘了一批年轻创演人员，完善了各院团内部管理制度，充分利用和配置现有艺术人才资源。通过财政定额包干补助、面向社会全员聘用的方式，建立县区级文化艺术创作、演出团队。抓好业余创作队伍建设。共引导、扶持开办各类文艺协会14个，拥有业余文艺人员3200余人，有国家级会员13人、省级会员131人、市级会员825人、县级会员1014人。

文化产业跨越发展释放文化强市活力

文化资源优势转化为文化产业发展优势路径形成。广元是先秦古栈道的集中展现地，中国剑门蜀道、三国文化的核心走廊，武则天的出生地，红四方面军长征的出发地。境内有5处全国重点文物保护单位、2处国家重点风景名胜区、2处国家森林公园、2处国家自然保护区、2处全国红色旅游精品景点、100项国家省市县级非物质文化遗产。经过长期的历史积淀和传承，广元形成了“五大特色资源”：以剑门雄关、翠云长廊、金牛古道等形成的“蜀道文化”；以皇泽寺、女儿节等武则天故里历史遗址遗迹形成的“女性文化”；以剑门关、牛头山、昭化古镇等形成的“三国文化”；以红四方面军开创川陕苏区形成的“红色文化”；以广元特色民风民俗形成的“民俗文化”。三年来，广元立足深度挖掘、充分激活这些富集的文化资源，以实施重大文化产业项目带动战略为抓手，突出基地建设、市场拉动和旅游文化产品开发，着力加快文化产业重建发展，形成了文化产业项目数量多、投资大、覆盖广、产业链完整的总体格局，探索出了一条欠发达地区文化产业跨越发展的实践路径。通过灾后重建，整合各类资金80多亿元投入文化建设，已完成皇泽寺、剑门关、昭化古城、明月峡古栈道等8个重点文化产业

广元市千佛崖景区

项目，在建重点项目千佛崖、红军城等20多个，一批文化产业示范基地和大型产业园区迅速崛起。全市有10大文化产业门类，有经营单位2780家，从业人员3.12万人。2010年全市文化产业创造增加值7.5亿元，同比增长47%，高于当地生产总值增长30个百分点。

文化产业集约发展方式多样。挖掘历史文化打造园区。一是深度挖掘剑门蜀道文化、女皇文化、红军文化和川北民俗文化内涵，用两年时间建成昭化古城、剑门关、苍溪红军渡——西武当山、皇泽寺、明月峡古栈道、红星公园等一批大型文化产业园。形成以国家级文化产业示范基地皇泽寺，省级文化产业示范基地剑门关和昭化古城为龙头，千佛崖、红军城木门会址、觉苑寺、鹤鸣山等为支撑的历史产业园区体系，显著提高了广元文化产业发展的集约化程度。二是依托良好生态建设文化景区。大力推动文化资源与自然资源整合利用，通过高起点策划、精品化包装，挖掘文化生态资源潜力，促进不可再生资源加快聚集，发挥更大的作用。苍溪县梨文化博览园通过集聚自然和文化资源，建设集“梨文化展示区、梨乡民俗与农耕体验区、梨休闲养生文化区”三个主题展示区，已成为中国最大的梨文化主题公园。天曌山、唐家河、白龙湖、七里峡——鼓城山、水磨沟等重要生态资源，都通过注入文化内涵成为生态文化景区，为“文化提升旅游品位、旅游传播文化品牌”，促进文化旅游融合发展奠定了基础。三是利用民俗节庆创建品牌。利州区的“女儿节”、划凤舟全国独一无二，苍溪的梨花会、剑门关的豆腐节、旺苍的红军文化节、元坝的三国文化节声名鹊起。利用民间工艺开发文化产品形成品牌。延续数百年的“百花石刻”、“青川薅草锣鼓”、“麻柳刺绣”等成为民间艺术经典品牌，《蜀道风》、《红烛映九天》、《九斗碗》、鹏飞大马戏、雄关杂技等创新产品，深受群众喜爱。

《娘》剧照

文化产业发展举措务实创新。科学规划合理布局。抢抓灾后文化恢复重建规划重大机遇，共争取2152个文化项目纳入国家灾后重建规划，规划总投资20.93亿元，文化产业项目近1400个。在灾后发展振兴阶段，大力实施文化产业重大项目带动战略，规划建设“一条走廊”——剑门蜀道文化产业走廊，聚集“两大园区”——剑门蜀道文化产业园区、广元文化创新创意产业园区，确立“三大支柱”——文化旅游、影视传媒、印务装潢，打造“四大基地”——新闻出版物流基地、影视拍摄产业基地、装潢印务基地、文化装备制造工业基地，组建五大集团——广元文化发展投资控股集团公司、广元演艺展览文博产业集团公司、广元报业集团公司、广元影视传媒集团公司、广元文化旅游及产品开发集团公司。到2015年，提高全市基础文化设施现代化程度，全市城市建成“10分钟文化圈”、农村建成“10里文化圈”，人民群众基本文化权益得到充分保障，成为三省结合部公共文化建设示范区。文化及相关产业增加值达到30亿元，占GDP的比重达到5%，城乡居民文化消费占全部消费支出的比重达10%左右。基本建成川陕甘三省结合部文化强市和文化发展高地。加大政策支持力度。出台了《关于深化文化体制改革繁荣文化事业加快文化产业发展的意见》《关于加快文化产业发展的若干政策》，设立了500万元的文化产业发展专项基金。从财政、税收、土地、工商、投资等8个方面对文化产业进行全方位的扶持，与工商银行广元分行签订了金融支持文化产业战略合作框架协议。大力支持民间资本以股份制、合伙制及个体私营等多种形式参与兴办文化产业，不断加大文化招商力度。按照“公司+基地+农户”的模式，培育乡村文化市场主体，着力打造“麻柳刺绣文化产业”、“特色民间工艺品生产加工产业”、“农家休闲特色文化产业”等六大农村文化产业，形成了“资源在农村、生产基地在农村、员工是农民”的乡村文化产业链，创造出适合农村发展的新型文化产业模式。

二、“做文明广元人”传递人间真善美

漫步在广元的大街小巷，如同走进了一幅赏心悦目的风景画——宽阔整洁的街道，满目苍翠的行道树，井然有序的农贸市场，优美干净的休闲广场……不仅如此，城市中，还有一幕幕特殊的风景点缀其间：马路上，文明劝导员不时向行人和车辆作出温馨提示；小区内，居民遇到困难时总有人伸出援手；公交车上，总能够看到面带笑容让座的人……

这样美好的风景线，都源于广元长期坚持开展的“我是文明广元人”活动。

五大行动提升市民素质

近年来，全市城乡以“我是文明广元人”活动为抓手，教育引导广大市民从自身做起，从小事做起，倡树文明新风，争做文明广元人。通过五大专项行动的持续开展，市民在教育中得到培养，在参与中得到塑造，在环境中得到熏陶，在管理中得到教化。

一是文明在我环境中。教育引导广大市民增强环境文明意识，自觉遵守公共道德，爱护公共设施，保持公共卫生，建设清新整洁、环境优美、舒适宜居的美好家园。

二是文明在我行进中。教育引导广大市民自觉遵守交通法规，养成文明出行的良好习惯，做到文明行走、文明乘车、文明驾驶、文明游园，形成互谅互让、和谐相处、安全畅通的文明秩序。

三是文明在我话语中。教育引导广大市民自觉遵守文明礼仪，言语文明礼貌，交往真诚坦率，举止文雅谦逊，营造言行知礼、尊老爱幼、邻里和睦的良好社会氛围。

四是文明在我微笑中。教育引导广大市民自觉以微笑传递文明，各窗口行业工作人员以微笑打造服务品牌，让微笑拉近人与人之间的距离，成为体现城市文明内涵最丰富的表情，彰显乐观自信、开放包容、亲切温馨的城市形象。

五是文明在我感恩中。教育引导广大市民拥有一颗感恩的心，热爱党、热爱祖国、热爱人民，感恩父母的养育，感恩老师的教育，感恩社会的帮助，要把感恩奋进的精神体现在行动中、落实到细微处，全体市民树立感恩惜恩、守德明礼、勤奋工作的良好风尚。

文明正在滋养着生活在这座城市的每一个人。“做文明广元人”已经成为普通群众内心深处的自觉追求，并形成一股强大的力量，推动着市民追求文明的脚步不断前行。如今，走在城市街头会发现，十字路口闯红灯的人少了，自觉遵守交通秩序的人多了；将果皮纸屑随手乱扔的人少了，投进果皮箱的人多了；公交车上抢座位的人少了，为老弱病残让座的人多了……每一个细节都折射着这座城市的文明魅力。

道德模范引领时代风尚

我国首例无偿为陌生人捐肝的罗玮，捐肾救哥的田义华，孝老爱亲的余映秀，勇斗歹徒英勇献身的王森……在广元，涌现了一大批可歌可泣的先进模范人物。从2010年开始，全市启动“感动广元十大人物”评选活动，2011年启动道德模范和十大博爱人物评选，2012年启动首届“美德少年评选”。全市有2人获得全国道德模范提名奖，有5人被授予四川省道德模范，表彰市级模范人物40余人次。

从一个人到一群人，从一群人到另一群人，一件件好人好事不断涌现，激发着社会向上的力量——生产生活环境更优美了，精神生活更愉悦了，人际关系更融洽了，社会氛围更和谐了，文明新风滋润着每一个人的心田。在机关中，各个办事窗口兑现服务承诺争先创优；在家庭里，尊老爱幼、邻里和睦相助的风气蔚然成风；在市民中，一个个助人为乐的事迹被广为传颂，处处奏响着和谐的乐章。

志愿服务诠释城市精神

文明升华无私奉献精神，越来越多的普通市民自觉地投入志愿服务活动中，用自己的实际行动诠释着“青春广元，健康城市”的时代精神。截至2011年底，全市注册志愿者累计达3.18万人，仅去年就新增6420人，参与清洁城乡和文明交通劝导等志愿服务人数达50万人次。全市开展的2011年“我心感党恩·爱心助学子”志愿助学活动得到社会各界的积极响应，共筹集救助资金600余万元，救助贫困学生2964人。街道、乡镇建立志愿服务站23个，成立了社区志愿服务队，积极开展关爱留守学生、农民工子女，扶老助孤残、文明劝导、低碳宣传等志愿服务活动，累计开展志愿服务3.08万人次，服务时长6.8万小时。常年有80名机关事业单位文明交通劝导员、300名义务交通协管员和300余名城管妈妈组成的“文明交通行动计划”队伍，走上市区主要路口、路段，开展文明交通劝导活动，共同构建城市和谐。

三、舆论引导发出强劲的“广元声音”

2008年“5·12”汶川特大地震发生后，广元始终牢牢把握舆论引导主动权，打响了抗震救灾、灾后重建、建设“三个强市”等一个又一个主动仗，唱响了感恩奋进、攻坚克难、加快发展的主旋律，奏响了广元干部群众亮剑拼搏、振兴崛起的最强音。

全景式记录抗震救灾的伟大壮举

精心策划，全力宣传抗震救灾。“5·12”特大地震发生后，抽调精干力量组建抗震救灾宣传策划组，围绕抗震救灾重建家园各个阶段的工作重点，坚持超前策划，重点宣传了党委、政府“心系群众、科学决策”的重大部署和具体行动，突出报道了党委、政府为群众安置和灾后重建作出的决策部署落实情况，特别是解决吃饭、临时住所、卫生防疫问题，防治次生灾害和救灾款物发放的情况，消除了社会各界及人民群众的担心和疑虑；重点宣传了“自力更生、自救互助、自强不息”的先进典型，突出报道了全市各级党组织特别是基层党员干部在群众安置和灾后重建中所作出的积极贡献及其感人事迹，充分展示了党的先进性，增强了广大群众对党的认同感和拥护度；重点宣传了“一方有难，八方支援”的友爱互助精神，突出报道了各兄弟省市和全国人民对我市群众安置和灾后重建给予的无私支持，特别是浙江省、黑龙江省对口支援我市恢复重建的工作情况，着力展现了“一方有难、八方支援”的社会主义制度优越性；重点宣传了“军民团结、重建家园”的感人事迹，突出报道了军民同心同德、万众一心，夺取抗震救灾斗争胜利的可贵精神，着力展现了军民团结、共渡难关的鱼水深情。先后推出了“抢险救人”、“恢复生产”、“卫生防疫”、“对口援建”、“青川石板沟堰塞湖排险”、“自强自立自救”、“帐篷两会”、“攻坚8·12”、“市委五届九次全会”、“大爱无疆、对口帮扶在行动”、“八·一军民鱼水情”、“重建家园、实现跨越”、“灾区人民喜迎奥运”、“拆除户外防震棚”、“抗震救灾款物监管”、“全国抗震救灾英雄集体和抗震救灾模范”、“外地创业的广元人”、“受灾群众安全越冬”等主题宣传。通过声势浩大、卓有成效的主题宣传，为我市抗震救灾重建家园营造了强有力的舆论强势。

全力以赴，突出抓好对外宣传。瞄准中央、省级主流媒体的重要版面和名牌栏目，精心策划，主动联络，邀请名家高手到广元采访报道，积极为中央电视台、中央人民广播电台、《人民日报》、新华社、中新社等省级以上媒体记者来广采访做好接待服务工作。主动向外来记者通报广元抗震救灾的相关信息，及时提供新闻线索，推荐各种典型材料，确保新闻传递渠道畅通。《震不垮的广元人》《震不垮的乡党委》《国旗下老区人民坚不可摧》等一批重头稿件在《人民日报》、中央电视台重要版面和黄金时段刊播。组织开展重大对外宣传活动，西安广元旅游宣传周、西博会招商引资、东河口地震遗址公园开园仪式、全国高校书记校长走进广元灾后重建等系列重大外宣活动影响广泛，先后吸引了60余家海内外新闻媒体采访报道。组织采访小组历时18天，奔赴乌鲁木齐、兰州、北京、太原、广州、深圳等10余城市，采访外地创业的广元企业家14人。组织邀请四川电视台对“挺起不屈的脊梁”大型文艺晚会和利州区3000套活动板房首批入住仪式进行了现场直播。在省级以上媒体发表抗震救灾及灾后重建稿件1.6万余件。

创新方式，加大新闻管理力度。把政府的工作与群众的需求结合起来，及时举办新闻发布会，及时、准确、有效地发布抗震救灾信息，抢占舆论先机，赢得了人民群众的广泛理解和支持。在成都举办了广元专场新闻发布会3场，在市本级举办新闻发布会75场。成立新闻短信组，每次新闻发布会后，将发布的内容编成简洁易懂的短信向市民发布，提高了新闻发布信息的覆盖面和知晓率。建立新闻联系会制度，组织召开新闻联席会。在地震灾区率先建立了青川县战地新闻中心，受到中宣部新闻局领导的充分肯定。同时，充分发挥新闻阅评作用，强化新闻宏观管理，指导新闻媒体以正确舆论引导人、以优秀作品感染人、以“枣树精神”鼓舞人，充分调动新闻工作者的积极性。出台了一系列奖励政策，委派部分新闻工作者到地震极重灾区青川县挂职锻炼，部分新闻工作者获得全省优秀新闻工作者殊荣。

纵深式报道恢复重建的恢宏画卷

灾后重建宣传高潮迭起。2009年，全力攻坚灾后重建宣传，推出了“枣树精神”、“千佛崖速度”、“马口样板”等一批灾后重建典型；精心组织了灾后重建的系列宣传，对全市农房重建、城镇住房重建、工业重建、农业产业重建、重大工程项目开展了立体式的新闻宣传；精心组织了广元次级枢纽建设的宣传，组织各级新闻媒体对全市交通建设规划进行了全方位解读，对已开工建设的广甘、广陕、广巴、广南、宝成客专和广元机场复航等重大交通建设项目进行了全方位宣传；精心组织了城乡环境综合整治的宣传，大力宣传城乡环境综合整治工作中的先进典型，对一些地方脏乱差的现象进行了曝光；精心组织了低碳经济和资源转化战略等主题宣传。

精心策划外宣“战役”。瞄准主流媒体，精心策划，组织开展了地震周年全国网络媒体灾区行、低碳重建与企业发展国际论坛、红色旅游发展论坛、剑门蜀道国际论坛、西博会广元投资说明暨项目洽谈、广元特色农产品成都展示会、“名家看四川、聚焦新广元”、“红军攻克剑门关纪念碑纪念馆落成”等重大外宣“战役”。紧盯中央、省级主流媒体的重要版面和栏目，重大工作、重要活动和重大选题提早与主流媒体联系，通报信息，提供线索，选择角度，达成共识，做到了“指点”、“打点”，提高了新闻报道的“命中”率。青川县两批因灾失地群众异地安置工作启动后，主动协调新华社、《人民日报》、中央电视台等多家主流媒体来广元采访，央视《新闻联播》头条作了报道。广元机场复航后，协调央视新闻联播在当晚播出。“5·12”抗震救灾一周年期间，接待了美联社、法新社、《华尔街日报》等多家外媒和国内多家主流媒体，接待了澳门新闻采访团和全国70多家网络媒体近百人采访团。中央电视台在青川东河口地震遗址对广元市的纪念活动作了现场直播，《四川日报》连续推出了7个专题报道。全市仅灾后重建就有12条新闻在中央电视台《新闻联播》播出，182条新闻在四川电视台《新闻联播》播出。在省级以上主流媒体（不含网站）发表稿件2217件。

全方位展示灾后重建巨大成就

全面反映感恩奋进振兴跨越的时代风貌。抓住地震两周年契机，组织开展了广元灾区恢复重建行集中采访活动。以“民生优先·百姓笑容”为主题，重点宣传了灾区群众的幸福新生活。深入开展了“重返灾区看民生”主题报道活动，深入开展了“两周年见证活动”、“感受援建风采——援建使者

“颂歌献给党·感恩奋进”广元百万群众歌咏活动现场。

颂歌献给党
——广元灾区百万群众歌咏活动教育系统专场演唱（第一场）
主办：广元市教育局
承办：广元中学

灾区行”等活动。

组织开展了汶川地震三周年和灾后恢复重建宣传。忠实记录历史，回顾抗震救灾、灾后重建历程。《广元日报》推出汶川特大地震三周年“大事记”，用编年体形式，全面梳理、忠实还原、客观记录三年抢险救灾、恢复重建的重大节点和事件；用7个图片专题“全影像”关注民生项目重建、城镇及新农村重建、基础设施重建、产业重建。广元电视台《广元新闻》推出以“跨越三年”为主题的《记忆篇》，重点选择一些灾后重建中的典型人物进行跟踪，以口述实录的形式记录三年来广元市灾后重建中的方方面面、点点滴滴。聚焦灾区巨变，全面展示灾后重建成就。《广元日报》刊发重建特别聚焦，全方位展示城乡住房、工业、电力、教育、交通、城建、旅游、商贸、卫生、浙江援建、黑龙江援建、港澳援建、省内各地援建等重建成果。广元电视台广元新闻重点推出以“跨越三年”为主题的《风采篇》，重点落脚于灾区巨变，直观展示新风貌，突出新旧对比。《晚间十点半》推出了《跨越三年·再访青川》系列报道，深度反映青川巨变。广元广播电台在《广元新闻》栏目中开办《走进灾区说巨变》《爱在这里绽放》等专栏。浓墨重彩推出汶川地震三周年特刊、特别报道。广元日报推出的“从悲壮走向豪迈——纪念汶川特大地震三周年典藏金版”，反映了从2008年至2011年间广元经济社会发展成就和科学救灾、科学重建、科学发展的三大奇迹。《广元晚报》围绕地震三周年活动、灾后重建成就共刊发《从悲壮走向豪迈》专栏稿14期，隆重推出100个版面的汶川地震三周年特刊。策划的“助农增收、致富还贷”宣传在全国引起强烈反响，被《华西都市报》评为“2011年十大致敬人物群体特别奖”。

抓新闻宣传工作有新亮点。始终坚持内外宣并重、市县区联动的原则，着力抓好以主题新闻宣传彰显广元魅力，精心策划以对外宣传提升广元形象。通过在各类媒体刊（播）对外宣传稿，向国际国内全面展示了广元灾后重建新貌和经济社会发展重大成果。抓好“5·12”汶川特大地震三周年灾后重建成就宣传。开展了全国网络媒体负责人赴灾区参观考察、第四届全国专家博客笔会、媒体记者“重返灾区看巨变”、百名女记者到广元看巨变话发展、在成都举办的“广元向您报告”大型图片展等活动，开展了广元党政代表团赴浙江、港澳进行感恩活动等新闻宣传。抓好党的建设成就宣传。抓好庆祝建党90周年系列活动宣传，大力宣传报道全市学习贯彻“胡总书记七一重要讲话精神”的学习热潮。抓好感恩教育宣传。在全市开展了“颂歌献给党·感恩奋进”广元百万群众歌咏活动和“欢迎英雄回家”活动。抓好经济建设成就宣传。特别是加强对广元工业发展提速增效的宣传和低碳经济发展的宣传，在《人民日报》《四川日报》推出了《低碳重建　低碳发展》《广元做好低碳经济加减法》《广元“卖碳书记”的“低碳重建”之路》等重头稿件。抓好“文化广元”宣传。抓住在灾后恢复重建中，注重文化旅游设施和文物古迹、景区景点保护，为全市经济社会可持续发展注入文化灵魂这一亮点，对朝天明月峡、青川唐家河及地震博物馆、旺苍红军城等文化工程的竣工作了全面报道。积极抓好对“蜀道申遗”的宣传报道，挖掘广元文化底蕴，打造广元文化名片。抓好“2011中国（广元）女儿节”宣传，邀请了中央、省级26家媒体对女儿节期间举办的各项活动作了全方位报道。抓好民生宣传。加大了对推进“十大民生工程”工作的宣传，特别是强化了对保障性住房建设、棚户区改造、促进就业和落实困难群众最低生活保障等新闻宣传。抓好重大会议宣传。宣传第六届“九三论坛”暨第二届“四川县域科学发展论坛”、全省新农村建设成片推进工作会、全省林业产业发展现场会，全面展示我市低碳发展、新农村建设和林业产业发展成果。

凝心聚力，大力弘扬“枣树精神”

2008年8月31日，中共中央政治局常委、国务院总理、国务院抗震救灾总指挥部总指挥温家宝，走进青川县黄坪乡一个偏僻的小山村——枣树村，考察农村永久性住房建设情况。“出自己的力，流自己的汗，自己的事情自己干”，“有手有脚有条命，天大的困难能战胜”——村民房上的两条标语吸引了温家宝的目光。他对随行干部说：“这是老百姓的话，抗震救灾要靠这种精神，重建家园、恢复生产要靠这种精神，使灾区将来发展得更好，也得靠这种精神。”“枣树精神”成为了灾区人民自力更生、艰苦奋斗的精神写照，振奋了汶川地震灾区。广元积极邀请中央、省级媒体记者，组织市内媒体记者，深入挖掘、强力宣传“枣树精神”。

2008年9月，《四川日报》对“枣树精神”进行了深度评析，《两条标语展现一种风貌》《两条标语凝聚一种精神》《两条标语揭示一个真理》等系列评论深化了“枣树精神”的含义，把“枣树精神”上升为整个汶川地震灾区人民的抗震救灾精神。两条标语，既是广元地震灾区人民用朴素语言表达的自励共勉之意，更是广元地震灾区以至整个汶川地震灾区在抗震救灾中自强、自立、自救，坚定、坚强、坚韧风貌的生动写照。

2010年11月7日，中央电视台《新闻联播》播发了一则近3分钟的新闻——《在重建中构筑自强精神家园》，用大量篇幅讲述了广元人民在建设美好新家园的同时，也用实际行动构建起自强不息、感恩奋进的强大精神家园，在刊播新闻的同时还配发了《谷自长　人自强》的评论。两年的灾后重建，灾区以美丽的新家园、强大的精神风貌创造了举世瞩目的奇迹。“枣树精神”振奋了汶川地震灾区，标语响彻华夏大地。

第八章

党建领航增活力

党的建设是核心，是灵魂。近四年来，中共广元市委始终坚持以党的建设总揽全局，把党的建设作为一切工作的总抓手，始终把党建工作融入改革发展稳定主旋律之中，始终以加强执政能力建设和先进性建设为主线，以改革创新精神全面加强党的思想、组织、作风和制度建设，不断提高党的建设科学化水平，着力增强全市各级党组织的创造力、凝聚力、战斗力，充分发挥了党的领导核心作用、基层党组织战斗堡垒作用、共产党员先锋模范作用，为推动全市灾后重建和经济社会发展提供了坚强的政治和组织保证。

切实加强思想政治建设，凝聚一心一意谋发展的强大精神力量

始终把思想建设放在首位，坚持用中国特色社会主义理论体系武装全市党员干部头脑，保持共产党员先进性教育、深入学习实践科学发展观活动成效明显，创先争优、学习型党组织建设扎实推进，“三心一弘扬”主题实践活动创新开展。“领导挂点、部门包村、干部帮户”活动成效显著，经验在全省交流。

围绕提升思想道德水准，深入开展理想信念教育。结合深化创先争优活动，在全市314万党员干部群众中广泛开展“忠诚理想、敬业奉献、感恩奋进、健康生活”理想信念教育活动，大力弘扬伟大的红军精神和抗震救灾精神，充分发挥“三基地一窗口”的宣传教育功能，推动信仰、信念、信心内化于心，外化为行。把理想信念教育宣讲到基层。2009年至2011年，通过领导带头宣讲、组建队伍宣讲、组建英模事迹报告团巡回宣讲等方式，组织开展英模事迹报告1200余场次，累计63万余名党员干部聆听报告，引导教育广大群众知耻明理、知恩感恩。组织观看“坝坝电影”1000余场次，20余万名党员干部群众瞻仰红色遗址，30余万党员干部群众代表参观重建现场，举办“灾后重建成果展”、“廉洁城市·和谐广元”反腐倡廉图片巡回展，引导广大党员干部群众在最直观的感受中坚定理想信念。坚持把解决思想问题与解决实际问题相结合，始终把解决实际问题作为解决思想问题的重要环节和突破口，认真解决劳动就业、养

“广元市党（团）员志愿服务进社区暨单位党组织和在职党员到社区双报到启动仪式”现场。

老保险、医疗保障、脱贫致富等群众最关心、最直接、最现实的利益问题，让群众共享改革发展成果。进一步把全市党员干部和广大群众的智慧和力量凝聚到推动广元加快发展、科学发展上来。

围绕提升先进性形象，扎实推进创先争优活动。突出窗口单位和服务行业这个重点，抓承诺践诺、灵活载体、领导点评等，引导广大党组织和党员履职尽责创先进、立足岗位争优秀。广泛开展党员志愿服务。2009年至2011年，在全国率先推出党员志愿者之歌及标识，动员组织2270支党员志愿服务队、5.3万名党员志愿者进景区、进社区、进农村，利用业余时间为民服务，在关键时刻冲锋在前。结合庆祝建党90周年，大规模评选表彰先进基层党组织、优秀基层党组织书记、优秀共产党员、优秀党务工作者，开展“双十佳”评选活动，培养、树立先进典型，进一步营造了学先进、当先进的浓厚氛围。

广泛开展党员志愿者服务行动。覆盖100%的市县部门、城市社区和乡镇、村组组建党员志愿者服务队伍，集中开展党员志愿者服务进景区、进城区、进农村、进考场活动，2009年至2011年，全市2270支涉及应急抢险、医疗救助、法律服务、家电维修等党员志愿者服务队、5.3万多名党员志愿者活跃在为民服务第一线，为群众办好事实事33万多件，党员志愿者服务实现制度化、常态化。

深入开展党员示范创建活动。围绕灾后重建和全面振兴，把创先争优活动同当前工作结合起来，践行“一个支部一座堡垒、一名党员一面旗帜、一个干部一个标杆”，广泛开展党员先锋岗、党员示范岗、致富增收示范村、加快发展示范企业、群众满意示范社区等创建活动，设立党员先锋岗、示范岗近6000个，参与党员达1.2万人，推动党组织履职尽责创先进、党员立足岗位争优秀。

扎实推进改善民生实践活动。在窗口单位服务行业中开展“十佳群众满意单位”和“十佳服务明星”、“双十佳”评选活动，推动了为民服务创先争优活动向纵深开展。开展争当“民情知晓人、纠纷调解员、和谐促进者”活动，建立“三通四联两倒查”群众工作机制，引导广大党员干部知民情、解民忧、化民怨。深入开展“挂包帮”、到社区“双报到”等活动，2011年41名市级领导深入乡镇（村）开展帮扶310多次；全市党员领导干部为帮扶村化解矛盾纠纷1200多个，办好事实事3.5万余件。

创新开展“三带”活动。坚持党建带工建、带团建、带妇建，组建工会惠民服务队、青年志愿者服务队、巾帼文明劝导队、社区文明劝导队5100多个。通过“岗位能手”、“道德模范”、“十佳青年”、“十大女杰”等评选表彰活动，进一步在全市形成了创先争优、感恩奋进的生动局面。

全面加强党的基层组织和党员队伍建设，着力发挥战斗堡垒作用和先锋模范作用

地震发生当晚，广元市委就提出“一个支部就是一座堡垒、一个党员就是一面旗帜”的号召，全市各级党组织和党员干部以超常的工作强度与群众共渡难关，经受住了特殊检验和重大考验。

党员志愿者服务队正在救灾

大力加强基层组织建设。选优配强乡镇（街道）、村（社区）党组织书记，完善村（社区）党支部及书记年度考核奖励制度，健全落实基层干部激励保障机制。大力提升基层党组织覆盖面，加大在“两新”组织、重大建设项目、新兴产业链、流动人员等领域和群体中组建党组织力度。实施基层党组织建设项目化管理，建立基层党组织建设预警机制，加快街道社区党建区域化进程，集群式打造“春风示范村”、“文建明工作法”示范乡镇和基层党建示范带。健全并严格落实“承诺、述职、评价、问责”抓基层党建责任制，强化党组织书记抓基层党建的责任。建立以财政投入为主、多渠道投入的基层党建工作经费保障机制，巩固拓展农村村级活动场所建设成果，提高农村现代远程教育站点综合利用水平，扎实推进街道社区党建“三有”建设和“两新”组织党建“六有”建设，积极建立村（居）务监管委员会制度，筑牢为民执政的基石。

积极推进党内民主建设。尊重党员主体地位，大力推进基层党组织党务公开，拓宽党员意见表达渠道。健全落实党员旁听基层党委会议制度。扩大基层党组织公推直选领导班子成员试点，全面推行农村“四议两公开一监督”工作法、街道社区“1+4”工作运行机制，探索构建与统筹城乡发展相适应的党组织领导下的基层民主治理模式。发挥领导干部示范带头作用，提高运用民主方法开展工作的本领。

大力推进基层党建创新。不断扩大党的组织覆盖面。2009年至2011年，适应灾后重建和工业化、城镇化互动发展需要，创新基层党组织设置，跨村联建80个，村居联建12个，村企联建3个，新建产业党组织2000多个，非公有制企业党组织覆盖率达54.68%，新社会组织党组织覆盖率为64.36%。竞争性选拔乡镇领导班子成员。在乡镇换届中，采取统筹公选、分类公选、定向公推、公推直选“四个一批”竞争性方式，公选14名乡镇党委书记，从市县机关、企事业单位、大学生村官、村（社区）党支部书记、乡镇干部和青年农民工中公选乡镇长61名、委员243名。实施发展青年农民党员“四个一”计划。从2010年起，通过推行“五推三定三培养两票决一监督”工作机制，坚持每个村党支部每两年在本村35岁以下、具有高中以上文化程度的优秀青年农民中至少吸纳一名入党申请人，培养一名入党积极分子，确定一名发展对象，发展一名新党员。2009年至2011年，全市新发展青年农民党员占全市新发展党员总数的62.8%，其中高中以上文化程度占52.6%。积极探索区域化党建模式。开展“大工委制”、“大党委制”改革试点，推行“五大体系”建设。积极推进街道“大党工委”、社区“大党委”试点，已成立利州区金柜社区等“大党委”10个。探索构建“县区—街道—社区—网格”四级组织体系，推行单独组建、行业联建、区域统建、楼宇共建、挂靠管理“四建一管”党组织组建和管理新模式。实行村（社区）党支部及书记年度考核奖励制度。从2009年开始，市、县区财政每年拿出400余万元，对全市村（社区）党支部及书记进行年度考核奖励。采取“一考三评”方式，连续3年对全市2652个村（社区）党支部及书记进行“年考”，村（社区）党支部和书记的奖励面分别达18%、13%，形成了基层干部创先争优、干事创业的良好导向。健全党内关怀帮扶机制。建立党内帮扶资金，对80周岁以上且没有工资、退休金等固定收入来源的老党员，因重大疾病等形成的特困党员予以关怀和帮扶，对1897名老党员发放定额补助资金113.82万元，为120名因病因灾致贫党员发放临时救助资金20多万元。建立了村（社区）干部离职补助制度。

突出重品行、重实干、重实绩、重基层的用人导向，提升发展振兴能力，让有为者有位

注重选拔政治坚定、实绩突出、作风过硬、群众公认的干部，大力使用在重大考验和重大工作中表现突出、勇于担当的干部，更加关注长期在基层艰苦地区工作、注重为长远发展打基础的干部，真正让能干事者有舞台、干成事者有机会、干成大事者有前途，不让老实人吃亏、不让老好人占先、不让投机钻营者得利。深化干部人事制度改革，探索破解“简单以票取人”、干部考察失真等问题，构建体现“崇尚事业、追求卓越”的干部考评体系，匡正风气，鲜明导向。

进一步提高选人用人公信度。2011年，换届风气测评“很好”率均达99%以上，各级领导班子和干部队伍呈现出你追我赶、加快发展的可喜局面。特别注重选拔“双强”型干部进班子。大力倡导“重品行、重实干、重实绩、重基层”的用人导向，坚持“用公道正派干部、用认真干事干部、用亲民爱民干部，不用跑官要官干部、不用道德缺失干部、不用缺乏群众感情干部”的“三用三不用”原则，着力选拔政治上强、领导发展能力强的“双强”干部进入市县区领导班子。在市委全委扩大会议上公开推荐4名县区委书记、4名县区长；综合运用全市比选、公开竞选、业绩分析等方法，选任了市政府工作部门“一把手”，3名党外干部担任行政正职。适应发展需求选干部。围绕实施“两化”互动发展战略，突出我市新型工业、招商引资、旅游发展等重点，相关部门“一把手”进入市级领导班子，9名有相关专业经历的干部进入县区党政领导班子，30多名推动能力强的干部得到提拔重用。注重选拔基层一线的干部，30名新进县区党政领导班子干部中，具有乡镇党委书记经历的有18人，占新进党政领导班子人选总数的60%。每个县区党政领导班子中至少有1名35岁左右的年轻干部，形成了老中青梯次配备。特别注重群众民主权利有效行使，特别注重用铁的纪律保证干部任用风清气正。强化书记带头，齐抓共管。明确规定各级党组织书记是第一责任人，纪委书记、组织部长是直接责任人，各级领导干部在报纸、电视、网络上公开承诺、切实践诺。研制严肃纪律工作流程图，细化任务要求。强化教育，入脑入心。换届期间，编印发送换届纪律明白卡等5万余份，抓好媒体宣传，发布公益广告等，开展纪律规定测试率达100%、谈心谈话率达100%，实现纪律教育全覆盖。强化督察，保持高压。自上而下建立执纪巡查制度，市县两级聘请监督员447名。实行“一讲四测评”制度，建立信访、电话、网络“三位一体”举报体系，畅通民意反映渠道。强化查处，绝不手软。实行有举必查、查实必究、究必到位。同时，市委真诚关心爱护干部，采取以待遇换职位的办法，完善配套激励政策。固化制度，促进长效。及时出台巩固拓展严肃换届纪律成果、始终保持干部选任工作风清气正的十七条规定，形成严肃干部选任纪律的长效机制。

深化干部人事制度改革。首次开展任职意愿调查。2011年，在382名县区党政领导班子成员、市委市政府工作部门班子成员中，进行干部对现在岗位满意度、下步任职意愿及对换届工作意见建议的调查了解，收集有关意见建议142条。在选配干部时力求实现事业需要、组织安排同干部意愿的有机统一。开展干部满意度测评。以思想品德、领导能力、工作作风、工作业绩、廉洁自律等为主要项目，市委、市政府分管领导对市级部门现任“一把手”进行书面满意度测评，市级部门“一把手”对本部门班子成员进行满意度测评。2011年继任的14名平职交流任职的市政府工作部门“一把手”，分管领导测评满意率全部为100%。加大竞争性选拔干部力度。系统总结和推广运用以“重品行、重实干、重实绩、重基层”为导向、以“公选、竞选、比选、遴选”为主要形式、以“结构化测试+结构化权重+结构化考察”为主要方法的“四重四选三结构”竞争性选拔干部模式。实行“四向”全域考察。在2011年换届试点基础上，全面推行正向考察、反向测评、定向查访、意向面试方式，目前已对15个领导职位38名推荐人选进行了考察，切实防止简单以票取人、考察失真失准。扩大干部工作信息公开。建立干部选任新闻发布制度，召开2次新闻发布会；实行干部任前实绩公示，在大众媒体上“亮”资格、“晒”业绩、“比”贡献，接受干部群众监督评判。

特别注重大力实施重大人才工程。实施“六个一精英人才计划”。计划用5年的时间，建设1支高水平人才经纪人队伍、创建10个人才优先发展试验区、建设100个优秀人才服务基地、引进1000名紧缺急需高层次人才、助推1万名中高层次人才创新创业、促进10万名乡土人才作用发挥，确立广元在川东北地区明显的人才竞争优势，成为引领川北、紧跟成渝、融入全国的人才强市。实施硕士博士研究生引进计划。制订和落实《广元市引进硕士博士研究生暂行办法》，两年来引进与灾后重建、优势特色产业发展对接度高，能解决基础设施建设、产业发展等领域重大难题的急需专业人才60人，其中硕士56人、博士4人。

扎实推进反腐倡廉建设，为发展保驾护航

近年来，广元着力打造“廉洁城市”，不断推进反腐败建设和党风廉政建设。2011年，国家统计局调查，全市党风廉政建设群众满意综合指数得分全省第一名，较2009年提升11.5个百分点，在全省党风廉政建设责任制考核中名列第一名。

以建设“廉洁城市”为工作目标。立足市情，与时俱进提出“建设‘廉洁城市’，打造干事创业安全区”奋斗目标，将其写入市第六次党代会工作报告，纳入“十二五”规划。提出“统一规划、分步实施、政府主导、社会共建”的工作思路，成立专门的领导机构和工作机构，出台《“廉洁城市”建设实施意见》和《关于加强和改进纪检监察工作营造干事创业发展环境的意见》，探索考核评价体系，通过领导示廉、机关清廉、干部勤廉、社会尚廉、保障固廉、人人倡廉、处处讲廉、事事创廉，着力实现党员干部廉洁奉公、企业依法诚信经营、个人加强道德修养，使消极腐败现象降到最低限度，各种不正之风得到有效遏制，政府行政效能进

广元市廉政书画墙

一步提高，办事的“潜规则”减少、“吃拿卡要”现象减少、群众信访举报减少，让群众在风清气正的环境中享受生活，让干部在组织的信任、群众的支持下干事创业，让投资者在公平、公正、高效的良好环境中求得发展。

以构建“大预防”工作格局为路径。牢固树立“大预防”理念，积极构建“大预防”工作格局，做到预防腐败空间全覆盖、内容全方位、主体全民化、实施协同化、成果全民共享。明确“大预防”工作思路，坚持以科学发展观为指导，以惩防体系建设为抓手，以“廉洁细胞”工程建设为载体，以政治、经济、文化、社会等四大领域突出问题专项治理为重点，以党风廉政建设责任制为保障，各负其责、齐抓共管、互动互促、整体推进。强化“大预防”组织保障，成立“大预防”工作协调领导机构，加强对“大预防”工作的全面领导、整体谋划、组织协调、统筹推进。建立“大预防”工作机制，建立健全群众参与预防腐败工作机制、民意调查结果考核运行机制、“大预防”工作考核评价指标体系。“大预防”有效调动了各方资源、凝聚各方智慧、体现各方要求，人人参与、人人共防、人人共享，预防腐败综合效应全面提升。

以联动推进“四大工程”为载体。实施“惩防体系基本框架构建工程”。把惩防体系建设目标任务纳入“十二五”规划，坚持项目化管理，按照“抓点、连线、扩面”三维一体模式，以“三大机制”建设为载体，整体推进。以党政机关为“点”，全员排查、全域防控、全程监督，全面开展廉政风险防控机制建设，查找各类廉政风险点1.4万多个，督促建章立制1300多项。以党员干部为“线”，率先在全省建立党员干部苗头性问题“早发现、早提醒、早纠正”预警机制，对党员干部存在可能引发腐败的问题或违纪违规苗头性问题或具有轻微违纪违规但可不予追究纪律责任的行为，运用事前警示提醒、事中警示诫勉、事后警示追究，对应发送警示提醒书、警示诫勉书、警示追究书，及时发现、督促、帮助其改正问题。两年来，“三早”预警1100余个单位和个人，有效防止了一批小问题演变成大问题、一般性问题演变成违纪违法问题。以农村基层为“面”，创新建立村廉勤监督委员会和村民小组廉勤监督员制度，既突出村民的监督主体地位，提升村级监督组织的设置层次，又弥补现行村民自治组织缺乏有效监督的制度性缺陷；既有效整合党务村务政务等各项监督职能，又实现对村组干部监督、廉勤监督全覆盖。全市建立村（居）廉勤监督委员会1775个、聘请廉勤监督员7044名。联动推进“三大机制”建设。实现了自律与他律，八小时内外监督，事前监督与事中、事外监督，防止大问题与纠正小问题，廉政和勤政的监督，点线面监督，教育、制度、监督相结合“七个结合”。构建起全方位、多层次、立体式的监督网络，探索了一条有效预防腐败的新路径。实施“廉洁细胞”工程。着力基层，重心下移，关口前移，深入推进以廉洁机关、廉洁街道、廉洁社区、廉洁学校、廉洁医院、廉洁企业、廉洁村庄等为内容的“廉洁细胞”工程建设，以点带面，整体推进廉洁社会建设。实施“顽疾”治理工程。针对领导干部违规配备使用公务用车、打麻将赌博、违规经商办企业、收送红包礼金、违规插手工程建设等“顽疾”，开展专项治理。实施“社会诚信体系工程”。大力推进工程建设领域项目信息和诚信体系建设，建立失信跨区域、跨部门联合惩戒机制，制定公共资源交易监管过错责任追究办法，规范公共资源交易监管行为。纪检监察机关牵头，两年清收党政机关及其工作人员逾期贷款和灾后农房重建贷款26.1亿元。

以抓“纯洁性”建设为保障。抓教育，确保思想纯洁。通过在党员干部中集中开展以群众观和宗旨观为主要内容的“两观”教育、“挂包帮”等五大主题教育实践活动，教育引导广大党员干部坚定理想信念，坚守共产党人精神家园，筑牢以人为本、执政为民思想基础。1.3万余名党员干部深入基层，结对帮扶困难群众8000余户。抓示范，确保队伍纯洁。始终坚持“一个支部就是一座堡垒、一名党员就是一面旗帜、一名干部就是一个标杆”，处处发挥领导干部的示范引领作用。牢固树立“严格要求就是对干部最大关心和爱护”理念，以领导干部特别是“一把手”为重点，每季度召开一次党风廉政教育大会，市委主要领导亲自讲党课，及时提醒、早打招呼。建立廉政短信库，定期向4400余名领导干部发送廉政短信11万多条（次）予以提醒。深入开展领导班子会前“学纪讲法倡德”活动，创新建立廉洁从政公开承诺制度，结合换届，1628名领导干部在新闻媒体公开廉政承诺。测评显示，全市换届风气好评率99%。抓效能，确保作风纯洁。坚持“狠抓效能促作风、转变作风促发展”理念，深入开展治庸、治懒、治散、治慢专项整治活动，在全市掀起“效能风暴”。围绕灾后重建等重大决策部署落实以及干部作风和履职情况开展效能监察，震后三年，284个单位407人被效能问责，有力地促进了党员干部作风转变。创建35个行政效能示范（岗）单位，强化正面引导。强化基层站所民主评议，评议面80%，政风行风不断好转。

以践行执纪为民为首要宗旨。始终坚持把群众呼声作为第一信号，把群众需求作为第一急件，把群众满意作为第一标准，群众对什么问题最关心就从什么地方入手，群众对什么问题反映强烈就重点抓什么，对什么问题反映突出就重点整治什么，以反腐倡廉建设实际成效取信于民。建立健全群众参与机制。针对重建任务重、工作矛盾多、群众利益诉求面宽量大的实际，注重发挥群众的主观能动性，发挥网络信息传送速度快、涉及面广、反馈及时等优势，及时开通网络社情民意直通车，在互联网开通并完善市县（区）委书记、市县（区）长信箱，开办“建言献策”论坛和“微广元”官方微博，把网络问政作为官民互动、上下沟通的重要桥梁和平台，市委、市政府主要领导坚持每天亲自办信，督促解决群众诉求，灾后重建期间，办信4.98万件，办结率99.8%。建立反腐倡廉特邀宣传员制度、干群恳谈会制度，探索引入社会监督员参与反腐倡廉工作模式，面向社会公开聘请监督员1.2万余名，开门纳民智，开门反腐败。建立健全群众维权机制。全面推行农村基层党风廉政建设“3+1”工程。建立健全村组监督体系，深化政务村务公开，强化政策、过程、结果公开，建立涉农项目随机摇号比选制度，建立基层查办案件工作机制，着力查处发生在群众身边的腐败问题，切实保障人民群众的知情权、参与权、监督权与表达权。2011年，广元市纪检监察机关受理信访量同比下降38.5%，其中乡镇信访量同比下降38%。建立健全群众评判机制。建立反腐倡廉定期通报、新闻发布会、纪委书记例会制度，举办廉政勤政书画摄影展、反腐倡廉建设成果大型图片展，建立重大、典型案件通报制度，将全市查处的典型案件，按照每天1个案例的模式定期在市县电视台巡播，不断提升人民群众对反腐倡廉的知晓度、认可度和满意度。建立反腐倡廉建设群众满意度调查结果运行机制，将党风廉政建设责任制考核中群众满意度权重由5%提升到20%，并作为评价班子和使用干部的重要依据。

后　记

《人类御灾　伟大奇迹——灾后美好新家园广元建设纪实》一书的编撰工作已经完成了。作为全景式回顾与展示广元近五年奋斗历程与发展成就的综合性、纪实性作品，本书涵盖了广元政治建设、经济建设、文化建设、社会建设、生态建设和党的建设等各个方面。

中共广元市委对于编撰好《人类御灾　伟大奇迹——灾后美好新家园广元建设纪实》一书给予高度重视。在整个编撰过程中做到了领导到位、组织到位、队伍到位、条件到位，经过各有关方面的共同努力，一部提炼和反映广元加快建设灾后美好新家园，加快建设川陕甘结合部经济文化生态强市的成就、经验、典型和亮点，为迎接党的十八大和省第十次党代会胜利召开而编撰的作品展示在人们面前。在整个编撰过程中，编委会成员努力按照市委关于打造精品力作的要求，力求做到主题鲜明、内容丰富、结构严谨、图文并茂、数据翔实，但由于时间紧、任务重、工作急，呈现在读者面前的作品一定还有许多疏漏之处，我们敬请广大读者予以指正。

感谢所有给予广元大力支持和热情关注的领导、同志和朋友们，感谢在这1.63万平方千米土地上不懈奋斗的312万广元人民，是所有人的共同奋斗，写出了广元这五年不平凡的辉煌历史。感谢参与此书编撰工作的中共广元市纪委、中共广元市委组织部、中共广元市委宣传部、广元市政法委、中共广元市委讲师团、市文明办、市网管中心、广元经济开发区、市农工委、市经信委、市财政局、市统计局、市城乡建设和规划局、市国土局、市教育局、市农业局、市林业局、市水务局、市卫生局、市文体局、市民政局、市人社局、市统计局、市旅游局、市交通局、市防震减灾局、市商务局、市审计局、市电业局、市重点办、市金融办、市对口办、市外侨办、团市委、市总工会、广元红十字会、广元市残联、市工商联等单位。正是由于所有编委会成员单位的共同努力，才使《人类御灾　伟大奇迹——灾后美好新家园广元建设纪实》成为四川“两个加快”系列建设实录丛书的一部分，在广元夺取抗震救灾和灾后重建伟大胜利历史画卷之后，留下了一个清晰的“剪影”。

《人类御灾　伟大奇迹——灾后美好新家园广元建设纪实》编委会

图书在版编目（CIP）数据

人类御灾　伟大奇迹. 灾后美好新家园广元建设纪实 / 总编辑侯雄飞. —成都：四川人民出版社，2012.5
（加快建设灾后美好新家园加快建设西部经济发展高地系列建设实录丛书）
ISBN 978-7-220-08582-6

Ⅰ. ①人…　Ⅱ. ①侯…　Ⅲ. ①地震灾害—灾区—重建—概况—广元市　Ⅳ. ①D632.5

中国版本图书馆CIP数据核字（2012）第083838号

加快建设灾后美好新家园
加快建设西部经济发展高地 系列建设实录丛书

总编辑　侯雄飞

人类御灾　伟大奇迹

灾后美好新家园广元建设纪实

RENLEI YUZAI WEIDA QIJI
ZAIHOU MEIHAO XINJIAYUAN GUANGYUAN JIANSHE JISHI

责任编辑　杨　娅　王定宇
封面设计　廖　铁　戴雨虹
版式设计　戴雨虹
责任校对　何秀兰
责任印制　祝　健
出版发行　四川出版集团　四川人民出版社（成都槐树街2号）
网　　址　http://www.scpph.com
　　　　　http://www.booksss.com.cn
　　　　　E-mail:scrmcbsf@mail.sc.cninfo.net
防盗版举报电话　(028) 86259524
制　　作　四川胜翔数码印务设计有限公司
印　　刷　四川经纬印务有限公司
成品尺寸　210mm×285mm
印　　张　16.5
字　　数　357千字
版　　次　2012年5月第1版
印　　次　2012年5月第1次印刷
书　　号　ISBN 978-7-220-08582-6
定　　价　68.00元